Johanna Keil

# Arbeitnehmerüberlassung im Rahmen typengemischter Verträge

Johanna Keil

# Arbeitnehmerüberlassung im Rahmen typengemischter Verträge

Tectum Verlag

Johanna Keil
Arbeitnehmerüberlassung im Rahmen typengemischter Verträge

Zugl. Diss. Universität Passau 2022


ISBN 978-3-8288-4817-7
ePDF 978-3-8288-7931-7

Gesamtverantwortung für Druck und Herstellung:
Nomos Verlagsgesellschaft mbH & Co. KG
Printed in Germany



Besuchen Sie uns im Internet
www.tectum-verlag.de

**Bibliografische Informationen der Deutschen Nationalbibliothek**
Die Deutsche Nationalbibliothek verzeichnet diese Publikation in der Deutschen Nationalbibliografie; detaillierte bibliografische Angaben sind im Internet über http://dnb.d-nb.de abrufbar.

*Doris, Erhard, Alexander,*
*Christopher*

# Vorwort

Die Juristische Fakultät der Universität Passau hat im Mai 2022 die vorliegende Arbeit als Dissertationsleistung angenommen. Die Arbeit befindet sich auf dem Stand Februar 2022 und wurde bis Juli 2022 kursorisch aktualisiert.

Besonders danken möchte ich meinem Doktorvater Professor Dr. Frank Bayreuther, der durch mein Schwerpunktstudium und durch meine Arbeit an seinem Lehrstuhl meine Begeisterung für das Arbeitsrecht geweckt hat, die ich mir bis heute beibehalten habe. Professor Dr. Frank Bayreuther hat mich stets ermutigt und letztlich davon überzeugt diese Arbeit zu verfassen. Besonders hervorzuheben ist seine engagierte Betreuung während der Promotionszeit, für die ich mich ebenfalls herzlich bedanke.

Professor Dr. Rainer Sieg danke ich herzlich für die Anfertigung des Zweitgutachtens.

Ein besonderer persönlicher Dank gilt meinen Eltern, die mir eine hervorragende Ausbildung ermöglicht und mich stets bei meinen Entscheidungen auf meinem Lebensweg bis hin zur Promotion unterstützt haben. Meinem Bruder möchte ich von Herzen für die vielen hilfreichen und unterstützenden Gespräche danken. Während des Verfassens dieser Arbeit hat mich zudem mein Freund so selbstverständlich unterstützt, dass ich ihm dafür gar nicht genug danken kann.

Frankfurt am Main, Juli 2022

# Inhaltsverzeichnis

# Abkürzungsverzeichnis

| | |
|---|---|
| a.A. | andere Ansicht |
| a.E. | am Ende |
| a.F. | Alte Fassung |
| Abl. | Amtsblatt der Europäischen Union |
| Abs. | Absatz |
| AEUV | Vertrags über die Arbeitsweise der Europäischen Union vom 25.03.1957 i.d.F. v. 11.07.2012, ABl. L 204, S. 131 |
| Aufl. | Auflage |
| AÜG | Gesetz zur Regelung der Arbeitnehmerüberlassung (Arbeitnehmerüberlassungsgesetz – AÜG) v. 03.02.1995, i.d.F. v. 13.03.2020, BGBl. I S. 493 |
| AÜGÄndG | Erstes AÜGÄndG: Erstes Gesetz zur Änderung des Arbeitnehmerüberlassungsgesetzes – Verhinderung von Missbrauch der Arbeitnehmerüberlassung vom 28.04.2011, BGBl. I, 2011, S. 642;<br>Zweites AÜGÄndG Gesetz zur Änderung des Arbeitnehmerüberlassungsgesetzes und anderer Gesetze vom 21. Februar 2017, BGBl. I, 2017, S. 258. |
| BAG | Bundesarbeitsgericht |
| Beschl. | Beschluss |
| Beschl. v. | Beschluss vom |
| BGB | Bürgerliches Gesetzbuch vom 02.01.2002, i.d.F. v. 25.06.2021, BGBl. I S. 2133 |
| BGBl. | Bundesgesetzblatt |
| BGH | Bundesgerichtshof |
| BSG | Bundessozialgericht |
| bzw. | beziehungsweise |
| d.h. | das heißt |
| ders. | derselbe |

| | |
|---|---|
| Entsenderichtlinie | Richtlinie 96/71/EG des Europäischen Parlaments und des Rates vom 16.12.1996 über die Entsendung von Arbeitnehmern i.R.d. Erbringung von Dienstleistungen, Abl. L 18 v. 21.01.1997, S. 1, in der geänderten Fassung durch Richtlinie (EU) 2018/957 des Europäischen Parlaments und des Rates vom 28. Juni 2018 zur Änderung der Richtlinie 96/71/EG über die Entsendung von Arbeitnehmern i.R.d. Erbringung von Dienstleistungen, Abl. L 173 vom 9. Juli 2018, S. 16 |
| etc. | et cetera |
| EU | Europäische Union |
| EuGH | Europäischer Gerichtshof |
| EUV | Vertrag über die Europäische Union vom 07.02.1992 i.d.F. v. 09.12.2011, ABl. 2012 L 112, S. 21 |
| f. / ff. | folgende / die folgenden |
| FS | Festschrift |
| Fluggastrechte-VO | Verordnung (EG) Nr. 261/2004 des Europäischen Parlaments und des Rates vom 11. Februar 2004 über eine gemeinsame Regelung für Ausgleichs- und Unterstützungsleistungen für Fluggäste im Fall der Nichtbeförderung und bei Annullierung oder großer Verspätung von Flügen und zur Aufhebung der Verordnung (EWG) Nr. 295/91, Abl. L 46 v. 17.02.2004, S. 1 |
| Fn.; o. Fn. | Fußnote, oben Fußnote |
| FW | Fachliche Weisungen der Bundesagentur für Arbeit |
| GewO | Gewerbeordnung v. 22. Februar 1999, i.d.F. v. 07.07.2021, BGBl. I S. 2363 |
| ggf. | gegebenenfalls |
| i.d.F. | in der Fassung |
| i.d.R. | in der Regel |
| i.R.d./i.R.v./i.R. | im Rahmen des/der/die / im Rahmen von / im Rahmen |
| i.S.d. | im Sinne des/der/die |
| i.V.m. | in Verbindung mit |
| KOM | Mitteilung der Europäische Kommission |
| LAG | Landesarbeitsgericht |
| Leiharbeitsrichtlinie | Richtlinie 2008/104/EG des Europäischen Parlaments und des Rates vom 19. November 2008 über Leiharbeit, ABl. L 327 v. 05.12.2008, S. 9 |
| lit. | Buchstabe |
| m.w.N. | mit weiteren Nachweisen |
| OLG | Oberlandesgericht |

| | |
|---|---|
| Rn. | Randnummer |
| Rs. | Rechtssache |
| S. | Seite |
| sog. | sogenannte/r/s |
| u.a. | unter anderem |
| u.v.m. | und viele/s mehr |
| UAbs. | Unterabsatz |
| Urt. | Urteil |
| Urt. v. | Urteil vom |
| v. | vom |
| Versäumnisurt. | Versäumnisurteil |
| vgl. | vergleiche |
| VO | Verordnung |
| VO (EG) 1008/2008 | VO (EG) 1008/2008 vom 28. September 2008 über gemeinsame Vorschriften für die Durchführung von Luftverkehrsdiensten in der Gemeinschaft, ABl. L 293 vom 31.10.2008, S. 3 |
| z.B. | zum Beispiel |
| zit. | zitiert |

# Einleitung

In der Literatur fehlt bislang eine umfassende wissenschaftliche Aufarbeitung der rechtlichen Bewertung einer Fremdpersonalgestellung i.R. eines typengemischten Vertrags. Die Erfassung einer solchen Personalgestellung stellt das Arbeitsrecht vor einige Herausforderungen. Fraglich ist in diesen Fällen insbesondere, wann eine erlaubnispflichtige Arbeitnehmerüberlassung i.S.d. AÜG vorliegt.

Der Streit um die rechtliche Behandlung der Konstellation eines Fremdpersonaleinsatzes ist zwar nicht neu, hat jedoch nicht an Aktualität verloren. Vielmehr haben die Air Berlin Fälle[1] viel Aufmerksamkeit auf sich gezogen. In diesen ging es um sog. Wet-Lease Verträge, in deren Rahmen Flugzeuge mitsamt Flugpersonal zur Verfügung gestellt werden. Die mit den Air Berlin Fällen befassten Arbeitsgerichte haben das Vorliegen einer Arbeitnehmerüberlassung unter Rückgriff auf die vom BAG entwickelte sog. Geprägetheorie abgelehnt.

Das LAG Düsseldorf hat sich hingegen nunmehr eingehend mit der Frage der rechtlichen Beurteilung von Personalgestellung i.R.v. Wet-Lease-Verträgen auseinandergesetzt.[2]

In der Arbeit wird generell die rechtliche Behandlung von Personalgestellungen i.R. typengemischter Verträge thematisiert. Hierzu steht neben der Untersuchung des AÜG die europarechtliche Beurteilung und dabei insbesondere die Richtlinie 2008/104/EG über Leiharbeit im Fokus. Daran anknüpfend soll auch ein europarechtskonformer

1 BAG, Urt. v. 13.02.2020 – 6 AZR 146/19 – juris (Parallelentscheidungen v. 13.02.2020: 6 AZR 208/19; 6 AZR 134/19; 6 AZR 211/19; 6 AZR 268/19; 6 AZR 163/19; 6 AZR 270/19; 6 AZR 172/19); BAG, Urt. v. 14.05.2020 – 6 AZR 235/19 – juris (Parallelentscheidungen vom 14.05.2020: 6 AZR 674/19; 6 AZR 320/19); BAG, Urt. v. 27.02.2020 – 8 AZR 215/19, u.v.m.

2 LAG Düsseldorf, Urt. v. 07.07.2021 – 12 Sa 155/21 – juris; LAG Düsseldorf, Urt. v. 11.08.2021 – 4 Sa 106/21 – juris; LAG Düsseldorf, Urt. v. 15.09.2021 – 12 Sa 354/21 – juris. LAG Düsseldorf, Urt. v. 11.08.2021 – 4 Sa 107/21 – juris.

Beurteilungsansatz vorgestellt werden, anhand dessen diese Fälle der Fremdpersonalgestellung beurteilt werden sollten.

# Erstes Kapitel: Typengemischte Verträge mit Personalgestellung

Dieses Kapitel dient als Verständnisgrundlage für typengemischte Verträge sowie die damit verbundene Frage der rechtlichen Beurteilung dieser Vertragskonstellation, was den Gegenstand dieser Arbeit bildet. Dazu beinhaltet das Kapitel einerseits eine allgemeine Erörterung der Vertragskonstellation eines Mischvertrags sowie deren rechtliche Beurteilung im Zivilrecht und andererseits ausführliche Erläuterungen zu Mischverträgen mit Personalgestellung aus arbeitsrechtlicher Perspektive. Als Beispielsfall für Mischverträge mit Personalgestellung wird auf Wet-Lease-Verträge eingegangen. Um die Lösungsansätze zur rechtlichen Beurteilung von Mischverträgen mit Personalgestellung überprüfen zu können, enthält dieses Kapitel zudem Ausführungen zur allgemeinen Beurteilung von Personalgestellungen anhand der Voraussetzungen einer Arbeitnehmerüberlassung i.S.d. AÜG sowie deren Abgrenzung von anderen Formen des Fremdpersonaleinsatzes.

## A. Typengemischte Verträge im Zivilrecht

Im Zivilrecht gilt der Grundsatz der Vertragsfreiheit, d.h. die vertragschließenden Parteien können grundsätzlich frei über den Inhalt des Vertrags entscheiden. Die Vertragsfreiheit ist Ausdruck der durch Art. 2 Abs. 1 GG garantierten Privatautonomie.[3] Die Vertragsfreiheit erlaubt es den Parteien von den gesetzlich normierten Vertragstypen abzuweichen und somit auch verschiedene Vertragstypen beliebig zu kombinieren.

3 *Schmidt* in: ErfK, 22. Aufl. 2022 GG, Art. 2 Rn. 2.

## I. Erscheinungsformen

Ist der Vertrag einem gesetzlich normierten Vertragstyp zuzuordnen, spricht man von einem typischen oder typisierten Vertrag, der dann dem Normenregime des jeweiligen Vertragstyps unterworfen ist. Kann der zwischen den Parteien geschlossene Vertrag dagegen keinem eindeutigen Vertragstyp zugeordnet werden, liegt ein sog. atypischer Vertrag vor.

Setzt sich ein Vertrag aus mehreren typischen oder auch atypischen Bestandteilen zusammen, spricht man von einem typengemischten Vertrag oder Mischvertrag.[4] Denkbar sind Kombinationen etwa mit Dienst-, Werk- Miet- und Kaufverträgen.[5] Typische Mischverträge sind zum Beispiel der Bauträgervertrag, der Bewirtungsvertrag, der Beherbergungsvertrag und der Franchisevertrag.[6]

Da die einzelnen Vertragsteile des Mischvertrags bei einer isolierten Betrachtung den entsprechenden gesetzlichen Regelungen ihres Vertragstyps unterworfen sein würden, führt dies bei einer Gesamtbetrachtung des Mischvertrags zu Problemen bei der Frage, welchem Normenregime der Vertrag insgesamt unterworfen ist. Entscheidend kann das bereits für die Frage des wirksamen Vertragsabschlusses sein, wenn ein Vertragsteil besondere Formerfordernisse erfüllen muss. Auf der Ebene etwaiger Sekundäransprüche kann die Auswahl der anwendbaren Rechtsnormen z.B. für Gewährleistungs- oder Verjährungsregelungen relevant sein. Wie die Wahl der anwendbaren Rechtsnormen auf den jeweiligen Mischvertrag zu treffen ist, ist umstritten. Überwiegend wird auf die Schwerpunkttheorie abgestellt, nach der jene Vorschriften des Vertragstyps auf den Vertrag Anwendung finden, der den Schwerpunkt des gesamten Vertrags bildet.[7]

Mischverträge können in unterschiedlicher Ausprägung auftreten. Abzugrenzen sind sie von sog. zusammengesetzten Verträgen, bei denen verschiedene rechtlich selbständige Verträge zwischen den Parteien zu

---

4 *Feldmann* in: Staudinger BGB, 17. Aufl. 2018, BGB, § 311 Rn. 33.

5 *Stadler* in: Jauernig BGB, 18. Aufl. 2021§ 311 Rn. 30.

6 *Stadler* in: Jauernig BGB, § 311 Rn. 30.

7 Hierzu noch ausführlich unten Abschnitt II. 2.

einem Gesamtvertrag zusammengefasst werden.[8] Für eine rechtliche Beurteilung bilden sie eine Einheit, eine gedankliche Trennung zwischen den einzelnen Teilen ist aber weiterhin möglich.[9]

Allgemein zu unterteilen sind Mischverträge in typische Verträge mit anderstypischer Nebenleistung, Austauschverträge mit anderstypischer Gegenleistung, (Typen-)Kombinationsverträge und Typenverschmelzungsverträge.[10]

Bei einem typischen Vertrag mit anderstypischer Nebenleistung handelt es sich um einen Vertrag, dessen Nebenleistung isoliert betrachtet einem anderen Vertragstyp zuzuordnen ist als die Hauptleistung.[11] Typische Beispiele sind die Miete eines Zimmers mit Serviceleistungen, wie Frühstück und Reinigung, oder der Kauf mit zusätzlicher Montageverpflichtung.[12] Im Gegensatz dazu spricht man von einem typischen Vertrag mit anderstypischer Gegenleistung, wenn die Gegenleistung nicht in Geld, sondern durch Gewährung anderer Leistung „vergütet" wird, etwa durch „Kost und Logis" oder Bereitstellung einer Wohnung für Hausmeister.[13]

Bei einem Kombinationsvertrag setzt sich die Gesamtleistung einer Vertragspartei aus mehreren Hauptleistungen zusammen, die jeweils verschiedenen Vertragstypen zuzuordnen sind.[14] Wesentlich ist, dass die Leistungen gleichwertig nebeneinander stehen.[15] Beispiele sind etwa ein Eigenheimerwerbsvertrag, zusammengesetzt aus Kauf- und Werkvertrag oder ein Bewirtungsvertrag, üblicherweise zusammengesetzt aus miet-, dienst- und kaufvertraglichen Elementen.[16] Ihnen gemein ist, dass die verschiedenen Leistungen gleichwertige Bedeutung

---

8 *Grüneberg* in: Grüneberg BGB, 81. Aufl. 2022, Überbl. v. § 311 Rn. 16, 19.

9 *Grüneberg* in: Grüneberg BGB, Überbl.v. § 311 Rn. 16, 19.

10 *Gehrlein* in: BeckOK BGB, 60. Ed. 2021, § 311 Rn. 21 ff.; *Herresthal* in: BeckOGK BGB, 2021, § 311 Rn. 85 ff.

11 *Gehrlein* in: BeckOK BGB, § 311 Rn. 22; *Emmerich* in: MüKo BGB, 8. Aufl. 2020, § 311 Rn. 82.

12 *Grüneberg* in: Grüneberg BGB, Überbl. v. § 311 Rn. 20; *Emmerich* in: MüKo BGB, § 311 Rn. 32.

13 *Emmerich* in: MüKo BGB, § 311 Rn. 32.

14 *Stadler* in: Jauernig BGB, § 311 Rn. 30.

15 *Gehrlein* in: BeckOK BGB, § 311 Rn. 23 (*Gehrlein* spricht von einer „gleichgewichtigen Typenkumulation"); *Emmerich* in: MüKo BGB, § 311 Rn. 29.

16 *Stadler* in: Jauernig BGB, § 311 Rn. 30.

für die Parteien haben und damit bei der rechtlichen Beurteilung zu berücksichtigen sind.

Im Fall eines Typenverschmelzungsvertrags erfüllt die vertragliche (Haupt-) Leistung gleichzeitig Merkmale verschiedener Vertragstypen, die somit untrennbar miteinander verbunden sind.[17] Beispiele für solche Verträge sind gemischte Schenkungen, ein Vertrag über Theaterbesuche/Konzerte etc.[18]

## II. Rechtliche Beurteilung im Zivilrecht

Für die rechtliche Beurteilung typengemischter Verträge im Zivilrecht werden im Wesentlichen die Schwerpunkttheorie bzw. Absorptionstheorie und die Kombinationstheorie vertreten.

### 1. Schwerpunkttheorie

Nach der von der Rechtsprechung entwickelten Schwerpunkttheorie, auch Absorptionstheorie genannt, richtet sich die rechtliche Beurteilung des gesamten Mischvertrags nach dem Vertragsteil, der den Schwerpunkt des gesamten Vertrags darstellt.[19] Der oder die anderen Vertragsteile werden nach dieser Theorie von dem schwerpunktbildenden Vertragsteil verdrängt, also absorbiert.[20] Die Schwerpunkttheorie geht damit von der Annahme aus, dass ein Mischvertrag als Ganzes zu beurteilen sei und nicht in seine verschiedenen Bestandteile zerlegt werden könne. Somit gelten die für den schwerpunktbildenden Ver-

17 *Grüneberg* in: Grüneberg BGB, Überbl. v. § 311 Rn. 23; *Emmerich* in: MüKo BGB, § 311 Rn. 29.

18 *Grüneberg* in: Grüneberg BGB, Überbl. v. § 311 Rn. 23.

19 BGH, Urt. v. 12.01.2017 – III ZR 4/16 – juris, Rn. 10; Zwar handelt es sich bei der Bezeichnung „Schwerpunkttheorie" nicht um einen von der Rechtsprechung gebrauchten Terminus. Jedoch stellt der BGH auf den Schwerpunkt des gemischten Vertrages ab (vgl. Rn. 10), weshalb der Begriff „Schwerpunkttheorie" vorliegend verwendet wird; den Begriff "Scherpunkttheorie legt auch zugrunde: *Herresthal* in: BeckOGK BGB, § 311 Rn. 90; *Grüneberg* in: Grüneberg BGB, Überbl. v. § 311 Rn. 24.

20 *Emmerich* in: MüKo BGB, § 311 Rn. 28.

tragsteil anwendbaren Vorschriften für den gesamten Mischvertrag.[21] Trotzdem sollen nach der Rechtsprechung auch die Vorschriften des absorbierten und damit nicht schwerpunktbildenden Vertragsteils herangezogen werden können, wenn allein dadurch die Eigenart des Vertragsteils ausreichend gewürdigt werden kann.[22]

Die Schwerpunkttheorie wird wegen ihrer mangelnden Gesetzesnähe kritisiert.[23] Weiter sei es lebensfern, dass stets ein Vertragsteil des Mischvertrags als Hauptleistung angesehen werden könne.[24] Letztlich zieht auch die Rechtsprechung dort eine Grenze, wo die Beurteilung nach dem Schwerpunkt der Eigenart des Vertrags nicht mehr gerecht wird.[25] Zu beachten ist stets das jeweilige Interesse der Parteien sowie der Zweck der vertraglichen Vereinbarung.[26] Eine Einzelfallbetrachtung wird also auch durch Anwendung der Schwerpunkttheorie nicht entbehrlich.[27]

### 2. Kombinationsmethode

Im Gegensatz zur Schwerpunkttheorie, die eine Betrachtung des Mischvertrags als Ganzes fordert, belässt es die sog. Kombinationsmethode bei der Anwendbarkeit der jeweils einschlägigen Rechtsvorschriften auf die verschiedenen Vertragstypen innerhalb des Mischvertrags, betrachtet also die einzelnen Vertragsteile isoliert voneinander.[28] Die Kombinationsmethode hat den Vorteil, dass das jeweilige Vertragsrecht mit seinen etwaigen Besonderheiten anwendbar bleibt.

---

21 BGH, Urt. v. 02.10.2019 – XII ZR 8/19 – juris, Rn. 12; BGH, Urt. v. 12.01.2017 – III ZR 4/16 – juris, Rn. 10. BGH, Beschl. v. 21.04.2005 – III ZR 293/04 – juris, Rn. 10.

22 BGH, Urt. v. 02.10.2019 – XII ZR 8/19 – juris, Rn. 12; BGH, Urt. v. 12.01.2017 – III ZR 4/16 – juris, Rn. 10; BGH, Beschl. v. 21.04.2005 – III ZR 293/04 – juris, Rn. 10.

23 *Herresthal* in: BeckOGK BGB, § 311 Rn. 93.

24 *Feldmann* in: Staudinger BGB, § 311 Rn. 39.

25 BGH, Beschl. v. 21.04.2005 – III ZR 293/04 – juris, Rn. 10.

26 *Herresthal* in: BeckOGK BGB, § 311 Rn. 92.

27 So muss auch die Rechtsprechung des BGH interpretiert werden: BGH, Beschl. v. 21.04.2005 – III ZR 293/04 – juris, Rn. 10.

28 *Herresthal* in: BeckOGK BGB, § 311 Rn. 91; *Emmerich* in: MüKo BGB, § 311 Rn. 28.

Dadurch ist sie gesetzesnäher als die Schwerpunkttheorie und wird mithin auch dem Parteiinteresse eher gerecht.[29]

Die Anwendbarkeit der Kombinationstheorie wird insbesondere bei Vorliegen eines sog. Kombinationsvertrags (gleichwertige Leistungen[30]) und Typenverschmelzungsvertrag (Leistung kann mehreren Vertragstypen zugeordnet werden[31]) bejaht. In Fällen einer Normenkollision soll hingegen auf die Schwerpunkttheorie zurückgegriffen werden.[32]

Eine weitere Theorie, die sich von der Kombinationstheorie kaum unterscheidet und nur wenige Anhänger in der Literatur findet, ist die Theorie der analogen Rechtsanwendung. Sie entspricht im Wesentlichen der Kombinationsmethode, wendet aber für die zugeordneten Vertragsteile die Normen für den Mischvertrag nur analog an, da – nach dieser Ansicht – die Mischform gerade nicht gesetzlich geregelt sei.[33]

### 3. Abweichende Rechtsprechung

Einen anderen – der Kombinationstheorie nahekommenden – Ansatz hat der BGH in einer Entscheidung im Jahr 2007 zu einem Vertrag über Verpackungs- und Speditionsleistungen angewandt.[34] In der Entscheidung ging der BGH davon aus, dass die Verpackungs- und Speditionsleistungen, welche in einem Mischvertrag zusammengefasst und damit rechtlich-wirtschaftlich miteinander verbunden waren, als Leistungen zumindest gleichwertig seien.[35] Abweichend von der Schwerpunkttheorie beurteilte der BGH die Vertragsteile also rechtlich getrennt. Der BGH begründete dies damit, dass der mutmaßliche Wille der Vertragsparteien dahin gehe, auf jede Leistungspflicht diejenigen Vorschriften anzuwenden, die gelten würden, wenn die Vertragspartei-

29 *Herresthal* in: BeckOGK BGB, § 311 Rn. 92; *Emmerich* in: MüKo BGB, § 311 Rn. 29.

30 Hierzu Erstes Kapitel A. I.

31 Hierzu Erstes Kapitel A. I.

32 *Gehrlein* in: BeckOK BGB, § 311 Rn. 23, 25.

33 *Grüneberg* in: Grüneberg BGB, Überbl. v. § 311 Rn. 25; diese Theorie soll der Vollständigkeit halber erwähnt sein, spielt aber mangels eigenständiger Bedeutung nachfolgend keine Rolle mehr.

34 BGH, Urt. v. 13.09.2007 – I ZR 207/04 – juris, Rn. 19.

35 BGH, Urt. v. 13.09.2007 – I ZR 207/04 – juris, Rn. 19.

en jeweils verschiedene Verträge geschlossen hätten.[36] Das entspricht im Grundsatz dem Gedanken der Kombinationsmethode und zeigt, dass die Schwerpunkttheorie nicht zwingend und steif anzuwenden ist, sondern vielmehr eine Einzelfallbeurteilung zu einem anderen Ergebnis führen kann.

### 4. Bewertung

Keine der Theorien bietet eine abschließende und geeignete Lösung, denn jede stellt für sich ein festes Schema auf, ohne den Vertragsinhalt und den Parteiwillen ausreichend zu berücksichtigen.[37] Der BGH verweist aber in seiner Rechtsprechung zumindest teilweise darauf, dass nicht allein der Vertragsschwerpunkt ausschlaggebend sei, sondern ggf. auch das Vertragsrecht des nicht schwerpunktbildenden Teils Berücksichtigung finden soll.[38] In seiner Entscheidung über einen Vertrag über Verpackungs- und Speditionsleistungen sah er beide Leistungen sogar als gleichwertig an und berücksichtigte die jeweils anwendbaren Rechtsvorschriften.

Die Kombinationsmethode bietet den Vorteil, dass dem Recht jedes Vertragstyps und damit dem Schutzzweck einer Norm ausreichend Rechnung getragen wird. Dadurch wird wiederum eine bessere Wertungspräzision[39] erreicht. Auch ist der Kombinationsmethode eine größere Gesetzesnähe zuzuschreiben, da jeder Vertragstyp nach dem jeweils anwendbaren Normenregime zu beurteilen ist. Durch die Anwendung der Kombinationstheorie können die Besonderheiten des jeweiligen Vertragstyps berücksichtigt werden. Zudem wird mit der Berücksichtigung der Vorschriften aller Vertragsteile den Parteiinteressen bestmöglich Rechnung getragen. Für die Kombinationstheorie spricht weiterhin, dass dem Gesetz eine Differenzierung aufgrund der Einkleidung in einen Mischvertrag nicht zu entnehmen ist. Die

36 BGH, Urt. v. 13.09.2007 – I ZR 207/04 – juris, Rn. 19.

37 Vgl. *Herresthal* in: BeckOGK BGB, § 311 Rn. 92; *Feldmann* in: Staudinger BGB, BGB, § 311 Rn. 39.

38 Vgl. BGH, Urt. v. 02.10.2019 – XII ZR 8/19 – juris, Rn. 12; BGH, Urt. v. 12.01.2017 – III ZR 4/16 – juris, Rn. 10; BGH, Beschl. v. 21.04.2005 – III ZR 293/04 – juris, Rn. 10.

39 *Herresthal* in: BeckOGK BGB, § 311 Rn. 93.

Anwendung der Schwerpunkttheorie erscheint lediglich in den Fällen sinnvoll, in denen es zu einer sich widersprechenden Rechtsanwendung für die unterschiedlichen Vertragsteile käme.[40] Eine tatsächliche Aufspaltung eines Mischvertrags in die einzelnen Vertragsteile und deren unterschiedliche ggf. sogar gegenläufige Behandlung ist dann nicht praxistauglich.

## B. Typengemischte Verträge mit Personalgestellung

Ausgehend von den verschiedenen Formen von Mischverträgen, fokussiert sich der nachfolgende Abschnitt auf Mischverträge mit Personalgestellung aus arbeitsrechtlicher Perspektive. Die Unterscheidung zwischen Mischvertrag und Mischvertrag mit Personalgestellung ist erforderlich, da sich nur aufgrund der Personalgestellung überhaupt arbeitsrechtliche Fragestellungen ergeben. Im Mittelpunkt steht insbesondere die Kombination aus einem Gebrauchsüberlassungsvertrag hinsichtlich einer Maschine oder eines Geräts (z.B. Baumaschinen, Kraftfahrzeuge, Flugzeuge, EDV-Anlagen, Filmproduktionsausrüstung) und zusätzlich einem Dienstverschaffungsvertrag zur Überlassung des zur Bedienung bzw. zum Gebrauch der Maschine erforderlichen Personals, zusammenfassend Maschinenüberlassungsverträge mit (Bedien-)Personalgestellung genannt.[41] Mischverträge mit Personalgestellung kommen in der Praxis in verschiedenen Konstellationen vor und werden nachfolgend kursorisch dargestellt, insbesondere die Vertragskonstellation des Wet-Lease-Vertrags, die als aktuelles Praxisbeispiel herangezogen wird.

### I. Abgrenzung

Die vorstehende Beschreibung von Mischverträgen mit Personalgestellung macht eine Abgrenzung zu Fremdpersonaleinsätzen i.R.v. Werk-

---

40 Ähnlich: *Herresthal* in: BeckOGK BGB, § 311 Rn. 93; im Ergebnis auch *Feldmann* in: Staudinger BGB, BGB, § 311 Rn. 40.

41 vgl. *Hamann* in: Schüren/Hamann AÜG, 6. Aufl. 2022, § 1 Rn. 241.

oder Dienstverträgen erforderlich. Bei Werk- oder Dienstverträgen setzt der Werkunternehmer bzw. Dienstleister eigene Mitarbeiter als Erfüllungsgehilfen zur Erbringung der vereinbarten Leistungen ein. Abgesehen davon, dass bei einem echten Werk- oder Dienstvertrag im Hinblick auf die Erfüllungsgehilfen die Voraussetzungen einer Arbeitnehmerüberlassung i.S.d. AÜG nicht vorliegen, besteht ein maßgeblicher Unterschied darin, dass es sich bei einem Fremdpersonaleinsatz i.R.v. Werk- oder Dienstverträgen schon gar nicht um einen Mischvertrag handelt. Ein Mischvertrag mit Personalgestellung setzt sich aus unterschiedlichen Vertragstypen zusammen. Ausgehend von einer typisierenden Betrachtung handelt es sich regelmäßig bei dem Personalgestellungsteil i.R. eines Mischvertrags um eine Dienstverschaffung, die neben eine personalferne Leistung tritt. Ein Dienstverschaffungsvertrag ist keinem gesetzlich normierten Vertragstyp eindeutig zuzuordnen,[42] dennoch ist er als Vertragstyp allgemein anerkannt.[43] Wesen eines Dienstverschaffungsvertrags ist die Verschaffung der Arbeitskraft von Personen.[44] In Abgrenzung zum Dienstvertrag ist ein Dienstverschaffungsvertrag nicht auf die Leistung persönlicher Dienste gerichtet.[45] Der Vertragspartner erhält auf Grundlage eines Dienstverschaffungsvertrags die Möglichkeit, die Arbeitskräfte nach seinen betrieblichen Erfordernissen einzusetzen.[46] Den häufigsten Anwendungsfall des Dienstverschaffungsvertrags stellt in der Praxis die Arbeitnehmerüberlassung dar.[47] Diese Merkmale erfüllt ein Fremdpersonaleinsatz i.R. eines (echten) Werk- oder Dienstvertrags von vornherein nicht.

## II. Allgemeines

Bei einem Mischvertrag mit Personalgestellung wird das Vertragselement der Dienstverschaffung in der Regel als „Zusatz“ zu einem Miet-,

42 *Baumgärtner* in: BeckOK BGB, § 611 Rn. 11.
43 Vgl. *Wank* in: ErfK, AÜG, § 1 Rn. 32.
44 *Vogelsang* in: Schaub ArbR-HdB, 19. Aufl. 2021, § 9 Rn. 19.
45 *Spinner* in: MüKo BGB, § 611a Rn. 29.
46 *Spinner* in: MüKo BGB, § 611a Rn. 30.
47 *Baumgärtner* in: BeckOK BGB, § 611 Rn. 11.

Kauf- oder Leihvertrag vereinbart.[48] Die Verschaffung der Arbeitskraft der Arbeitnehmer steht im Zusammenhang mit der Miet-, Kauf-, oder Leihabrede. Konkret geht es bei diesen Verträgen darum, dass das zur Verfügung gestellte Personal dem Mieter die Ingebrauchnahme des überlassenen Gegenstands ermöglichen soll. Ausgangslage ist, dass der Mieter (Fach-)Personal benötigt, um die Maschine überhaupt in Gebrauch nehmen und betreiben zu können. Dementsprechend wird zusätzlich die Überlassung des Bedienpersonals vereinbart. Die Überlassung des Personals kann sich dabei über die gesamte Vertragsdauer erstrecken oder nur auf einen bestimmten Anfangszeitraum beschränken, etwa dann, wenn es nur um die Installation, den Aufbau oder die Einweisung zum Gebrauch des Geräts bzw. der Maschine geht.[49] Relevant sind solche Mischverträge mit Personalgestellung bei großen Baumaschinen, für deren Bedienung meist besonders qualifiziertes Personal benötigt wird.[50] Ein Beispiel dafür sind Verträge, über die Anmietung von Kränen mitsamt des zur Steuerung benötigten Kranführers.[51] In einem anderen Beispielsfall werden Flugzeuge mitsamt dem Bordpersonal zur Verfügung gestellt.[52] Denkbar ist neben physischen Überlassungsgegenständen auch der Verkauf von IT-Software. In diesem Fall kann das überlassene Personal erforderlich sein, um die Software beim Vertragspartner einzuführen, zu installieren und in Gebrauch zu nehmen.[53] Ebenso denkbar ist die Vereinbarung der Vermietung von Gewerberäumen mitsamt Bereitstellung des erforderlichen Service- bzw. Fachpersonals zum Betreiben der Gewerberäume.[54]

---

48 Vgl. *Hamann* in: Schüren/Hamann AÜG, § 1 Rn. 240.

49 Vgl. *Hamann* in: Schüren/Hamann AÜG, § 1 Rn. 240.

50 BAG, Urt. v. 16.06.1982 – 4 AZR 862/79 – juris, in dem Verfahren ging es um die Bereitstellung einer Asphaltmaschine.

51 Vgl. etwa: BAG, Urt. v. 15.09.2016 – 8 AZR 187/15 – juris; BGH, Urt. v. 28.01.2016 – I ZR 60/14 – juris; OLG Düsseldorf, Urt. v. 23.12.1994 – 22 U 127/94; OLG Düsseldorf, Urt. v. 29.10.1993 – 22 U 83/93 – juris.

52 Hierzu noch ausführlich im nächsten Abschnitt B II. 2.

53 *Kock* in: BeckOK Arbeitsrecht, 62. Ed. 2021, AÜG, § 1 Rn. 78, mit weiteren Beispielen; *Hamann* in: Schüren/Hamann AÜG, § 1 Rn. 240.

54 OLG Düsseldorf, Urt. v. 30.04.2002 – 24 U 109/01 – juris, der Entscheidung lag ein sog. Slot-Time-System Vertrag zugrunde. Das Slot-Time-System bedeutet, dass Praxisräume an Ärzte vermietet werden, die praxisfertig eingerichtet und mit notwendigem Gerät ausgestattet sind. Sog. Versorgungsräume (Toilette, Umkleide,

In all diesen Konstellationen dient die Überlassung des Fachpersonals stets dem Zweck, die Nutzung des gemieteten Gegenstands zu ermöglichen. Hintergrund der Vereinbarung über die Personalgestellung ist, dass für den Mieter/Käufer die Maschine oder die Software ohne das erforderliche Personal nutzlos wäre, da ihm der Gebrauch ansonsten nicht möglich ist. Erst mit der zusätzlichen Vereinbarung einer Personalgestellung wird der Vertrag für ihn werthaltig, da andernfalls der überlassene Gegenstand nur „totes Kapital“[55] wäre.

## III. Beispielsfall: Wet-Lease

In der Praxis treten Mischverträge mit zusätzlicher Überlassung des Bedienpersonals häufig in Form von sog. Wet-Lease-Verträgen auf. Dieser Praxisfall eignet sich aufgrund mehrerer aktueller Entscheidungen als Beispiel zur Darstellung der Rechtsproblematik.

Wet-Lease wird nach der VO (EG) 1008/2008[56] in Art. 2 Abs. 1 Nr. 25 definiert als „*Vereinbarung über das Ver- oder Anmieten mit Besatzung*“ und weiterhin beschrieben als „*eine Vereinbarung zwischen Luftfahrtunternehmen, wonach das Luftfahrzeug unter dem Luftverkehrsbetreiberzeugnis des Vermieters betrieben wird*“.[57] Bei Wet-Lease stellt also eine Fluggesellschaft einer anderen Fluggesellschaft ein Flugzeug üblicherweise u.a. inklusive Wartung und Versicherungen

---

Warteraum) sowie das medizinische Fach- und Assistenzpersonal für die Praxisorganisation sind im Preis ebenfalls enthalten.

55 Vgl. LAG Köln, Urt. v. 10.05.2017 – 11 Sa 72/16 – juris, Rn. 42; BAG, Urt. v. 17.02.1993 – 7 AZR 167/92 – juris, Rn. 46; BAG, Urt. v. 22.02.1994 – 7 AZR 77/93 – juris, Rn. 19.

56 VO (EG) 1008/2008 vom 28. September 2008 über gemeinsame Vorschriften für die Durchführung von Luftverkehrsdiensten in der Gemeinschaft, ABl. L 293 vom 31.10.2008, S. 3: Bei der VO (EG) 1008/2008 handelt es sich u.a. auch um die rechtliche Grundlage zur Erteilung der erforderlichen Genehmigung der Durchführung von Wet-Lease im europäischen Raum.

57 Amtlich werden diese als Air Operation Certificate (kurz „AOC“) bezeichnet. Das AOC „*ist ein einem Unternehmen ausgestelltes Zeugnis, in dem dem Luftverkehrsbetreiber bescheinigt wird, dass er über die fachliche Eignung und Organisation verfügt, um die Sicherheit des im Zeugnis genannten Betriebs gemäß den einschlägigen Bestimmungen des Gemeinschaftsrechts oder gegebenenfalls des einzelstaatlichen Rechts zu gewährleisten*“, vgl. Art. 2 Abs. 1 Nr. 8 der VO (EG) 1008/2008.

zur Verfügung, damit die mietende Fluggesellschaft das Flugzeug i.R. ihres Streckennetzes kann.[58] Nach der Definition des Art. 2 Nr. 25 der VO (EG) 1008/2008 wird der Flug für die empfangende Fluggesellschaft unter dem Luftverkehrsbetreiberzeugnis (AOC – "air operator certificate")[59] der vermietenden Fluggesellschaft ausgeführt.[60] Im Unterschied dazu wird bei einer sog. Dry-Lease-Vereinbarung das Flugzeug ohne Besatzung angemietet und das Flugzeug unter dem AOC, der mietenden Fluggesellschaft betrieben.[61] Eine weitere Erscheinungsform bildet das sog. Damp-Lease, bei dem nur das Flugzeug mit Cockpitpersonal überlassen wird, das Kabinenpersonal muss hingegen die mietende Fluggesellschaft selbst bereitstellen.[62]

Rechtsprechung und Literatur nehmen bei Wet-Lease-Verträgen einen typengemischten Vertrag an, der sich aus der Gebrauchsüberlassung des Flugzeugs und der Bereitstellung des Personals zusammensetzt.[63]

---

58 Auch die Rechtsprechung geht bei Wet-Lease-Verträgen von einer Gebrauchs-/Nutzungsüberlassung des Flugzeugs mitsamt Besatzung aus (vgl. beispielhaft: BAG, Urt. v. 14.05.2020 – 6 AZR 235/19 – juris, Rn. 27; LAG Berlin-Brandenburg, Urt. v. 12.04.2019 – 6 Sa 1641/18 – juris, Rn. 5; ArbG Berlin, Urt. v. 19.07.2018 – 41 Ca 15666/17 – juris, Rn. 6; LAG Köln, Urt. v. 10.05.2017 – 11 Sa 72/16 – juris, Rn. 42 ff.; BAG, Urt. v. 30.11.1994 – 5 AZR 704/93 – juris, Rn. 44 ff. nunmehr auch das LAG Düsseldorf in seinen Entscheidungen: LAG Düsseldorf, Urt. v. 07.07.2021 – 12 Sa 155/21 – juris, Rn. 277; LAG Düsseldorf, Urt. v. 15.09.2021 – 12 Sa 354/21 – juris, Rn. 311.

59 Das Luftverkehrsbetreiberzeugnis (AOC) i.S.d. Art. 2 Nr. 8 der VO (EG) 1008/2008 bescheinigt dem Luftverkehrsbetreiber, dass er über die fachliche Eignung und Organisation verfügt, um die Sicherheit des im Zeugnis genannten Betriebs gemäß den einschlägigen Bestimmungen des Gemeinschaftsrechts oder gegebenenfalls des einzelstaatlichen Rechts zu gewährleisten. Um Wet-Lease betreiben zu dürfen, müssen die Fluggesellschaften über eine Betriebsgenehmigung verfügen (§ 20 Luftverkehrsgesetz i.V.m. Art. 3 ff. der VO (EG) 1008/2008), wobei eine Voraussetzung der Erteilung das Vorliegen eines Luftverkehrsbetreiberzeugnisses (AOC) ist.

60 LAG Düsseldorf, Urt. v. 15.03.2019 – 6 Sa 753/18 – juris, Rn. 43; möglicherweise handelt es sich hierbei aber nur um eine Ungenauigkeit.

61 Vgl. Art. 2 Abs. 1 Nr. 24 der VO (EG) Nr. 1008/2008.

62 Hierbei handelt es sich nicht um einen gesetzlich geregelten Fall, sondern um eine in der Praxis vorkommende Erscheinungsform. Nachzulesen ist die Definition unter folgendem Link: https://www.caa.co.uk/Commercial-industry/Aircraft/Leasing/Wet-and-damp-leasing/.

63 BAG, Urt. v. 17.02.1993 – 7 AZR 167/92 – juris, Rn. 44 ff.; BAG, Urt. v. 22.02.1994 – 7 AZR 77/93 – juris, Rn. 18 f.; *Hamann* in: Schüren/Hamann AÜG, § 1 Rn. 240 f.; *Waas* in: Thüsing AÜG, 4. Aufl. 2018, § 1 Rn. 96.

Dieses Verständnis wird durch die Beschreibung von Wet-Lease in europäischen Vorschriften bestätigt. Art. 2 Nr. 24 und Nr. 25 der VO (EG) 1008/2008 beschreibt Wet-Lease als „Anmieten mit Besatzung".[64] Diese Definition findet sich auch in vielen anderen europäischen Vorschriften.[65] Auch das Luftfahrt-Bundesamt als für die Sicherheit des Flugverkehrs zuständige Behörde, versteht Wet-Lease als „Anmieten mit Besatzung".[66] Die Rechtsprechung greift dieses Verständnis auf und geht von einer Gebrauchs-/Nutzungsüberlassung des Flugzeugs mitsamt Besatzung aus.[67] Dementsprechend versteht

64 Anzumerken ist, dass die englische Version der VO (EG) 1008/2008 in ihrem Art. 2 Abs. 1 Nr. 25 den definitorischen Zusatz, dass es sich bei Wet-Lease um eine „Anmietung mit Besatzung" handelt, nicht enthält. Dort heißt es lediglich: "*'wet lease agreement' means an agreement between air carriers pursuant to which the aircraft is operated under the AOC of the lessor*". Aus den Dokumenten des Verordnungsgebungsprozesses wird ersichtlich, dass dieser Vertrag sowohl in deutscher als auch in englischer Sprache verstanden wurde als: „*Durchführung eines Flugdienstes mit einem Luftfahrzeug und einer Besatzung eines anderen Luftfahrtunternehmens*" (vgl. Mitteilung an die Presse, 15891/07 (Presse 274), S. 39); "*the operation of an air service with an aircraft and crew belonging to a different company*" (vgl. Press Release 10456/07 (Presse 133), p. 26). Daraus lässt sich ein übereinstimmendes Verständnis von Wet-Lease-Verträgen ableiten. Dass die deutsche Version die zusätzliche Beschreibung dieser Verträge enthält, liegt vermutlich an dem Umstand, dass der englische Begriff „Leasing" erläutert werden sollte.

65 Vgl. etwa Erwägungsgrund 5 der Verordnung (EG) Nr. 2111/2005 vom 14. Dezember 2015 über die Erstellung einer gemeinschaftlichen Liste der Luftfahrtunternehmen, gegen die in der Gemeinschaft eine Betriebsuntersagung ergangen ist, sowie über die Unterrichtung von Fluggästen über die Identität des ausführenden Luftfahrtunternehmens und zur Aufhebung des Artikels 9 der Richtlinie 2004/36/EG, ABl. L 344 vom 27.12.2005, S. 15; Anhang I Ziffer 117, 118 und Anhang II (Teil-ORO), ORO.AOC.110 Mietverträge der Verordnung (EU) Nr. 965/2012 vom 5. Oktober 2012 zur Festlegung technischer Vorschriften und von Verwaltungsverfahren in Bezug auf den Flugbetrieb gemäß der Verordnung (EG) Nr. 216/2008 des Europäischen Parlaments und des Rates, ABl. L 296 vom 25.10.2012, S. 1.

66 Vgl. Merkblatt des Luftfahrt-Bundesamtes zu Leasing und Code-Share vom 04.10.2019, S. 2, online abrufbar unter folgendem Link: https://www.lba.de/SharedDocs/Downloads/DE/Formulare/B1/B11_Genehmigungen/Merkblaetter_Info/Merkblatt_Leasing.pdf.pdf?__blob=publicationFile&v=5.

67 Vgl. beispielhaft: BAG, Urt. v. 14.05.2020 – 6 AZR 235/19 – juris, Rn. 27; LAG Berlin-Brandenburg, Urt. v. 12.04.2019 – 6 Sa 1641/18 – juris, Rn. 5; ArbG Berlin, Urt. v. 19.07.2018 – 41 Ca 15666/17 – juris, Rn. 6; LAG Köln, Urt. v. 10.05.2017 – 11 Sa 72/16 – juris, Rn. 42 ff.; BAG, Urt. v. 17.02.1993 – 7 AZR 167/92 – juris, Rn. 44 ff. BAG, Urt. v. 22.02.1994 – 7 AZR 77/93 – juris, Rn. 18 f. so nun

auch die Literatur die Überlassung eines Flugzeugs mit Besatzung als Mischvertrag über die Gebrauchsüberlassung einer Maschine (Mietvertrag) mit Bedienpersonal (Dienstverschaffungsvertrag).[68]

Ohne Belang für die Einordnung dieses Vertrags als Mischvertrag mit Personalgestellung ist dagegen der Umstand, dass der Flug per definitionem gemäß Art. 2 Nr. 25 der VO (EG) 1008/2008 unter dem AOC der vermietenden Fluggesellschaft durchgeführt wird. Relevant ist dies vielmehr im Hinblick auf behördliche Genehmigungen des Flugbetriebs und dahingehend für etwaige Haftungsfragen.[69] Eine bestimmte Rechtsnatur des Wet-Lease-Vertrags kann damit jedoch nicht begründet werden.

### 1. Durchführung von Wet-Lease-Verträgen

Über die Durchführung und die damit zusammenhängende Organisation geben die Tatsachenfeststellungen in den Urteilen des BAG und nunmehr auch des LAG Düsseldorf Aufschluss.

Fluggesellschaften, die Wet-Lease anbieten und durchführen, betreiben – wie beispielsweise die Air Berlin – neben Wet-Lease für andere Fluggesellschaften üblicherweise einen eigenwirtschaftlichen Flugverkehr (nicht so die Luftverkehrsgesellschaft Walter GmbH in den Verfahren vor dem LAG Düsseldorf). Die von der verleasenden Fluggesellschaft eingesetzten Flugzeuge sind teilweise selbst geleast. Grundlage von Wet-Lease ist i.d.R. eine sog. ACMIO[70]-Vereinbarung.[71] Inhalt dieser Vereinbarung ist, dass die verleasende Fluggesellschaft eine bestimmte Anzahl an Flugzeugen inklusive Besatzung, Wartung und Versicherung für die leasende Fluggesellschaft bereitstellt. Gängige Praxis ist es, die im Wet-Lease eingesetzten Flugzeuge entsprechend der üblichen Lackierung der leasenden Fluggesellschaft zu versehen.[72]

auch: LAG Düsseldorf, Urt. v. 07.07.2021 – 12 Sa 155/21 – juris, Rn. 281; LAG Düsseldorf, Urt. v. 15.09.2021 – 12 Sa 354/21 – juris, Rn. 315.

68 Vgl. beispielsweise: *Hamann* in: Schüren/Hamann AÜG, § 1 Rn. 240 f.; *Waas* in: Thüsing AÜG, § 1 Rn. 96; *Boemke* in: Boemke/Lembke AÜG, 3. Aufl. 2013, § 1 Rn. 38; *Lembke*, NZA 2018, 393, 402.

69 Siehe hierzu Ausführungen B. II. 2. d).

70 Steht für "Aircraft, Crew, Maintenance, Insurance, Overhead".

71 BAG, Urt. v. 14.05.2020 – 6 AZR 235/19 – juris, Rn. 10.

72 BAG, Urt. v. 14.05.2020 – 6 AZR 235/19 – juris, Rn. 10.

Die Flüge werden mit den Start- und Landerechten der leasingnehmenden Fluggesellschaft, aber unter dem AOC der leasinggebenden Fluggesellschaft durchgeführt.[73]

Das überlassene Personal tritt teilweise nach außen hin optisch auf, als wären sie Mitarbeiter der empfangenden Fluggesellschaft, indem sie die bei der jeweiligen Fluggesellschaft übliche Uniformierung tragen.[74]

### 2. Personelle Organisationsstruktur

Die Zuständigkeiten für das Flugpersonal ergeben sich u.a. aus dem jeweiligen Betriebshandbuch der Fluggesellschaft. Das Erstellen eines Betriebshandbuchs ist gemäß Anhang III (Teil-ORO), ORO.GEN.110 lit. b) der VO (EU) 965/2012 Pflicht und Voraussetzung für den Erhalt und zum Behalt des AOC. Nach Anhang III (Teil-ORO), ORO.GEN.200 ff. der VO (EU) 965/2012 ist auch klar vorgegeben, welche hierarchischen Weisungs- und Zuständigkeitsstrukturen innerhalb der Fluggesellschaft der Behörde nachgewiesen werden müssen, um ein AOC zu erhalten. Nach ORO.GEN.210 lit. b) i.V.m. ORO.AOC.135 der VO (EU) 965/2012 hat die Fluggesellschaft eine sog. „Nominated Person" (Betriebsleiter) zu bestellen, welcher für Flugbetrieb, Besatzungsschulung, Bodenbetrieb und Aufrechterhaltung der Lufttüchtigkeit zuständig ist. Der Betriebsleiter ist zudem für die Einrichtung und Pflege eines wirksamen Managementsystems zuständig. Diese Person muss also faktisch in der Lage sein, für die Einhaltung der Luftverkehrsvorschriften sorgen zu können und muss dementsprechend auch eine dahingehende Weisungsbefugnis gegenüber dem Personal innehaben. Die europäischen Vorgaben sind hier jedoch dahingehend zu verstehen, dass diese sich nicht auf die gesamten Weisungsbefugnisse aus dem Arbeitsverhältnis (§ 106 GewO, § 611a BGB) beziehen. Vielmehr geht es dem Sinn und Zweck nach darum, dass die strengen Anforderungen im Luftverkehrs- bzw. Luftsicherheitsrecht

73 Vgl. Art. 2 Nr. 25 der VO (EG) Nr. 1008/2008; so im Ergebnis: LAG Berlin-Brandenburg, Urt. v. 12.04.2019 – 6 Sa 1641/18 – juris, Rn. 4; LAG Düsseldorf, Urt. v. 15.03.2019 – 6 Sa 753/18 – juris, Rn. 43.

74 BAG, Urt. v. 15.04.2014 – 3 AZR 395/11 – juris, Rn. 10; LAG Düsseldorf, Urt. v. 04.12.2018 – 8 Sa 379/18 – juris, Rn. 4; LAG Düsseldorf, Urt. v. 04.12.2018 – 8 Sa 380/18 – juris, Rn. 4.

bei den Fluggesellschaften umgesetzt und eingehalten werden und dafür eine zuständige Person benannt sein soll.

Bei der Air Berlin beispielsweise gab es einen zuständigen Leiter des Flugbetriebs („Head of Flight Operations“), der für die gesamte Leitung des Flugbetriebs im operativen Geschäft zuständig war. Hinsichtlich des Cockpitpersonals war er für dessen Führung sowie für die Durchsetzung, Kontrolle und Einhaltung der Betriebsregeln und Arbeitsanweisungen im Bereich Cockpit, die Rekrutierung und Neueinstellung des gesamten fliegenden Personals sowie die Personalplanung zuständig.[75]

Dem „Head of Flight Operations“ waren die „Area Manager Cockpit“ untergeordnet. „Area Manager Cockpit“ waren Piloten, die im regulären Flugverkehr eingesetzt wurden und daneben noch administrative Aufgaben wahrnahmen. Dazu gehörten alle organisatorischen und administrativen Angelegenheiten, etwa die Leitung des Flugpersonals an der Station, Erteilung notwendiger Anweisungen i.R.d. Führungsaufgaben und Personalgespräche.[76] Der „Head of Crew Operations“ war für das gesamte Strategie- und Prozessmanagement sowie die Einsatz- und Bereitstellungsplanung der Crews zuständig.[77] Die Leitung des Kabinenpersonals wiederum wurde von „Regional Managern“ vorgenommen. Den „Regional Managern“ wiederum waren die sog. „Area Manager“ unterstellt. Diese hatten die Aufgabe, die Leistungen der Kabinenmitarbeiter zu verwalten und so ein gleichbleibend hohes Niveau an Sicherheit und Service aufrechtzuerhalten. Der jeweilige „Area Manager“ fungierte als Vorgesetzter des Kabinenpersonals mit Disziplinarverantwortung.[78] Auch in den Entscheidungen des LAG Düsseldorf war ein Betriebsleiter bei der Leasinggeberin angesiedelt.[79] In den Entscheidungen des LAG Düsseldorf war die Besonderheit, dass die

75 BAG, Urt. v. 13.02.2020 – 6 AZR 146/19 – juris, Rn. 4.

76 BAG, Urt. v. 13.02.2020 – 6 AZR 146/19 – juris, Rn. 5.

77 BAG, Urt. v. 13.02.2020 – 6 AZR 146/19 – juris, Rn. 4, weitere Zuständigkeiten waren die Planung des Crew-Verkehrs zwischen den einzelnen Stationen und die Crew-Kapazitätsplanung.

78 BAG, Urt. v. 13.02.2020 – 6 AZR 146/19 – juris, Rn. 6.

79 LAG Düsseldorf, Urt. v. 07.07.2021 – 12 Sa 155/21 – juris, Rn. 102; LAG Düsseldorf, Urt. v. 11.08.2021 – 4 Sa 106/21 – juris, Rn. 79; LAG Düsseldorf, Urt. v. 11.08.2021 – 4 Sa 107/21 – juris, Rn. 100; LAG Düsseldorf, Urt. v. 15.09.2021 – 12 Sa 354/21 – juris, Rn. 51.

Personalzuständigkeiten an ein drittes Unternehmen ausgelagert wurden, das wiederum eine Schwestergesellschaft der Leasingnehmerin, also der Eurowings GmbH, war.[80]

Zunächst ist festzuhalten, dass die Zuständigkeiten hinsichtlich des Flugpersonals durch Rechtsvorschriften vorgegeben sind und daher schon deshalb notwendigerweise die Personalverantwortung bei der Leasinggeberin verbleibt. Diesbezüglich ist auch zu beachten, dass die Fluggesellschaften häufig nicht ausschließlich Wet-Lease betreiben, sondern ihr Personal auch im eigenwirtschaftlichen Flugverkehr einsetzen. Inwiefern dadurch eine Weisungszuständigkeit auch der leasingnehmenden Fluggesellschaft auf das im Wet-Lease überlassene Flugpersonal ausgeschlossen ist, lässt sich nur am jeweiligen Einzelfall beurteilen. In den Fällen, die den Entscheidungen des LAG Düsseldorf zugrundelagen, bestand die zusätzliche Besonderheit, dass die Leasinggeberin ein Drittunternehmen mit der Erfüllung diverser Personalangelegenheiten betraut hat, welche eine Schwestergesellschaft der Eurowings GmbH, also der Leasinggeberin war.[81]

Während der Durchführung eines Flugs kommt eine weitere Besonderheit hinzu. Nach internationalen Vorgaben hat der Kapitän während des Flugs die Entscheidungsbefugnis, und zwar nach dem verpflichtend bereitzustellenden Betriebshandbuch.[82] Auch das gilt es zu berücksichtigen.

80 Die personellen Zuständigkeiten wurde von der Arbeitgebergesellschaft fast vollständig an ein drittes Unternehmen durch Abschluss eines entsprechenden Dienstleistungsrahmenvertrags übertragen. Diese Gesellschaft war für das „Crew Planning", Urlaubs-, Krankheitsplanung, Dienstreiseplanung etc. zuständig: LAG Düsseldorf, Urt. v. 07.07.2021 – 12 Sa 155/21 – juris, Rn. 103; LAG Düsseldorf, Urt. v. 11.08.2021 – 4 Sa 106/21 – juris, Rn. 80; LAG Düsseldorf, Urt. v. 11.08.2021 – 4 Sa 107/21 – juris, 101; LAG Düsseldorf, Urt. v. 15.09.2021 – 12 Sa 354/21 – juris, Rn. 52.

81 LAG Düsseldorf, Urt. v. 07.07.2021 – 12 Sa 155/21 – juris, Rn. 291; LAG Düsseldorf, Urt. v. 11.08.2021 – 4 Sa 106/21 – juris, 193; LAG Düsseldorf, Urt. v. 11.08.2021 – 4 Sa 107/21 – juris, 227; LAG Düsseldorf, Urt. v. 15.09.2021 – 12 Sa 354/21 – juris, 325.

82 In den Entscheidungen des LAG Düsseldorf war die Weisungsbefugnis des Kapitäns in der ACMIO Vereinbarung als Regelung aufgenommen: LAG Düsseldorf, Urt. v. 07.07.2021 – 12 Sa 155/21 – juris, Rn. 187; LAG Düsseldorf, Urt. v. 11.08.2021 – 4 Sa 106/21 – juris, Rn. 290; LAG Düsseldorf, Urt. v. 11.08.2021 –

### 3. Inhalt des Wet-Lease-Vertrags

Auf Seiten der mietenden Fluggesellschaft wird die Entscheidung getroffen, welche Flüge mit eigenen Flugzeugen und eigenem Personal zur Bedienung des Flugplans durchgeführt werden und welche nicht. Dementsprechend werden Wet-Lease-Vereinbarungen mit anderen Fluggesellschaften eingegangen, wenn Kapazitätslücken bestehen. Auch Kostenersparnisse sind als Grund für den Rückgriff auf Wet-Lease denkbar. Dabei gibt die mietende Fluggesellschaft Flugplan Zeit und Ort bzw. Flugstrecke, sowie den benötigten Flugzeugtyp vor, teilweise werden dabei auch Vorgaben zur Zusammensetzung und Qualifikation[83] des Personals gemacht. Die Anzahl des Personals ist für den jeweiligen Flugzeugtyp gesetzlich vorgegeben. Die Personalplanung wurde zumindest in den Air Berlin Verfahren von der vermietenden Fluggesellschaft vorgenommen, in den Verfahren vor dem LAG Düsseldorf war ein Drittunternehmen dafür zuständig.[84]

Die Entscheidungen des LAG Düsseldorf haben nunmehr Einblick in eine konkrete vertragliche Grundlage von Wet-Lease ermöglicht. Anders als in den BAG Urteilen der Air Berlin Verfahren, hat sich das LAG Düsseldorf mit der ACMIO-Vereinbarung unter dem Blickwinkel beschäftigt, ob eine erlaubnispflichtige Arbeitnehmerüberlassung vorliegt. Die der Entscheidung zugrunde liegende ACMIO-Vereinbarung sah klare Zuständigkeiten bzw. Pflichten des Leasinggebers vor, etwa die Pünktlichkeit des Flugs sicherzustellen.[85] An das überlassene Flug-

---

4 Sa 107/21 – juris, Rn. 221; LAG Düsseldorf, Urt. v. 15.09.2021 – 12 Sa 354/21 – juris, Rn. 324.

83 In den ACMIO-Vereinbarungen, die Gegenstand der vor dem LAG Düsseldorf verhandelten Rechtsstreits waren, wurden Sprachkenntnisse als Anforderung an das eingesetzte Personal gestellt, vgl. LAG Düsseldorf, Urt. v. 07.07.2021 – 12 Sa 155/21 – juris, Rn. 38; LAG Düsseldorf, Urt. v. 11.08.2021 – 4 Sa 106/21 – juris, Rn. 33; LAG Düsseldorf, Urt. v. 11.08.2021 – 4 Sa 107/21 – juris, Rn. 40; LAG Düsseldorf, Urt. v. 15.09.2021 – 12 Sa 354/21 – juris, Rn. 40.

84 Siehe hierzu Ausführungen oben unter Abschnitt B. II. 2. b).

85 Vgl. LAG Düsseldorf, Urt. v. 07.07.2021 – 12 Sa 155/21 – juris, Rn. 48 ff.; LAG Düsseldorf, Urt. v. 11.08.2021 – 4 Sa 106/21 – juris, Rn. 48 ff. LAG Düsseldorf, Urt. v. 11.08.2021 – 4 Sa 107/21 – juris, Rn. 59 ff. LAG Düsseldorf, Urt. v. 15.09.2021 – 12 Sa 354/21 – juris, Rn. 31 ff.

personal wurden bestimmte Vorgaben gestellt. Zudem sind die Start- und Landerechte i.d.R. der mietenden Fluggesellschaft zuzuordnen.[86]

Die Rechtsprechung zeigt, dass die jeweiligen Umstände sich je nach Fall stark unterscheiden. Entscheidend ist letztlich eine Einzelfallbetrachtung und -bewertung.

### 4. Haftung bei Wet-Lease-Verträgen

Kurz in den Blick zu nehmen ist auch die Haftungsverteilung bei Wet-Lease. Es kann davon ausgegangen werden, dass i.R.d. Wet-Lease-Vereinbarung individuelle Haftungsregelungen von den vertragsschließenden Fluggesellschaften getroffen werden.[87] Wie diese konkret ausgestaltet sind, ist einer Prüfung im Einzelfall vorbehalten.

Zu berücksichtigen sind an dieser Stelle die Urteile des EuGH[88] sowie des BGH[89] hinsichtlich der Frage, welche Fluggesellschaft bei der Durchführung von Wet-Lease als „ausführendes Luftfahrtunternehmen" im Sinne der VO (EG) 261/2004[90] gilt. Klarzustellen ist, dass die Beurteilung der Haftungsverteilung nach der Fluggastrechte-VO nicht als Kriterium für die rechtliche Beurteilung der Personalgestellung i.R. einer Wet-Lease-Vereinbarung herangezogen werden kann. Denn die in den Entscheidung gegenständliche Beurteilung der Haftungsverteilung bezog sich auf das Vertragsverhältnis der Fluggesellschaft gegenüber dem Kunden und betraf deshalb nicht die Haftung aus dem Wet-Lease-Vertrag selbst. Gleichwohl sind EuGH und BGH in ihren Entscheidungen von einem bestimmten Verständnis hinsichtlich der Durchführung und den Zuständigkeiten bei Wet-Lease-Ver-

86 BAG, Urt. v. 14.05.2020 – 6 AZR 235/19 – juris, Rn. 10.

87 Nunmehr bestätigt durch: LAG Düsseldorf, Urt. v. 07.07.2021 – 12 Sa 155/21 – juris, Rn. 72 ff. LAG Düsseldorf, Urt. v. 11.08.2021 – 4 Sa 106/21 – juris, Rn. 66 ff. LAG Düsseldorf, Urt. v. 11.08.2021 – 4 Sa 107/21 – juris, Rn. 82 ff. LAG Düsseldorf, Urt. v. 15.09.2021 – 12 Sa 354/21 – juris, Rn. 41 ff.

88 EuGH, Urt. v. 04.07.2018 – C-532/17 – ECLI:EU:C:2018:527.

89 BGH, Versäumnisurt. v. 12.09.2017 – X ZR 102/16 – juris.

90 VO (EG) 261/2004 vom 11. Februar 2004 über eine gemeinsame Regelung für Ausgleichs und Unterstützungsleistungen für Fluggäste im Fall der Nichtbeförderung und bei Annullierung oder großer Verspätung von Flügen und zur Aufhebung der Verordnung (EWG) Nr. 295/91, ABl. L 46 vom 17.02.2004, S. 1, („Fluggastrechte-VO").

trägen ausgegangen, die – zumindest indiziell – herangezogen werden sollen. Der EuGH sah als haftendes Luftfahrtunternehmen im Sinne des Art. 2 b) der Fluggastrechte-VO dasjenige Unternehmen an, das über die Flugroute sowie die Durchführung des Flugs entscheidet, was nach der Entscheidung das mietende und nicht das vermietende Flugverkehrsunternehmen sei.[91] Ausführendes Luftfahrtunternehmen ist nach dem Verständnis des EuGH dasjenige, *„das im Rahmen seiner Tätigkeit der Beförderung von Fluggästen die Entscheidung trifft, einen bestimmten Flug durchzuführen – die Festlegung seiner Flugroute eingeschlossen […] Eine solche Entscheidung zu treffen bedeutet nämlich, dass dieses Unternehmen die Verantwortung für die Durchführung dieses Fluges […] übernimmt.“*[92] Handelt es sich bei den Flugzeugen um Maschinen, die mitsamt Besatzung i.R. einer Wet-Lease-Vereinbarung gemietet bzw. geleast werden, beschränke sich nach diesem Verständnis das vermietende Luftfahrtunternehmen auf die Bereitstellung des Flugzeugs mitsamt Besatzung.[93] Der BGH ging davon aus, dass eine Durchführung des Flugs zumindest auch die Anwesenheit vor Ort erfordere.[94] Diese Stellung habe jedoch der Vermieter aufgrund der Wet-Lease-Vereinbarung nicht.[95] Ihm obliege vielmehr die technische bzw. operationelle Verantwortung und somit die Flugsicherheit.[96] Der mietenden Fluggesellschaft obliege die Kapazitätsauslastung, die auch die Organisation des Flugs im Verhältnis zu den Fluggästen umfasse.[97]

Der von Seiten der Fluggesellschaften häufig als Argument gegen das Vorliegen erlaubnispflichtiger Arbeitnehmerüberlassung vorgebrachte Umstand, dass bei Wet-Lease der Flug unter dem AOC der Vermieterin betrieben wird, ist für die Rechtsnatur des Vertrages irrelevant. Das wurde durch die Entscheidungen des EuGH und BGH deutlich. Danach lasse die Durchführung des Flugs unter dem AOC der vermietenden Fluggesellschaft keinen Rückschluss darauf zu, dass die mietende Fluggesellschaft mit der Durchführung des Flugs nichts mehr

91 EuGH, Urt. v. 04.07.2018 – C-532/17 – ECLI:EU:C:2018:527, Rn. 20 ff.
92 EuGH, Urt. v. 04.07.2018 – C-532/17 – ECLI:EU:C:2018:527, Rn. 20.
93 EuGH, Urt. v. 04.07.2018 – C-532/17 – ECLI:EU:C:2018:527, Rn. 21.
94 BGH, Versäumnisurt. v. 12.09.2017 – X ZR 102/16 – juris, Rn. 14 f.
95 BGH, Versäumnisurt. v. 12.09.2017 – X ZR 102/16 – juris, Rn. 15.
96 BGH, Versäumnisurt. v. 12.09.2017 – X ZR 102/16 – juris, Rn. 15, 22.
97 BGH, Versäumnisurt. v. 12.09.2017 – X ZR 102/16 – juris, Rn. 16.

zu tun hätte und jede Verantwortung abgebe. Vielmehr gehen EuGH und BGH davon aus, dass die mietende Fluggesellschaft weiterhin ihren Pflichten zur ordnungsgemäßen Durchführung des Flugs nachkommen muss. Der Umstand, unter wessen AOC der Wet-Lease-Flug durchgeführt wird, ist für die Haftungsverteilung also nicht ausschlaggebend. Unter wessen AOC ein Flug durchgeführt wird ist per definitionem nur für die Feststellung relevant, ob die Vorgaben des Art. 2 Nr. 25 der VO (EG) 1008/2008 erfüllt sind, mithin also eine Wet-Lease-Vereinbarung vorliegt. Diese Regelungen der VO (EG) 1008/2008 haben aber eine andere Schutzrichtung (öffentlich-rechtliche Flugerlaubnis) und dienen nicht zur Beurteilung, ob eine Arbeitnehmerüberlassung vorliegt oder nicht.[98] Bei einem AOC handelt es sich um eine behördliche Genehmigung, die der jeweiligen Fluggesellschaft die im Flugverkehr erforderliche Zuverlässigkeit bescheinigt. Damit betrifft die Inhaberschaft des AOC das Verhältnis zwischen Fluggesellschaft und Behörden.

## IV. Zwischenergebnis

Ein Mischvertrag liegt vor, wenn ein Vertrag aus mehreren Vertragsteilen besteht, die jeweils verschiedenen Vertragstypen zuzuordnen sind. Im Fokus stehen vorliegend Mischverträge, die – als häufigster Praxisfall – eine mietvertragliche Vereinbarung über ein Gerät oder eine Maschine und daneben ein Dienstverschaffungsabrede über die Gestellung des erforderlichen (Bedien-)Personals enthalten. Das Personal soll i.R. dieser Verträge z.B. die Installation oder das Betreiben bzw. Bedienen der Maschine oder des Geräts sicherstellen. Abzugrenzen sind diese Verträge von einem Fremdpersonaleinsatz in Drittunternehmen aufgrund von Werk- oder Dienstverträgen. Bei dieser Form des Fremdpersonaleinsatzes werden die Mitarbeiter zur Erfüllung der vertraglichen Leistungspflicht (Dienstleistung, Werkleistung) eingesetzt. Hingegen bildet die Personalgestellung bei Mischverträgen einen eigenen Vertragsbestandteil, regelmäßig in Form eines Dienstverschaf-

98 Ähnlich nun auch: LAG Düsseldorf, Urt. v. 07.07.2021 – 12 Sa 155/21 – juris, Rn. 281; LAG Düsseldorf, Urt. v. 15.09.2021 – 12 Sa 354/21 – juris, Rn. 315.

fungsvertrags. Bei Werk- oder Dienstverträgen, die den Einsatz von Erfüllungsgehilfen des Unternehmers zur Folge haben, handelt es sich wohl vielmehr schon gar nicht um einen Mischvertrag. Das überlassene Personal soll bei diesen Verträgen eine von der Pflicht zur Gebrauchsüberlassung der Maschine abgrenzbare Leistung erfüllen, nämlich die Bedienung der Maschine entsprechend den betrieblichen Erfordernissen des Mieters.

Ein Beispiel für solche Mischverträge bzw. Maschinenüberlassungsverträge sind Wet-Lease-Verträge. Nach dem hier zugrundeliegenden Verständnis setzt sich ein Wet-Lease-Vertrag aus der Überlassung eines Flugzeugs einerseits und des erforderlichen Personals zur Bedienung des Flugzeugs (Piloten, Kabinenpersonal) andererseits, zusammen. Der Einsatz der Flugzeuge i.R.v. Wet-Lease geht üblicherweise mit der Lackierung der gemieteten Flugzeuge im Design der mietenden Fluggesellschaft einher. Das fliegende Personal tritt regelmäßig in den Uniformen der empfangenden Fluggesellschaft auf. Die i.R. einer Wet-Lease-Vereinbarung eingesetzten Flugzeuge fliegen auf den Routen des mietenden Luftverkehrsunternehmens wofür deren Start- und Landerechte genutzt werden. Die mietende Fluggesellschaft bestimmt den Flugzeugtyp. Personalfragen hinsichtlich der Auswahl der Mitarbeiter, die auf Wet-Lease-Flügen eingesetzt werden, verbleiben bei der vermietenden Fluggesellschaft. Im Fall von Damp-Lease ist eine übergreifende Zusammenarbeit zwischen den Mitarbeitern und damit wohl auch der Organisatoren beider Fluggesellschaften unvermeidbar, da das Flugzeug nur mit der Cockpitbesatzung, nicht aber mit dem Kabinenpersonal überlassen wird. Somit ist dieses von der mietenden Fluggesellschaft selbst zu stellen. Hinsichtlich der Haftung treffen die vertragsschließenden Fluggesellschaften regelmäßig Regelungen zu deren Verteilung zwischen den Parteien. Es ist jedoch im Einzelfall genau zu prüfen, ob die Leasingnehmerin nicht weiterhin so viel Verantwortung für die Durchführung des Flugs trägt, sodass nicht davon ausgegangen werden kann, dass ausschließlich die Leasinggeberin für die Durchführung des Flugs verantwortlich ist. Zu berücksichtigen ist in diesem Zusammenhang, dass der Umstand, unter wessen AOC das Flugzeug betrieben wird, keine abschließende Aussagekraft über die Haftung und Einflussnahme auf den im Wet-Lease durchgeführten Flug hat.

# C. Rechtliche Beurteilung von Mischverträgen mit Personalgestellung

Über die rechtliche Beurteilung typengemischter Verträge mit Personalgestellung herrscht seit jeher Uneinigkeit. Wie diese Vertragskonstellation rechtlich beurteilt wird, soll nachfolgend erörtert werden. Zudem werden der Fremdpersonaleinsatz i.R.v. Werk- und Dienstverträgen und die Abgrenzung zu erlaubnispflichtiger Arbeitnehmerüberlassung i.S.d. AÜG dargestellt.

## I. Rechtsprechung

Die Rechtsprechung des BAG wendet zur rechtlichen Beurteilung von Mischverträgen mit Personalgestellung die sog. Geprägetheorie an. Lediglich in einem Einzelfall ist die Rechtsprechung von der Geprägetheorie abgewichen. Beides wird nachfolgend erörtert.

### 1. Geprägetheorie des BAG

Das BAG löst die Frage der rechtlichen Einordnung von typengemischten Verträgen mit Personalgestellung mit Hilfe der Geprägetheorie. Danach wird der gesamte Mischvertrag dem Recht des Vertragsteils unterstellt, der dem Mischvertrag insgesamt sein Gepräge gibt. Das BAG sieht unter Anwendung der Geprägetheorie die vertragliche Vereinbarung über die Personalgestellung i.R. eines Mischvertrags als Nebenleistung und somit für den Vertrag als nicht prägend an. Die rechtliche Konsequenz ist, dass die auf den Vertragsteil der Personalgestellung anwendbaren Rechtsvorschriften verdrängt werden. Das wiederum hat zur Folge, dass die auf den Personalgestellungsteil anwendbaren Rechtsvorschriften gar nicht erst ermittelt werden. Konkret heißt das, dass aufgrund der Geprägetheorie die Anwendbarkeit des AÜG verneint und somit – insoweit konsequent – die Voraussetzungen einer Arbeitnehmerüberlassung i.S.d. AÜG nicht geprüft werden. Es wird also in diesen Fällen gar nicht erst geprüft, ob das Personal den Weisungen des Entleihers unterliegt und in dessen Betrieb eingegliedert ist.

### a) Wet-Lease-Verträge

Die von der Rechtsprechung angewandte Geprägetheorie wurde maßgeblich durch die Entscheidung des BAG zu einer Wet-Lease-Vereinbarung begründet.[99] In dem Rechtsstreit ging es u.a. um die Frage, ob ein Arbeitsverhältnis ipso iure aufgrund illegaler Arbeitnehmerüberlassung infolge der Durchführung einer Wet-Lease-Vereinbarung mit dem Drittunternehmen zustande gekommen ist.[100] Hierzu nahm das BAG eine Abgrenzung zwischen Arbeitnehmerüberlassung und einem drittbezogenen Personaleinsatz i.R. eines Mischvertrags, bzw. Maschinenüberlassungsvertrags vor und führte seine Erwägungen wie folgt aus:

> „*Von Arbeitnehmerüberlassung sind aber auch die Fälle drittbezogenen Personaleinsatzes zu unterscheiden, bei denen der Arbeitgeber einem Dritten Maschinen oder Geräte mit Bedienungspersonal derart zur Verfügung stellt, daß der Dritte den Einsatz der Maschinen oder Geräte mit dem dazugehörigen Personal nach seinen eigenen betrieblichen Erfordernissen selbst bestimmt und organisiert. Derartige gemischte Verträge werden von den Vorschriften des AÜG jedenfalls dann nicht erfaßt, wenn nicht die Überlassung von Arbeitnehmern, sondern die Gebrauchsüberlassung des Gerätes oder der Maschine den Inhalt des Vertrages prägt. So ist in der Rechtsprechung anerkannt, daß etwa die Vermietung von Baumaschinen (z. B. Baggern und Planierraupen) unter Gestellung des Bedienungspersonals begrifflich keine Arbeitnehmerüberlassung im Sinne von Art. 1 § 1 AÜG ist ... [[101]] Denn Sinn und Zweck eines solchen gemischten Miet- und Dienstverschaffungsvertrages ist nicht primär, dem Dritten Personal zur Verfügung zu stellen, das er nach seinem Belieben in seinem Betrieb und damit auch an Geräten oder Maschinen, über die er ohnehin verfügt, einsetzen kann, sondern dem Dritten durch die Personalüberlassung überhaupt erst den Einsatz der Geräte oder Maschinen zu ermöglichen, die ihm im Rahmen des gemischten Vertrages zum Gebrauch überlassen werden.*“[102]

---

99 BAG, Urt. v. 17.02.1993 – 7 AZR 167/92 – juris; sowie die Folgeentscheidung: BAG, Urt. v. 22.02.1994 – 7 AZR 77/93 – juris.

100 BAG, Urt. v. 17.02.1993 – 7 AZR 167/92 – juris, Rn. 1; identisch in der Folgeentscheidung BAG, Urt. v. 22.02.1994 – 7 AZR 77/93 – juris, Rn. 1.

101 Das BAG verwies auf die folgende Entscheidung: BAG, Urt. v. 16.06.1982 – 4 AZR 862/79 – juris. Die Entscheidung enthielt jedoch keine Begründung, weshalb bei einem Mischvertrag mit Personalgestellung grundsätzlich keine erlaubnispflichtige Arbeitnehmer vorliegen soll, vgl. Rn. 23.

102 BAG, Urt. v. 17.02.1993 – 7 AZR 167/92 – juris, Rn. 44.

Die Interessenlage der Vertragsparteien bewertete das BAG dahingehend, dass es dem Empfänger darum gehe, das Flugzeug i.R. seines Luftfahrtunternehmens einzusetzen, wofür das entsprechend dem Flugzeugtyp besonders ausgebildete und hochqualifizierte Personal erforderlich sei. Ohne die Personalgestellung – so führte das BAG aus – wären die Flugzeuge für das empfangende Luftfahrtunternehmen „totes Kapital".[103]

Der Entscheidung legte das BAG den Wortlaut der Begründung zum Regierungsentwurf eines Arbeitnehmerüberlassungsgesetzes zugrunde,[104] wonach eine erlaubnispflichtige Arbeitnehmerüberlassung bei gemischten Verträgen nicht vorliege, wenn die Gestellung des Bedienpersonals als Nebenleistung gegenüber der Überlassung des Mietgegenstandes zu betrachten sei.[105] Eine solche Nebenleistung soll „*im Falle der Vermietung von Maschinen, bei der der Vermieter das Bedienpersonal zur Verfügung stellt*" anzunehmen sein.[106]

Dagegen lehnt das BAG die von der Vorinstanz[107] vertretene Beurteilung des Vertragsschwerpunkts nach dem Wertverhältnis zwischen den verschiedenen Leistungen ab.[108] Vertreter der Beurteilung des Schwerpunkts nach dem Wertverhältnis zwischen Gegenstand und Arbeitsleistung begründen dies damit, dass bei einer besonders wertvollen Maschine die Personalgestellung wirtschaftlich gesehen weniger bedeutsam und daher nicht prägend für den Mischvertrag sei.[109]

---

103 BAG, Urt. v. 17.02.1993 – 7 AZR 167/92 – juris, Rn. 46; BAG, Urt. v. 22.02.1994 – 7 AZR 77/93 – juris, Rn. 19; So auch bereits die Vorinstanz: LAG Hessen, Urt. v. 17.01.1992 – 6 Sa 1006/91, BeckRS 1992, 30894777, unter II. 2. Im Gegensatz zum BAG stellte das LAG Hessen auf die wirtschaftliche Bedeutung der Personalgestellung i.R.d. Wet-Lease-Vertrags ab.

104 BT-Drucks. VI/2303, S. 10.

105 BAG, Urt. v. 17.02.1993 – 7 AZR 167/92 – juris, Rn. 45.

106 BT-Drucks. VI/2303, S. 10.

107 LAG Hessen, Urt. v. 17.01.1992 – 6 Sa 1006/91, BeckRS 1992, 30894777, unter II. 2.

108 BAG, Urt. v. 17.02.1993 – 7 AZR 167/92 – juris, Rn. 45. so nun auch: LAG Düsseldorf, Urt. v. 07.07.2021 – 12 Sa 155/21 – juris, Rn. 279; LAG Düsseldorf, Urt. v. 15.09.2021 – 12 Sa 354/21 – juris, Rn. 313.

109 Becker/Wulfgramm AÜG, 3. Aufl. 1985, Einl. Rn. 26; im Ergebnis auch: Sandmann/Marschall AÜG, Erg.Lfg. 81, Oktober 2019, AÜG Art. 1 § 1 Rn. 31; *Grimm/Linden*, ArbRB 2014, 115, 116.

Zwar zieht das BAG zur Abgrenzung zwischen Arbeitnehmerüberlassung von einem drittbezogenen Personaleinsatz i.R. eines Dienst- oder Werkvertrages die gängige Formel heran, wonach Arbeitnehmerüberlassung nur dann vorliegt, wenn die Arbeitskräfte dem Dritten in einer Form überlassen werden, die dem Dritten erlaubt, das Personal nach seinen eigenen betrieblichen Erfordernissen und nach seinen Weisungen einzusetzen.[110] Mischverträge sollen hingegen als Sonderfall nicht in diese sonst übliche Abgrenzung mit einbezogen sein.[111]

Dem BAG folgten weitere Arbeitsgerichte in ähnlich gelagerten Wet-Lease-Fällen. So etwa das LAG Köln, dessen Entscheidung vom 10. Mai 2017[112] wortlautgenau die Argumentation des BAG zur Geprägetheorie wiedergab.[113] Zuletzt folgte auch das Arbeitsgericht Berlin in einem der Air Berlin Verfahren der Geprägetheorie und verneinte auf dieser Grundlage bei Wet-Lease-Verträgen das Vorliegen einer erlaubnispflichtigen Arbeitnehmerüberlassung i.S.d. AÜG.[114] Das BAG selbst hat in keinem weiteren Wet-Lease-Fall diese Problematik wieder aufgegriffen.

### b) Sonstige Mischverträge mit Personalgestellung

In einem weiteren Fall eines Gebrauchsüberlassungsvertrags über eine Baumaschine (in diesem Fall ein Asphaltkocher) mitsamt Bedienungspersonal, sah das BAG ebenfalls keinen Fall von Arbeitnehmerüberlassung, da Sinn und Zweck eines gemischten Miet- und Dienstverschaffungsvertrags nicht primär darin liegen würde, dem Dritten Personal zur Verfügung zu stellen, um dieses nach Belieben einsetzen zu können, sondern es gehe überhaupt erst um die Ermöglichung des Einsat-

110 BAG, Urt. v. 17.02.1993 – 7 AZR 167/92 – juris, Rn. 43; BAG, Urt. v. 22.02.1994 – 7 AZR 77/93 – juris, Rn. 18.

111 BAG, Urt. v. 17.02.1993 – 7 AZR 167/92 – juris, Rn. 44; BAG, Urt. v. 22.02.1994 – 7 AZR 77/93 – juris, Rn. 18.

112 LAG Köln, Urt. v. 10.05.2017 – 11 Sa 72/16 – juris, Rn. 27; für die Darlegung der Parteiinteressen bei einem Wet-Lease-Vertrag übernahm das Gericht die Begründung des BAG und ging davon aus, dass das zum Gebrauch überlassenen Flugzeuge ohne das erforderliche Personal unbrauchbar und damit „totes Kapital" sei.

113 BAG, Urt. v. 17.02.1993 – 7 AZR 167/92 – juris, Rn. 44.

114 ArbG Berlin, Urt. v. 19.07.2018 – 41 Ca 15666/17 – juris, Rn. 82.

zes des Geräts.[115] Nach dem Inhalt des Gebrauchsüberlassungsvertrags, soll der Empfänger durch den Gebrauch der Maschine erst in die Lage versetzt werden, die von ihm geschuldeten (Bau-)Leistungen, die er mit eigenem Personal und Gerät gerade nicht erbringen will/kann, nunmehr zu erbringen.[116]

Die Rechtsprechung des BAG wurde auch auf andere Mischverträge übertragen. So verneinte das OLG Düsseldorf das Vorliegen einer Arbeitnehmerüberlassung bei einer Vermietung von Praxisräumen nach einem sog. Slot-Time-System (stundenweise Bezahlung).[117] Das OLG Düsseldorf sah die Voraussetzungen einer erlaubnispflichtigen Arbeitnehmerüberlassung hinsichtlich des Praxispersonals als nicht erfüllt an. Das Gericht setzte diese Konstellation mit Fällen gleich, in denen der Vertragsarbeitgeber (Vermieter) zur Erfüllung seiner Pflichten aus einem Dienst- oder Werkvertrag gegenüber einem Dritten eigene Arbeitnehmer als Erfüllungsgehilfen einsetzte, um einem Dritten Maschinen oder Geräte einschließlich Bedienungspersonals zu überlassen oder der Vertragsarbeitgeber eigenes Personal im Betrieb eines Dritten i.R. einer unternehmerischen Zusammenarbeit einsetzte.[118] In allen diesen Fällen scheitere Arbeitnehmerüberlassung daran, dass sich die Tätigkeit des Vertragsarbeitgebers „*nicht auf die bloße Arbeitnehmerüberlassung beschränkt*", sondern spezifisch eigene Interessen (mit)verfolgt werden. Auch wenn das OLG Düsseldorf eine Weisungsbefugnis des Mieters gegenüber dem Funktionspersonal bejaht hat, liege keine erlaubnispflichtige Arbeitnehmerüberlassung vor, da die Personalgestellung gegenüber den sonstigen Leistungen ein „randständiges Element" sei, dass das Vertragsverhältnis insgesamt nicht präge.[119]

115 BAG, Urt. v. 02.08.2006 – 10 AZR 756/05 – juris, Rn. 22.

116 BAG, Urt. v. 02.08.2006 – 10 AZR 756/05 – juris, Rn. 21.

117 OLG Düsseldorf, Urt. v. 30.04.2002 – 24 U 109/01 – juris; zum Slot-Time-Vertrag, vgl. Fn. 54.

118 OLG Düsseldorf, Urt. v. 30.04.2002 – 24 U 109/01 – juris, Rn. 19.

119 OLG Düsseldorf, Urt. v. 30.04.2002 – 24 U 109/01 – juris, Rn. 23; Das Gericht nahm Bezug auf die Entscheidung des BAG zur Geprägetheorie: „Dieses Leistungssegment ist vergleichbar mit den vom BAG entschiedenen Fällen der Überlassung von Baumaschinen mit Bedienungspersonal...und der Überlassung von Fluggerät mit Bedienungspersonal. Obwohl auch in diesen Fällen der Dritte weitgehende Weisungsrechte zu Art, Umfang, Zeitpunkt und Ort des Personaleinsatzes hat, steht doch ganz im Vordergrund des Interesses des Vertragsarbeitgebers

### c) Zwischenergebnis

Festzuhalten ist, dass die Geprägetheorie des BAG stets zu dem Ergebnis führt, dass bei einem Mischvertrag mit Personalgestellung keine erlaubnispflichtige Arbeitnehmerüberlassung vorliegt. Die Begründung lautet vereinfacht, dass es den Parteien nicht auf die Personalgestellung ankomme. Gleichzeitig stellt das BAG aber fest, dass ohne die Überlassung des jeweils erforderlichen Bedienpersonals der zum Gebrauch überlassene Gegenstand „totes Kapital" sei.

## 2. Fachliche Weisungen der Bundesagentur für Arbeit zum AÜG

Die Fachlichen Weisungen der Bundesagentur für Arbeit zum AÜG vom 1. August 2019 („FW AÜG 2019") greifen die Rechtsprechung des BAG auf und sehen die Personalgestellung bei Mischverträgen als Nebenleistung an, gehen also in diesen Fällen in aller Regel nicht von Arbeitnehmerüberlassung aus.[120] Sinn und Zweck eines gemischten Miet- oder Dienstverschaffungsvertrags sei es primär, dem Mieter überhaupt den Gebrauch der Maschine zu ermöglichen. Der Inhalt des Vertrages werde deshalb von der Maschinenüberlassung geprägt. In den FW AÜG 2019 heißt es weiter, dass eine Arbeitnehmerüberlassung vorliege, wenn die Beschaffung der Arbeitsleistung als Ziel verfolgt werde und die Überlassung des Geräts nur eine untergeordnete Bedeutung habe. Als Beispiel wird der Fall des Führens eines LKW durch Fremdpersonal genannt. Hier werde nicht primär der Zweck verfolgt, den vertragsgemäßen Gebrauch der gemieteten LKW zu gewährleisten, sondern die Personalgestellung sei der Hauptzweck des Vertrags. Das gleiche gelte für den Fall der Vermietung eines Laptops mit Personal.[121]

die Überlassung der Maschinen und Geräte, wodurch das Vertragsverhältnis seine Prägung erhält."

120 Fachliche Weisungen Arbeitnehmerüberlassungsgesetz (AÜG) der Bundesagentur für Arbeit, S. 18 (abrufbar unter: https://www.arbeitsagentur.de/datei/fw-aueg_ba016586.pdf)

121 Der gesamte Abschnitt unter 2. bezieht sich auf: Fachliche Weisungen Arbeitnehmerüberlassungsgesetz (AÜG) der Bundesagentur für Arbeit, S. 18.

### 3. Abweichende Rechtsprechung

Eine andere Tendenz der Rechtsprechung ist dagegen in den wenigen Fällen erkennbar, denen jeweils ein sog. Krangestellungsvertrag mit Personal zugrunde lag.[122] Inhalt eines Krangestellungsvertrags ist die Gebrauchsüberlassung eines Krans mit gleichzeitiger Gestellung des Bedienpersonals, also regelmäßig eines Kranführers.[123] Es handelt sich bei diesem Vertrag also um einen Unterfall eines Maschinenüberlassungsvertrags mit Bedienpersonal. In den Entscheidungen ging es um Haftungsfragen für schadensverursachende Handlungen des überlassenen Kranführers und damit nicht um die Rechtsfolgen illegaler Arbeitnehmerüberlassung im engeren Sinn. Die rechtliche Beurteilung des zugrundeliegenden Vertrags war in diesen Fällen relevant für die Haftungsverteilung bzw. -vorschriften, denn bei einem Arbeitnehmerüberlassungsvertrag als Unterfall eines Dienstverschaffungsvertrags haftet das verleihende Unternehmen lediglich für die Auswahl und Bereitstellung der Arbeitskräfte, nicht hingegen für deren ordnungsgemäße Leistungserbringung.[124]

Die Rechtsprechung nahm in diesen Fällen eine Abgrenzung zwischen einem Werkvertrag und einem Mietvertrag verbunden mit einem Dienstverschaffungsvertrag vor. Sie stellte zwar auf den Schwerpunkt der Leistung ab. Anders als bei der Geprägetheorie differenzierte die Rechtsprechung hier, ob die Durchführung der Arbeiten und die Obhut des Krans ausschließlich dem Besteller zuzuordnen sei und das von dem Vermieter gestellte Bedienpersonal den Weisungen des Bestellers unterliege und mithin ein Mietvertrag verbunden mit einem Dienstverschaffungsvertrag anzunehmen sei.[125] Im Ergebnis stellt die

---

122 BAG, Urt. v. 15.09.2016 – 8 AZR 187/15 – juris; BGH, Urt. v. 28.01.2016 – I ZR 60/14 – juris; OLG Düsseldorf, Urt. v. 23.12.1994 – 22 U 127/94; OLG Düsseldorf, Urt. v. 29.10.1993 – 22 U 83/93 – juris.

123 Ein Krangestellungsvertrag wird in den Allgemeinen Geschäftsbedingungen der „Bundesfachgruppe Schwertransporte und Kranarbeiten" mit Stand vom 1. Oktober 2013 (kurz: „AGB-BSK Kran und Transport 2013") in I.2.1. wie folgt definiert: *„Krangestellung bezeichnet die Überlassung von Hebezeugen samt Bedienungspersonal an den Auftraggeber zur Durchführung von Arbeiten nach dessen Weisung und Disposition."*

124 BAG, Urt. v. 15.09.2016 – 8 AZR 187/15 – juris, Rn. 48.

125 BAG, Urt. v. 15.09.2016 – 8 AZR 187/15 – juris, Rn. 47; so auch: BGH, Urt. v. 28.01.2016 – I ZR 60/14 – juris, Rn. 19; OLG Stuttgart, Urt. v. 08.09.2010 – 3 U

Rechtsprechung also jeweils darauf ab, ob das Bedienpersonal den Weisungen des Entleihers unterstellt sei.[126] Unterliege der überlassene Arbeitnehmer den Weisungen hinsichtlich Umfang, Art, Zeitpunkt und Ort der Bedienleistung, solle es sich um eine Arbeitnehmerüberlassung handeln.[127] Im Gegensatz zu der ansonsten von den Arbeitsgerichte vertretenen Ansicht, wonach der Dienstverschaffungsteil eines Mischvertrags eine Nebenleistung darstelle und folglich nicht als Arbeitnehmerüberlassung anzusehen sei, wurden diese Fälle anhand anderer Kriterien beurteilt. Im Falle von diesen Krangestellungsverträgen hat das BAG explizit darauf abgehoben, dass eine Arbeitnehmerüberlassung anzunehmen sei, wenn das vom Vermieter gestellte Bedienpersonal den Weisungen des Bestellers unterworfen ist.[128] Das Vorliegen eines Leiharbeitsverhältnisses begründete das OLG Düsseldorf in einem Fall damit, dass das Gerät für die Mietdauer allein dem Zweck des mietenden Unternehmens diene[129] und der Mieter die Tätigkeit des Kranführers jederzeit beschränken, untersagen und nach Art und Umfang bestimmen konnte.[130]

Nun könnte man die Frage stellen, ob es sich hierbei um eine Abkehr des BAG von seiner Geprägetheorie handelt oder ob hier vielmehr der Kontext der gegenständlichen Rechtsfrage (Haftung für Schlechtleistung des Bedienpersonals) maßgeblich war. Gegen eine Abkehr spricht, dass das BAG es deutlich gemacht hätte, wenn es wirklich darum gegangen wäre, hier einen Richtungswechsel einzuschlagen. Im Übrigen scheinen die Arbeitsgerichte ebenfalls nicht von einer Rechtsprechungsänderung auszugehen. Das LAG Düsseldorf hat in seinen aktuellen Entscheidungen gleichwohl auf die Argumentationslinie des BAG in dieser „Krangestellungs-Entscheidung“ verwiesen, ohne dies

51/10 – juris, Rn. 52 f.; OLG München, Urt. v. 01.08.1997 – 23 U 2895/97 – juris, Rn. 5.

126 Siehe hierzu: BAG, Urt. v. 15.09.2016 – 8 AZR 187/15 – juris, Rn. 47; BGH, Urt. v. 28.01.2016 – I ZR 60/14 – juris, Rn. 19; OLG Düsseldorf, Urt. v. 23.12.1994 – 22 U 127/94, NJW-RR 1995, 1430, 1431; OLG Düsseldorf, Urt. v. 29.10.1993 – 22 U 83/93 – juris, Rn. 10.

127 OLG Düsseldorf, Urt. v. 23.12.1994 – 22 U 127/94, NJW-RR 1995, 1430, 1431; OLG Düsseldorf, Urt. v. 29.10.1993 – 22 U 83/93 – juris, Rn. 10.

128 BAG, Urt. v. 15.09.2016 – 8 AZR 187/15 – juris, Rn. 47.

129 OLG Düsseldorf, Urt. v. 29.10.1993 – 22 U 83/93 – juris, Rn. 10.

130 OLG Düsseldorf, Urt. v. 23.12.1994 – 22 U 127/94, NJW-RR 1995, 1430, 1431.

bereits als Rechtsprechungsänderung zu verstehen.[131] Es ist jedoch zu erwarten, dass das BAG in den anstehenden Revisionsentscheidungen eine ähnliche Argumentationslinie auch bei Wet-Lease-Verträgen verfolgen wird. Dies spricht dafür, dass in der zugrundeliegenden BAG Entscheidung letztlich der rechtliche Kontext ausschlaggebend war. Grundsätzlich sollten Mischverträge mit Personalgestellung aber unabhängig von der gegenständlichen Rechtsfrage danach beurteilt werden, ob die Voraussetzungen einer Arbeitnehmerüberlassung vorliegen oder nicht.

### 4. Bewertung

Die Anwendung der Prägetheorie führt in rechtlicher Konsequenz dazu, dass eine Personalgestellung, die i.R. eines typengemischten Vertrags stattfindet, der Überprüfung anhand des AÜG entzogen ist. Der Ausschluss bestimmter Personalgestellungen aufgrund der Prägetheorie ist vom AÜG nicht vorgesehen. Das AÜG sieht in § 1 Abs. 1 Satz 1 und 2 AÜG vor, dass ein Arbeitnehmer zur Arbeitsleistung überlassen wird, wenn er in den Betrieb des Entleihers eingegliedert wird und dessen Weisungen unterliegt.[132] Das BAG beurteilt Mischverträge mit Personalgestellung nicht nach den Voraussetzungen für eine Arbeitnehmerüberlassung i.S.d. AÜG, sondern ordnet diese Mischverträge als eine eigene Fallgruppe ein, bei der es nicht auf das Vorliegen der Voraussetzungen einer Arbeitnehmerüberlassung i.S.d. AÜG ankommen soll bzw. die Voraussetzungen von vornherein nicht vorliegen.[133] Nach der Prägetheorie gilt die vertragliche Abrede innerhalb eines Mischvertrags zur Überlassung von Personal als Nebenleistung im Vergleich zu der Abrede über die Gebrauchsüberlassung des technischen Geräts und hat daher keine rechtliche Relevanz mehr. Die Tatsache, dass Arbeitnehmer bei einem Drittunternehmer eingesetzt und für diesen tätig werden, bleibt schlicht unbeachtet, auch

131 Vgl. LAG Düsseldorf, Urt. v. 07.07.2021 – 12 Sa 155/21 – juris, Rn. 279; LAG Düsseldorf, Urt. v. 15.09.2021 – 12 Sa 354/21 – juris, Rn. 313.

132 Auf die Regelungen des AÜG sowie eine Überprüfung der Vereinbarkeit der Prägetheorie mit dem AÜG wird noch unter dem Abschnitt D. dieses Kapitels eingegangen werden.

133 So auch: *Grimm/Linden*, ArbRB 2014, 115, 116; *Niklas/Schauß*, BB 2014, 2805, 2808.

wenn tatsächlich – würde die Personalgestellung isoliert beurteilt werden – die Voraussetzungen einer Arbeitnehmerüberlassung des § 1 Abs. 1 AÜG vorliegen würden.

Im Vergleich zur zivilrechtlichen Rechtsprechung zu Mischverträgen, die also keine Personengestellung vorsehen, zeigt sich ebenfalls ein Unterschied. Auch wenn die Gerichte auf die Schwerpunkttheorie zurückgreifen, so führen Sie doch stets eine Einzelfallbetrachtung durch und berücksichtigen und gewichten die einzelnen Vertragsbestandteile. Bei der Anwendung der Geprägetheorie entfällt eine solche Einzelfallbetrachtung.[134] So aber sieht es das AÜG vor.[135]

Abweichungen in der Rechtsprechung finden sich in wenigen Einzelfällen, denen jeweils Kranüberlassungsverträge mit Personalgestellung zugrunde lagen. Hier zeigt sich eine Divergenz zur Geprägetheorie-Rechtsprechung. Anders als bei der Frage, ob es sich bei Maschinenüberlassungsverträgen um (illegale) Arbeitnehmerüberlassung handelt, heben die Arbeitsgerichte und die ordentlichen Gerichte in diesen Entscheidungen auf die Ausübung des Weisungsrechts gegenüber dem Bedienpersonal ab. Dass es hier nicht primär um die Feststellung erlaubnispflichtiger Arbeitnehmerüberlassung, sondern um Haftungsfragen aus dem Arbeitsverhältnis ging, kann bei der rechtlichen Beurteilung dieser Vertragsform nicht ausschlaggebend sein. Denn die Voraussetzungen einer Arbeitnehmerüberlassung sind grundsätzlich immer zu prüfen. Die Rechtsprechung macht vielmehr deutlich, dass es bei Maschinenüberlassungsverträgen mit Personal doch auf eine Einzelfallbeurteilung der Weisungsgebundenheit des Bedienpersonals ankommt.

134 LAG Hessen, Urt. v. 17.01.1992 – 6 Sa 1006/91, BeckRS 1992, 30894777, unter II., 2. und 3., wonach auf die wirtschaftliche Gewichtung der verschiedenen Leistungen innerhalb eines Mischvertrags abzustellen ist; zu der Entscheidung BAG, Urt. v. 17.02.1993 – 7 AZR 167/92 – juris; den Gedanken des LAG Hessen weiterentwickelt hat das KG Berlin, Beschl. v. 13.09.1995 – 2 Ss 112/93 - 5 Ws (B) 216/93, 2 Ss 112/93, 5 Ws (B) 216/93 –, juris, wonach der Fokus auf die Einzelfallbetrachtung zu legen ist „Dabei läßt sich das prägende Überwiegen des einen oder des anderen Gesichtspunktes in der Regel nicht allein aufgrund einer Gegenüberstellung von Personal- und Materialkosten ohne Berücksichtigung von Art und Wert der überlassenen Gerätschaften bestimmen, sondern setzt eine wertende Betrachtung der Besonderheiten sowohl der überlassenen Gegenstände als auch des Personals voraus."

135 *Grimm/Linden*, ArbRB 2014, 115, 116; *Niklas/Schauß*, BB 2014, 2805, 2808.

Mehr noch, dass nicht von vornherein ausgeschlossen werden kann, dass es sich bei der Personalgestellung um Arbeitnehmerüberlassung handelt.

Seit der Entscheidung des BAG im Jahr 1993 hat sich die Beurteilung von Mischverträgen mit Personalgestellung bzw. zu Wet-Lease-Verträgen im Speziellen nicht geändert und wird von den Gerichten weiterhin „ungeprüft“ angewendet.[136] Eine Anpassung etwa aufgrund der Umsetzung der Richtlinie 2008/104/EG über Leiharbeit[137] („Leiharbeitsrichtlinie“) durch Änderungen des AÜG blieb bislang aus. Nunmehr hat jedoch das LAG Düsseldorf in seinen Entscheidungen den möglichen Grundstein für eine Rechtsprechungsänderung gelegt. Das Gericht ist in seinen Entscheidungen der Geprägetheorie des BAG in der Form, wie sie 1993 begründet wurde, nicht gefolgt, und zwar primär aufgrund europarechtlicher Erwägungen.[138]

## II. Literatur

In der Literatur herrscht Uneinigkeit über die rechtliche Einordnung typengemischter Verträge mit Personalgestellung. Einige wenige schließen sich der Geprägetheorie des BAG an[139], andere stützen sich auf die zivilrechtlichen Beurteilungsansätze von Mischverträgen. Das Meinungsbild in der Literatur kann im Wesentlichen auf die Absorptionstheorie und die Übertragung des arbeitsvertraglichen Weisungsrechts zentriert werden und soll in diesem Umfang nachfolgend dargestellt werden.

136 So etwa: ArbG Berlin, Urt. v. 19.07.2018 – 41 Ca 15666/17 – juris, Rn. 82; LAG Köln, Urt. v. 10.05.2017 – 11 Sa 72/16 – juris, Rn. 82

137 Richtlinie 2008/104/EG des Europäischen Parlaments und des Rates vom 19. November 2008 über Leiharbeit, ABl. L 327 vom 05.12.2008, S. 9.

138 LAG Düsseldorf, Urt. v. 07.07.2021 – 12 Sa 155/21 – juris, Rn. 278; LAG Düsseldorf, Urt. v. 15.09.2021 – 12 Sa 354/21 – juris, Rn. 312.

139 So etwa: *Kock* in: BeckOK Arbeitsrecht, AÜG, § 1 Rn. 78.

### 1. Absorptionstheorie

Nach der Absorptionstheorie wird ein typengemischter Vertrag mit Personalgestellung rechtlich nach dem Normenregime desjenigen Vertragsteils beurteilt, der den Schwerpunkt des Mischvertrages bildet.[140] Die Vertreter der Absorptionstheorie sehen bei typengemischten Verträgen die vertraglich vereinbarte Personalgestellung, etwa zur Bedienung der Maschinen, als unterliegenden Teil, also als Nebenleistung an und somit als von dem überwiegenden mietvertraglichen Teil absorbiert.[141] Damit folgen sie dem Grunde nach der Geprägetheorie des BAG mit der Konsequenz, dass auch nach der Absorptionstheorie die Personalgestellung innerhalb eines Mischvertrages niemals normgebend sein wird.

*Kania* wählt dabei den Begründungsansatz, dass eine Anwendung des AÜG auf Mischverträge mit Personalgestellung nicht dem Schutzzweck des § 10 AÜG entspräche. Dieser diene nämlich nur dem Schutz von Leiharbeitnehmern vor unzuverlässigen Verleihern und fingiere ein Arbeitsverhältnis zum Entleiher unabhängig davon, ob dies dem individuellen Interesse des Arbeitnehmers entspreche.[142] Nach Ansicht von *Kania* widerspreche die Fiktion eines Arbeitsverhältnisses mit dem Mieter bei der Überlassung von Bedienpersonal für die zum Gebrauch überlassenen Maschinen dem Interesse des überlassenen Arbeitnehmers, da nach Ablauf der Mietzeit die Beschäftigungsmöglichkeit beim Entleiher entfiele.[143] Zudem ergebe sich aus der Entstehungsgeschichte des AÜG, dass der Gesetzgeber keine ausdrückliche Regelung zur Gebrauchsüberlassung von Maschinen mit Bedienpersonal getroffen habe, aber in der Begründung zum Gesetzesentwurf für ein Gesetz zur Arbeitnehmerüberlassung klargestellt habe, dass § 1 AÜG bei solchen Verträgen keine Anwendung finden solle.[144]

Teilweise wird von den Vertretern der Absorptionstheorie zur Bestimmung des Verhältnisses zwischen Personal- und Maschinenüberlas-

140 So etwa: Becker/Wulfgramm AÜG, Einl. Rn. 26; *Kania*, NZA 1994, 871, 872.

141 Becker/Wulfgramm AÜG, Einl. Rn. 26; *Kania*, NZA 1994, 871, 872.

142 *Kania*, NZA 1994, 871, 872 f.

143 *Kania*, NZA 1994, 871, 873; a.A. *Hamann* in: Schüren/Hamann AÜG, § 1 Rn. 244.

144 Vgl. BT-Drucks. VI/2303, S. 10. *Kania*, NZA 1994, 871, 872, Kania führt somit dieselbe Begründung auf, wie das BAG.

sung auf den Wert der Maschine bzw. des Geräts abgestellt.[145] Im Fall der Gebrauchsüberlassung einer wertvollen Spezialmaschine, wird die Gestellung des Bedienpersonals wirtschaftlich betrachtet ebenfalls als Nebenleistung und damit als von der Gebrauchsüberlassung des Geräts oder der Maschine absorbiert angesehen.[146] Dagegen soll bei einer bloßen Ausstattung der überlassenen Arbeitnehmer mit einfachen Werkzeugen Arbeitnehmerüberlassung vorliegen können, da es in diesem Fall nicht auf den Mietgegenstand ankomme.[147]

Im Ergebnis entsprechen sich Absorptionstheorie und Geprägetheorie im Wesentlichen. Nach beiden Beurteilungsansätzen führt die rechtliche Beurteilung von Mischverträgen mit Personalgestellung zu einer rechtlichen Nichtbeachtung des Personalteils.

### 2. Übertragung des arbeitsvertraglichen Weisungsrechts

In der Literatur wird überwiegend auf die Übertragung des arbeitsvertraglichen Weisungsrechts als Kriterium für die Beurteilung einer Personalgestellung i.R.v. Mischverträgen abgestellt.[148] Die Vertreter dieser Ansicht sehen die Gepräge- und Absorptionstheorie überwiegend als system- und sachwidrig an.[149] Das Kriterium der Weisungsgebundenheit ist neben der Eingliederung in den Entleiherbetrieb Voraussetzung für das Vorliegen erlaubnispflichtiger Arbeitnehmerüberlassung und mittlerweile in § 1 Abs. 1 AÜG gesetzlich normiert.[150] Die Vertreter dieser Ansicht sehen keinen Unterschied zwischen der rechtlichen Beurteilung von Personalgestellungen und Personalgestellungen i.R. eines Mischvertrags. Vielmehr beurteilen sie beide Konstellationen gleichermaßen anhand der gesetzlichen Voraussetzungen einer erlaub-

---

145 Becker/Wulfgramm AÜG, Einl. Rn. 26; ablehnend etwa: *Grimm/Linden*, ArbRB 2014, 115, 117.

146 Becker/Wulfgramm AÜG, Einl. Rn. 26.

147 Sandmann/Marschall AÜG, Art. 1 § 1 Rn. 31.

148 *Hamann* in: Schüren/Hamann AÜG, § 1 Rn. 250. *Boemke* in: Boemke/Lembke AÜG, § 1 Rn. 38; *Düwell* in: KassArbR Bd. 2, 2. Aufl. 2000, 4.5 Rn. 157 ff. *Ulber* in: Ulber AÜG, 5. Aufl. 2017 Einleitung, Rn. 116; *Wank/Roloff* in: ErfK, AÜG, § 1 Rn. 37; *Hamann*, Fremdpersonal im Unternehmen, 5. Aufl. 2017 S. 51 f.

149 *Hamann* in: Schüren/Hamann AÜG, § 1 Rn. 240.

150 Die Anpassung erfolgte mit dem zweiten AÜGÄndG 2017, BGBl. I, 2017, S. 258.

nispflichtigen Arbeitnehmerüberlassung i.S.d. AÜG.[151] Nach dieser Ansicht sei es nicht zu rechtfertigen, dass die Anwendbarkeit des AÜG verneint wird, weil der Vertrag nicht nur eine Personalgestellung, sondern auch die Gebrauchsüberlassung eines Geräts beinhaltet; Ein bloßes Abstellen auf äußere Umstände könne nicht entscheidend sein.[152] Weiterhin lehnen die Vertreter dieser Ansicht eine Abgrenzung nach dem Wert der Maschine oder der Austauschbarkeit des Bedienpersonals ebenfalls weitgehend ab, da der Sozialschutz des AÜG diese Unterscheidung gerade nicht vornehme.[153] Zudem fehle eine taugliche Wertgrenze, mit der eine rechtssichere Beurteilung überhaupt möglich wäre.

Von den Vertretern dieser Ansicht werden dabei jedoch teils unterschiedliche Kriterien aufgestellt, die bei der Beurteilung von Mischverträgen mit Personalgestellung relevant sein sollen.

*Hamann* etwa bejaht Arbeitnehmerüberlassung schon deshalb, weil nur durch eine Steuerung des Bedienpersonals durch den mietenden Dritten eine Sachnutzung der Maschine entsprechend den betrieblichen Zwecken möglich ist und die Überlassung des Geräts ohne das Bedienpersonal sinnlos wäre.[154] Der Einsatz zur Erreichung der eigenen betrieblichen Zwecke des Empfängers setze nach dessen Ansicht eine entsprechende Fremdsteuerung des überlassenen Personals voraus.[155]

Für das Kriterium der Weisungsgebundenheit soll es dagegen unerheblich sein, ob das überlassene Bedienpersonal eine besondere Qualifikation für die Tätigkeit haben muss (z.B. Fluglizenzen, besonderes technisches/IT-Verständnis). Eine Fremdsteuerung durch Weisungen hänge nicht vom Grad der Qualifikation des Arbeitnehmers ab, da es allein auf die Organisationsentscheidungen des empfangenden Unter-

151 *Boemke* in: Boemke/Lembke AÜG, § 1 Rn. 38; *Hamann*, (o. Fn. 148), S. 52.

152 So *Hamann*, (o. Fn. 148), S. 52.

153 So *Hamann* in: Schüren/Hamann AÜG, § 1 Rn. 245; *Grimm/Linden*, ArbRB 2014, 115, 118.

154 *Hamann* in: Schüren/Hamann AÜG, § 1 Rn. 244.

155 *Hamann* in: Schüren/Hamann AÜG, § 1 Rn. 244; a.A. nun: LAG Düsseldorf, Urt. v. 07.07.2021 – 12 Sa 155/21 – juris, Rn. 279; LAG Düsseldorf, Urt. v. 15.09.2021 – 12 Sa 354/21 – juris, Rn. 313.

nehmers ankomme.[156] Wenn nämlich der Grad der für die Tätigkeit erforderlichen Qualifikation das entscheidende Kriterium dafür wäre, ob Arbeitnehmerüberlassung vorliege, wäre der Anwendungs- und Schutzbereich des AÜG quasi nie eröffnet, da immer Spezialkenntnisse vorausgesetzt seien.[157]

Dagegen wird das Vorliegen erlaubnispflichtiger Arbeitnehmerüberlassung bei einer Personalgestellung verneint, die lediglich zur Einweisung der überlassenen Maschinen oder zur Installation einer Software vereinbart wird. Hier wird das Personal nicht zum Zweck der Erbringung der Arbeitsleistung bei dem Dritten überlassen. Soweit die Tätigkeit des überlassenen Personals über die bloße Einweisung hinausgehe, komme grundsätzlich Arbeitnehmerüberlassung in Betracht.[158]

Zusammengefasst lehnen die Vertreter dieser Ansicht die Prägetheorie des BAG sowie die Absorptionsmethode wegen deren Systemwidrigkeit ab. Das AÜG sehe auch keine Differenzierung nach einer Wertverteilung innerhalb eines Mischvertrags vor. Sind vielmehr die Voraussetzungen erlaubnispflichtiger Arbeitnehmerüberlassung hinsichtlich der Überlassung des Bedienpersonals erfüllt, ist nach dieser Ansicht das AÜG uneingeschränkt anwendbar, unabhängig von einer Einkleidung in einen Mischvertrag.

## III. Rückschlüsse und Bewertung

Die Geprägetheorie entspricht im Wesentlichen der bei Mischverträgen im Zivilrecht überwiegend vertretenen Schwerpunktbetrachtung. Die Geprägetheorie wurde vom BAG für die arbeitsrechtliche Beurteilung von Mischverträgen mit Personalgestellung entwickelt und hat zur Folge, dass die Gestellung des Bedienpersonals stets hinter dem personalfernen Teil des typengemischten Vertrags zurücktritt. Folglich

156 *Hamann* in: Schüren/Hamann AÜG, § 1 Rn. 245; so aber: *Grimm/Linden*, ArbRB 2014, 115, 117 f., mit der Begründung, dass spezialisiertes Personal vom Entleiher nicht in einem Maß angewiesen werden könne, die für Arbeitnehmerüberlassung charakteristisch wäre.

157 *Hamann* in: Schüren/Hamann AÜG, § 1 Rn. 245.

158 *Boemke* in: Boemke/Lembke AÜG, § 1 Rn. 38 (a.E.); *Hamann* in: Schüren/Hamann AÜG, § 1 Rn. 248.

soll aufgrund des Nebenleistungscharakters des Personalgestellungsteils keine Arbeitnehmerüberlassung i.S.d. AÜG vorliegen, unabhängig davon, ob bei einer isolierten Prüfung der Personalgestellung, die Voraussetzungen einer Arbeitnehmerüberlassung erfüllt wären.

Die Prägetheorie und die Absorptionsmethode sind als Beurteilungsmaßstäbe für Mischverträge mit Personalgestellung abzulehnen, da sie keine dogmatische Grundlage im Gesetz haben. Das AÜG sieht gemäß § 1 Abs. 1 Satz 2 AÜG vor, dass eine Arbeitnehmerüberlassung vorliegt, wenn der Arbeitnehmer in den Fremdbetrieb eingegliedert ist und den Weisungen des Entleihers unterliegt. Hieraus lässt sich keine Differenzierung nach dem zugrundeliegenden Vertragskonstrukt entnehmen.[159] Es ist daher rechtlich nicht nachvollziehbar, weshalb die Vertragsabrede über die Personalgestellung neben der Gebrauchsüberlassung einer Maschine pauschal als Nebenleistung angesehen werden soll und deshalb die Vorschriften des AÜG keine Anwendung finden. Das BAG selbst führt in seiner Entscheidung aus, dass die Stellung des Bedienpersonals deshalb als Nebenleistung anzusehen sei, weil sie den Zweck erfülle, dem Mieter zu ermöglichen, die Maschine bestimmungsgemäß einzusetzen.[160] Dieses Argument ist jedoch widersprüchlich. Geht man nämlich – wie die Arbeitsgerichte – davon aus, dass die zum Gebrauch überlassene Maschine ohne das erforderliche Bedienpersonal nutzlos („totes Kapital“) wäre, ist es inkonsistent die Personalgestellung als unbedeutende Nebenleistung anzusehen. Gleiches gilt für die Einordnung der Personalgestellung als Dienstverschaffung einerseits und die Begründung der Rechtsprechung andererseits, es gehe nicht darum, dem Mieter das Personal zur freien Verfügung bereitzustellen. Denn genau das ist das Wesen eines Dienstverschaffungsvertrags. Selbst die Vertreter der Schwerpunktbetrachtung im Zivilrecht nehmen bei der rechtlichen Beurteilung von Mischverträgen ohne Personalgestellung eine Einzelfallprüfung und Gewichtung zur Feststellung des Vertragsschwerpunkts vor.[161] Bei Anwendung der Geprägetheorie von der Rechtsprechung fehlt eine solche Einzelfallprüfung.

---

159 Hierzu noch unter Abschnitt D.

160 BAG, Urt. v. 17.02.1993 – 7 AZR 167/92 – juris, Rn. 46.

161 Siehe Erstes Kapitel A. II.

Mit Blick auf die vereinzelt abweichende Rechtsprechung, die zu Krangestellungsverträgen mit Bedienpersonal ergangen ist, wird die Geprägetheorie noch weniger nachvollziehbar. Bei den zugrundeliegenden Kranüberlassungsverträgen mit Personalgestellung handelt es sich zwar ebenfalls um einen Mischvertrag mit Personalgestellung, die Rechtsprechung hat in den entsprechenden Entscheidungen jedoch abweichend von der Geprägetheorie eine Einzelfallbetrachtung hinsichtlich einer möglichen Weisungsgebundenheit bzw. Eingliederung des Fremdpersonals vorgenommen. Die Rechtsprechung kommt bei diesen Verträgen teilweise zu dem Ergebnis, dass das Bedienpersonal weisungsgebunden tätig wurde und mithin eine Arbeitnehmerüberlassung vorliegt. Allerdings ging es in diesen Fällen nicht um die Rechtsfolgen aus dem AÜG selbst, sondern lediglich um die Haftungsverteilung für Pflichtverletzungen des überlassenden Bedienpersonals. Eine Abkehr von der Geprägetheorie kann darin aber wohl nicht gesehen werden.

Zu beachten gilt es freilich, dass die Geprägetheorie aus einer Zeit vor Bestehen der Leiharbeitsrichtlinie stammt. Literatur und BAG stützen die Geprägetheorie u.a. auf die Begründung des Gesetzesentwurfs zum AÜG aus dem Jahr 1971 in der es heißt, dass § 1 AÜG nicht greife, „*wenn das Überlassen [von Personal] als Nebenleistung anzusehen ist, wie im Falle der Vermietung von Maschinen, bei der der Vermieter das Bedienpersonal zur Verfügung stellt*“[162]. Die Anpassungen des Arbeitnehmerüberlassungsrechts, nicht zuletzt zur Umsetzung der Leiharbeitsrichtlinie, lassen sich nur schwerlich mit den heute geltenden Regeln vereinbaren.[163] Von der Rechtsprechung unberücksichtigt bleiben neben den europarechtlichen Vorgaben auch die Intentionen des nationalen Gesetzgebers bei den Anpassungen des AÜG. So heißt es in der Begründung zu einem Entwurf zur Änderung des AÜG, dass die „*Arbeitnehmerüberlassung als Instrument zur zeitlich begrenzten Deckung des Arbeitskräftebedarfs geschärft, Missbrauch von Leiharbeit verhindert [und] die Stellung der Leiharbeitnehmerinnen und Leiharbeitnehmer gestärkt*“[164] werden soll. Durch Beibehaltung dieses

162 BT-Drucks. VI/2303, S. 10.
163 Zum Unionsrecht noch ausführlich im Zweiten Kapitel.
164 BT-Drucks. VI/2303, S. 10.

„Schlupflochs" wird der Missbrauch von Leiharbeit nicht effektiv verhindert. So ist es für einen Unternehmer kostengünstiger, ein technisches Gerät nicht zu kaufen, sondern zu mieten und das erforderliche Bedienpersonal nicht anzustellen oder sich von einem Verleiher im Wege der Arbeitnehmerüberlassung zu überlassen, sondern sich dieses vom Vermieter mit zur Verfügung stellen zu lassen, da er nach der Rechtsprechung vor den Vorschriften des AÜG „geschützt" ist. Die ständige Rechtsprechung trägt dazu bei, dass der Anwendungsbereich des AÜG zu eng ausgelegt und deshalb Bedienpersonal für gemietete oder geleaste Maschinen nicht vom Schutz des AÜG profitiert.

Die FW AÜG 2019 können nicht als Argument für die Prägetheorie herangezogen werden. Da sich die Ausführungen auf die ständige Rechtsprechung des BAG stützen, würde es einem Zirkelschluss gleichkommen, diese als Argument für die Prägetheorie heranzuziehen.[165] Die FW AÜG 2019 erscheinen aber schon teilweise in sich selbst widersprüchlich. So leuchtet es nicht ein, worin ein Unterschied zwischen der Überlassung eines LKWs mit Fahrer zu der Überlassung eines Flugzeugs mit Bordpersonal liegen soll. Bei Ersterem soll nach den FW AÜG 2019 aber eine Arbeitnehmerüberlassung vorliegen.[166]

Hingegen ist die Ansicht, nach der es auf die Übertragung des arbeitsvertraglichen Weisungsrechts hinsichtlich des überlassenen Bedienpersonals ankommt, einerseits gesetzesnäher, da sie sich am Wortlaut des § 1 Abs. 1 Satz 2 AÜG orientiert. Ein Abstellen auf die Übertragung des arbeitsvertraglichen Weisungsrechts bietet die Möglichkeit praxistaugliche Einzelfallentscheidungen zu treffen, da in jedem Fall geprüft werden muss, wer Inhaber des arbeitsvertraglichen Weisungsrechts ist. Die Kombinationsmethode führt im Ergebnis auch zur Prüfung der Voraussetzungen einer Arbeitnehmerüberlassung bezüglich

165 Die Beklagtenseite hatte in diesen Verfahren gleichwohl das Argument vorgebracht, auf das das LAG Düsseldorf - zutreffender Weise - in seinen Entscheidungsgründen gar nicht mehr eingegangen ist: LAG Düsseldorf, Urt. v. 07.07.2021 – 12 Sa 155/21 – juris, Rn. 249; LAG Düsseldorf, Urt. v. 11.08.2021 – 4 Sa 106/21 – juris, Rn. 134; LAG Düsseldorf, Urt. v. 11.08.2021 – 4 Sa 107/21 – juris, Rn. 175; LAG Düsseldorf, Urt. v. 15.09.2021 – 12 Sa 354/21 – juris, Rn. 282.

166 Fachliche Weisungen Arbeitnehmerüberlassungsgesetz (AÜG) der Bundesagentur für Arbeit, S. 18.

der Personalgestellung, da die Vertragsteile separat und nach dem jeweils anwendbaren Vertragsrecht beurteilt werden.

## D. Abgrenzung erlaubnispflichtiger Arbeitnehmerüberlassung

Liegt eine Personalgestellung vor, stellt sich stets die Frage, ob diese als Arbeitnehmerüberlassung i.S.d. AÜG zu bewerten ist. Deswegen bedarf es grundsätzlich in jeder Vertragskonstellation, in der eine Personalgestellung stattfindet, einer Prüfung der Voraussetzungen einer Arbeitnehmerüberlassung nach dem AÜG, d.h. Weisungsgebundenheit beim Entleiher und Eingliederung in dessen Betrieb. Besonders relevant ist in diesem Zusammenhang die Abgrenzung zwischen Werk-/Dienstverträgen und einer Arbeitnehmerüberlassung i.S.d. AÜG. Bei Werk- und Dienstverträgen werden regelmäßig Mitarbeiter des Werkunternehmers oder Dienstleisters als deren Erfüllungsgehilfen in Drittbetrieben eingesetzt. Zu beachten ist hier der Grundsatz, dass nicht jede Personalgestellung eine Arbeitnehmerüberlassung darstellt.

Bei Werkverträgen setzt der Unternehmer regelmäßig eigene Mitarbeiter im Betrieb des Bestellers als Erfüllungsgehilfen ein. Dabei kann es sich aber auch um einen sog. Scheinwerkvertrag handeln, nämlich dann, wenn hinsichtlich der eingesetzten „Erfüllungsgehilfen" die Voraussetzungen erlaubnispflichtiger Arbeitnehmerüberlassung vorliegen. Daher besteht hinsichtlich dieser Verträge ein Abgrenzungserfordernis. Das gleiche Abgrenzungserfordernis ergibt sich auch im Hinblick auf Dienstverträge. Denn auch i.R. eines Dienstvertrages ist die Überlassung von Drittpersonal denkbar.[167]

Nachfolgend soll daher ein Überblick über die Abgrenzungskriterien zwischen Arbeitnehmerüberlassung von anderen Formen der Personalgestellung dargestellt werden. Die daraus resultierenden Erkenntnisse sollen der Bewertung der rechtlichen Beurteilung von Mischverträgen mit Personalgestellung dienen. Grundsätzlich gilt bei der Abgrenzung zwischen erlaubnispflichtiger Arbeitnehmerüberlassung und anderen Formen des Fremdpersonaleinsatzes, dass bei einem Widerspruch zwischen der vertraglichen Bezeichnung und der tatsächli-

167 LAG Baden-Württemberg, Urt. v. 01.08.2013 – 2 Sa 6/13 – juris, Rn. 85.

chen Durchführung des Vertrages, die Vertragsdurchführung für die rechtliche Einordnung maßgebend ist.[168] Dies folgt bereits aus dem AÜG selbst, nämlich aus § 12 Abs. 1 Satz 2 AÜG.

## I. Abgrenzungsmerkmale erlaubnispflichtiger Arbeitnehmerüberlassung

Die Abgrenzung zu Werk- und Dienstverträgen erfolgt anhand der gesetzlichen Merkmale einer Arbeitnehmerüberlassung. Die relevanten Merkmale sind neben dem Parteiwillen und dem Vertragsgegenstand insbesondere die Übertragung des arbeitsvertraglichen Weisungsrechts auf das Entleiherunternehmen sowie die Eingliederung des Leiharbeitnehmers in den Entleiherbetrieb, § 1 Abs. 1 Satz 2 AÜG. Weiterhin bieten Haftungsverteilung und Gewährleistung ebenfalls Rückschlüsse auf die Rechtsnatur des Vertrages.

### 1. Vertragsbeziehungen und Vertragsgegenstand

Zunächst sollen die Vertragsbeziehungen bei Arbeitnehmerüberlassung beleuchtet werden sowie der Gegenstand eines Arbeitnehmerüberlassungsvertrags. Zudem sollen die Anforderungen an den der Arbeitnehmerüberlassung zugrundeliegenden Vertrag beleuchtet werden.

#### a) Vertragsbeziehungen bei Arbeitnehmerüberlassung

Arbeitnehmerüberlassung liegt gemäß § 1 Abs. 1 Satz 1 AÜG vor, wenn der Arbeitgeber (Verleiher) einem Dritten (Entleiher) seine Arbeitnehmer (Leiharbeitnehmer) i.R. seiner wirtschaftlichen Tätigkeit zur Arbeitsleistung überlässt. Die Vertragsbeziehungen zwischen den drei Beteiligten lässt sich als Dreiecksbeziehung darstellen.

168 Siehe beispielhaft: BAG, Urt. v. 18.01.2012 – 7 AZR 723/10 – juris, Rn. 28.

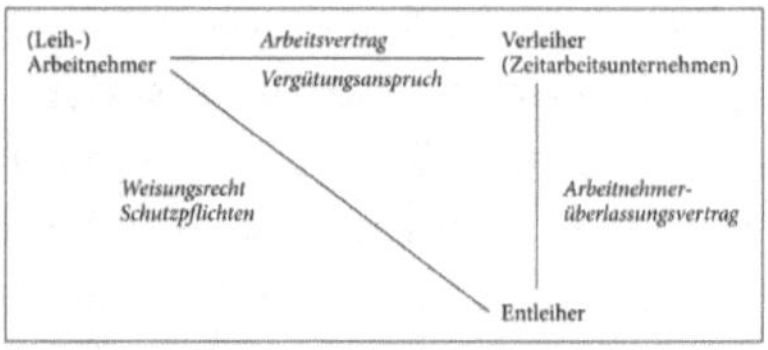


*Abbildung*[169]

Nach § 1 Abs. 1 Satz 3 AÜG muss zunächst ein Arbeitsverhältnis zwischen Verleiher und Leiharbeitnehmer i.S.d. § 611a Abs. 1 BGB bestehen.[170] Das dem Arbeitgeber (Verleiher) zustehende arbeitsvertragliche Weisungsrecht nach § 106 GewO übt er jedoch – zumindest während der Überlassungsphasen – nicht selbst aus, sondern überträgt es aufgrund des Arbeitnehmerüberlassungsvertrags auf den Entleiher. Daraus ergibt sich eine „gespaltene" Arbeitgeberstellung.[171] Der Verleiher bleibt Vertragsarbeitgeber mitsamt seinen Vertragspflichten, wie etwa hinsichtlich der Zahlung des Arbeitsentgelts. Der Entleiher hat während der Überlassungsdauer die Weisungsbefugnis und kann den Leiharbeitnehmer entsprechend seiner Betriebszwecke einsetzen.[172] Zwischen Verleiher und Leiharbeitnehmer wird hingegen kein Arbeitsverhältnis begründet, das Arbeitsverhältnis zum Entleiher bleibt also über die ganze Zeit der Überlassung bestehen.

Eine Überlassung von Arbeitnehmern ist nur mit einer entsprechenden behördlichen Erlaubnis gemäß § 1 Abs. 1 Satz 1, § 2 AÜG zulässig. Es handelt sich somit bei Arbeitnehmerüberlassung i.S.d. AÜG um ein Verbot mit Erlaubnisvorbehalt.[173] Daher handelt es sich um illegale Arbeitnehmerüberlassung, wenn der Entleiher keine Erlaubnis hat. Dies stellt gemäß § 16 Abs. 1 Nr. 1 und Nr. 1a AÜG eine Ordnungs-

---

169 *Junker*, Grundkurs Arbeitsrecht, 20. Aufl. 2021, § 2 Rn. 112.

170 A.A. *Henssler* in: Henssler/Grau, Arbeitnehmerüberlassung und Werkverträge, 2. Aufl. 2020, § 3 Rn. 18, der nicht das Vorliegen eines Arbeitsvertrags i.S.d. § 611a BGB für maßgeblich hält, sondern das Bestehen eines Arbeitsverhältnisses i.S.d. Leiharbeitsrichtlinie.

171 *Lembke*, BB 2012, 2497.

172 *Lembke*, BB 2012, 2497.

173 *Lembke*, BB 2012, 2497.

widrigkeit für Entleiher und Verleiher dar.[174] Zudem ist wegen des Nichtvorliegens einer Überlassungserlaubnis der Arbeitnehmerüberlassungsvertrag (§ 12 AÜG) gemäß § 9 Abs. 1 Nr. 1 AÜG unwirksam. Von besonderer Bedeutung sind die Folgen auf individualrechtlicher Ebene des § 10 Abs. 1 AÜG. Danach kommt es im Falle einer unerlaubten Arbeitnehmerüberlassung zu einem Arbeitgeberwechsel, indem zu dem Entleiher ein Arbeitsverhältnis fingiert wird.

Neben den Vorgaben zu den Vertragsbeziehungen zwischen den beteiligten Parteien einer Arbeitnehmerüberlassung, stellt das AÜG formale Anforderungen an den Vertrag für den Fall, dass eine Arbeitnehmerüberlassung vorliegt. Dann nämlich muss gemäß § 1 Abs. 1 Satz 5 AÜG der zugrundliegende Vertrag explizit als Arbeitnehmerüberlassungsvertrag bezeichnet werden. Weiterhin muss der Vertrag inhaltlich die Anforderungen des § 12 Abs. 1 AÜG erfüllen, wonach u.a. die Leiharbeitnehmer hinreichend zu konkretisieren sind.

### b) Gegenstand des Arbeitnehmerüberlassungsvertrags

Der Arbeitnehmerüberlassungsvertrag muss die Verpflichtung des Verleihers gegenüber dem Entleiher enthalten, Arbeitnehmer zur Förderung von dessen Betriebszweck zur Verfügung zu stellen.[175] Zur Erfüllung des Arbeitnehmerüberlassungsvertrags muss der Verleiher dem Entleiher i.R. seiner wirtschaftlichen Tätigkeit auch tatsächlich Arbeitnehmer überlassen.[176] Dementsprechend wird nur die Überlassung des Arbeitnehmers zur Erbringung der Arbeitsleistung beim Entleiher geschuldet, also gerade kein Leistungserfolg, wie es bei einem Werkvertrag der Fall ist.[177] Der Verleiher hat schon dann seine Pflichten aus dem Arbeitnehmerüberlassungsvertrag erfüllt, wenn er die

174 Eine Straftat kann gemäß §§ 15, 15a AÜG vorliegen, wenn Ausländer ohne Aufenthalts- oder Arbeitsgenehmigung überlassen werden, zudem kann es zu einer Eintragung im Gewerbezentralregister gemäß § 149 Abs. 2 Nr. 3 GewO kommen.

175 BAG, Urt. v. 15.04.2014 – 3 AZR 395/11 – juris, Rn. 20; BAG, Urt. v. 18.01.2012 – 7 AZR 723/10 – juris, Rn. 27; BAG, Urt. v. 25.10.2000 – 7 AZR 487/99 – juris, Rn. 23.

176 *Waas* in: Thüsing AÜG, § 1 Rn. 26.

177 *Hamann* in: Schüren/Hamann AÜG, § 1 Rn. 148.

vereinbarte Zahl an Arbeitnehmern ordnungsgemäß ausgewählt und dem Entleiher zur Verfügung gestellt hat.[178]

Das Interesse des Entleihers liegt bei einem Arbeitnehmerüberlassungsvertrag darin, die Arbeitnehmer wie eigene Arbeitnehmer einzusetzen. Einen eigenen Arbeitsvertrag möchte der Entleiher mit dem Leiharbeitnehmer gerade nicht abschließen, etwa um sich der Bindungswirkung des Arbeitsverhältnisses durch den Kündigungsschutz nicht zu unterwerfen und die Anwendbarkeit von Tarifverträgen zu vermeiden.[179] Für das Vorliegen von Arbeitnehmerüberlassung spricht es auch, wenn sich die zu erbringende Leistung nach dem Bedarf des Entleihers richtet.[180]

Bei Unwirksamkeit des Arbeitnehmerüberlassungsvertrags i.S.d. § 9 Abs. 1 Nr. 1 bis 1b AÜG, tritt die Rechtsfolge des § 10 Abs. 1 Satz 1 AÜG ein, sodass ein fingiertes Arbeitsverhältnis zu dem Verleiher begründet wird.

## 2. Eingliederung und Weisungsgebundenheit

Neben der Vertragsbezeichnung ist der Schwerpunkt der Betrachtung auf die tatsächliche Durchführung des Vertrages zu legen. Schon das Gesetz selbst stellt maßgeblich auf die Eingliederung und Weisungsgebundenheit des Arbeitnehmers also auf tatsächliche Umstände ab. Wörtlich heißt es in § 1 Abs. 1 Satz 2 AÜG: *„Arbeitnehmer werden zur Arbeitsleistung überlassen, wenn sie in die Arbeitsorganisation des Entleihers eingegliedert sind und seinen Weisungen unterliegen.“* Die nunmehr im Gesetz enthaltene Legaldefinition entspricht der ständigen Rechtsprechung des BAG zur Bestimmung von Arbeitnehmerüberlassung.[181] Der Gesetzgeber hat jedoch klargestellt, dass sich durch die Anpassung des Gesetzes nichts an der bisherigen Rechtsprechung ändert, dass sie also lediglich im Gesetz umgesetzt werden soll.[182] In der Begründung des Gesetzesentwurfs wird ausgeführt, dass die Abgrenzungsformel der ständigen Rechtsprechung im AÜG integriert werden

178 BAG, Urt. v. 18.01.2012 – 7 AZR 723/10 – juris, Rn. 27.
179 *Brauneisen/Ibes*, RdA 2014, 213, 218.
180 *Preis* in: ErfK, BGB, § 611a Rn. 98.
181 BT-Drucks. 18/9232, S. 19.
182 BT-Drucks. 18/9232, S. 19.

soll, um den Einsatz von Erfüllungsgehilfen i.R.v. Werk- und Dienstverträgen von Arbeitnehmerüberlassung abgrenzen zu können.[183]

Auch wenn das AÜG nunmehr in § 1 Abs. 1 Satz 2 AÜG eine Abgrenzungsformel enthält, bleibt die Notwendigkeit bestehen, die Begriffe „Eingliederung“ und „Weisungsbefugnis“ mit Bedeutung auszufüllen. Denn bei Werk- und Dienstverträgen verhält es sich nicht vollständig konträr zur Arbeitnehmerüberlassung.[184] Vielmehr kann es auch bei der Durchführung von Werk- und Dienstverträgen zu Weisungen und einer Eingliederung kommen, was die Abgrenzung zusätzlich erschwert.[185]

### a) Weisungsgebundenheit

Maßgebliches Kriterium für das Vorliegen von Arbeitnehmerüberlassung i.S.d. § 1 Abs. 1 Satz 2 AÜG ist, dass der Arbeitnehmer den Weisungen des Entleihers unterliegt. Die Inhaberschaft des Weisungsrechts wird dabei als maßgebliches Kriterium angesehen.[186]

#### aa) Arbeitsvertragliches Weisungsrecht

Innerhalb eines Arbeitsverhältnisses steht dem Arbeitgeber gemäß § 106 GewO das arbeitsvertragliche Weisungsrecht in Bezug auf Inhalt, Ort und Zeit der Arbeitsleistung gegenüber dem Arbeitnehmer zu. Bei der Auslegung des Merkmals der Weisungsgebundenheit kann unterstützend § 611a Abs. 1 BGB herangezogen werden.[187] Nach § 611a Abs. 1 Satz 2 BGB kann das Weisungsrecht des Arbeitgebers Inhalt, Durchführung, Zeit und Ort der Tätigkeit betreffen. Die Weisungsgebundenheit geht nach dem Wortlaut des § 611a Abs. 1 Satz 3 BGB mit der Einschränkung der freien Gestaltung der eigenen Arbeitsleistung des Arbeitnehmers einher. Mit Abschluss des Arbeitnehmerüberlassungsvertrags zwischen Vertragsarbeitgeber (Verleiher) und Entleiher

183 BT-Drucks. 18/9232, S. 19.

184 *Greiner*, NZA 2013, 697, 698.

185 Vgl. *Greiner*, NZA 2013, 697, 698.

186 *Hamann* in: Schüren/Hamann AÜG, § 1 Rn. 118; *Brauneisen/Ibes*, RdA 2014, 213, 219; *Deinert*, RdA 2017, 65, 59; *Greiner*, NZA 2013, 697, 700.

187 *Henssler* in: Henssler/Grau, Arbeitnehmerüberlassung und Werkverträge, § 3 Rn. 20.

muss das Weisungsrecht derart auf den Entleiher übertragen werden, dass dieser in die Lage versetzt wird, die Personalhoheit während der Überlassungsdauer auszuüben.

#### bb) Umfang des übertragenen Weisungsrechts

Für das Vorliegen der Weisungsgebundenheit als Voraussetzung der Arbeitnehmerüberlassung, bedarf es der Übertragung des umfassenden Weisungsrechts auf den Entleiher.[188] Einschränkend muss dieses Kriterium jedoch dahingehend verstanden werden, dass der Entleiher das Weisungsrecht nur insoweit benötigt und auch nur insoweit übertragen bekommt, wie es für die Erfüllung der Leistungspflicht entsprechend seiner Betriebszwecke erforderlich ist.[189] *Hamann* beschreibt dies zutreffend als *„arbeitsbezogenes Weisungsrecht"*.[190] Der Leiharbeitnehmer muss entsprechend den Vorstellungen des Entleihers für diesen tätig werden, jedoch nur insoweit es der Zweck der konkreten Arbeitnehmerüberlassung erfordert.[191]

#### cc) Wirkrichtung der Weisungen

Um näher beurteilen zu können, ob aufgrund des übertragenen bzw. ausgeübten Weisungsrechts die Voraussetzungen erlaubnispflichtiger Arbeitnehmerüberlassung i.S.d. § 1 Abs. 1 Satz 2 AÜG erfüllt sind, kann eine weitere Differenzierung der Weisungen und deren Wirkrichtung hilfreich sein.

Zunächst ist zwischen gegenstands- und personenbezogenen Weisungen zu unterscheiden. Gegenstandsbezogene Weisungen sind Ausführungsanweisungen, die sich auf den Vertragsgegenstand beziehen.[192] Diese auf den Leistungsgegenstand bezogenen Weisungen sind als bloße Ausführungsanweisungen i.S.d. § 645 Abs. 1 Satz 1 BGB i.R.v. Werkverträgen anzusehen und dienen somit als Abgrenzungskriterium

188 BAG, Urt. v. 20.09.2016 – 9 AZR 735/15 – juris, Rn. 39.
189 *Hamann* in: Schüren/Hamann AÜG, § 1 Rn. 135; *Hamann*, NZA-Beilage 2014, 3, 5 unter 2.
190 *Hamann* in: Schüren/Hamann AÜG, § 1 Rn. 133 m.w.N.
191 *Hamann* in: Schüren/Hamann AÜG, § 1 Rn. 133.
192 Hierzu: *Hamann* in: Schüren/Hamann AÜG, § 1 Rn. 119.

zwischen Werkvertrag und Arbeitnehmerüberlassung. Personenbezogene Weisungen sind dagegen solche, die sich auf Ort, Zeit und Inhalt der Arbeitsleistung i.S.d. § 106 GewO beziehen. Übt also der Werkbesteller gegenüber dem Erfüllungsgehilfen des Werkunternehmers Weisungen aus, die sich lediglich auf die Ausführung des Werkes beziehen (§ 645 Abs. 1 Satz 1 BGB), ist die Grenze zu arbeitsvertraglichen und somit nach § 1 Abs. 1 Satz 2 AÜG zu berücksichtigenden Weisungen noch nicht überschritten.[193]

Zudem können arbeitsbezogene Weisungen i.R. einer phänomenologischen Betrachtung in arbeitsnotwendige und arbeitsbegleitende Weisungen unterteilt werden, welche als Abgrenzungskriterium unterschiedlich zu gewichten sind.[194] Als arbeitsnotwendige Weisungen sind solche anzusehen, die zur Steuerung des Arbeitseinsatzes des Leiharbeitnehmers erforderlich sind, damit dieser seine Arbeitsleistung ordnungsgemäß erbringen kann.[195] Arbeitsnotwendige Weisungen sind damit letztlich Ausdruck des Weisungsrechts i.S.d. § 106 GewO. Wird durch die Anweisungen der zu erbringende Leistungsgegenstand erst bestimmt und wird damit eine bindende Arbeitsorganisation begründet, spricht dies für Arbeitnehmerüberlassung. *Hamann* stellt die folgende Kontrollfrage, um Weisungen als arbeitsnotwendig einzuordnen: *„Hätte der Arbeitnehmer die Arbeit ordnungsgemäß leisten können, wenn die Weisung nicht erteilt worden wäre?“*[196] Arbeitsbegleitende Weisungen beziehen sich hingegen auf den Arbeitsprozess an sich, wirken also eher organisatorisch oder in Bezug auf die Arbeitsumgebung, sie haben aber keine Auswirkungen auf die Arbeitsleistung oder das Arbeitsprodukt an sich.[197] Solche Weisungen können sich etwa auf bestimmte Arbeitskleidungsvorgaben oder die Einhaltung von Sicherheitsvorschriften beziehen.[198] Bei Weisungen, die sowohl arbeitsnotwendige als auch -begleitende Elemente

193 BAG, Urt. v. 18.01.2012 – 7 AZR 723/10 – juris, Rn. 27.
194 *Hamann* in: Schüren/Hamann AÜG, § 1 Rn. 136 ff.; *Greiner*, NZA 2013, 697, 700.
195 *Hamann* in: Schüren/Hamann AÜG, § 1 Rn. 136.
196 *Hamann* in: Schüren/Hamann AÜG, § 1 Rn. 136.
197 Vgl. *Hamann* in: Schüren/Hamann AÜG, § 1 Rn. 137 f.
198 *Hamann* in: Schüren/Hamann AÜG, § 1 Rn. 138; *Greiner*, NZA 2013, 697, 700.

enthalten, ist es vorzugswürdig, diese als für Arbeitnehmerüberlassung sprechend einzuordnen.[199]

Dagegen soll Kontrollmaßnahmen, organisatorische Weisungen (wie etwa solche i.S.d. § 106 Satz 2 GewO), Zuweisungen einer bestimmten Art von Tätigkeiten sowie Weisungen die sich auf die Person des Arbeitnehmers beziehen, keine Indizwirkung für Arbeitnehmerüberlassung zukommen.[200]

### b) Eingliederung

Weitere Voraussetzung für das Vorliegen einer Arbeitnehmerüberlassung ist die Eingliederung des Leiharbeitnehmers in die Arbeitsorganisation des Entleihers (§ 1 Abs. 1 Satz 2 AÜG). Die Eingliederung in die Arbeitsorganisation zeigt sich zunächst – aber nicht nur – an einer von außen erkennbaren Integration des Leiharbeitnehmers.[201] Vor allem ist die Eingliederung jedoch gekennzeichnet durch die Übertragung des Weisungsrechts auf den Entleiher und dessen tatsächliche Ausübung gegenüber dem Leiharbeitnehmer. D.h. zwischen den Merkmalen der Weisungsgebundenheit und der Eingliederung besteht ein schwer trennbarer Zusammenhang. Das macht schon deshalb Sinn, da nach § 106 GewO die Arbeitsleistung der Arbeitnehmer nach Art, Zeit und Ort zu bestimmen ist. Insbesondere die Weisungsbefugnis hinsichtlich Zeit und Ort der Arbeitsleistung hängt mit der Arbeitsorganisation im Betrieb zusammen. Es ist also anzunehmen, dass wenn der Entleiher die Arbeitsleistung des Leiharbeitnehmers hinsichtlich Zeit und Ort bestimmt, dieser dadurch auch in den Entleiherbetrieb eingegliedert wird. Im Ergebnis hängen die Merkmale Eingliederung und Weisungsgebundenheit derart zusammen, dass sie nicht isoliert, sondern zusammenhängend zu betrachten sind.[202] Insgesamt ergibt

---

199 So auch: *Greiner*, NZA 2013, 697, 700, der von „Weisungen mit Doppelnatur" spricht.

200 Vgl. *Hamann* in: Schüren/Hamann AÜG, § 1 Rn. 140 f.

201 Vgl. *Wank*, AuR 2017, 140, 144, 150 f. m.w.N.

202 LAG Berlin-Brandenburg, Urt. v. 05.03.2013 – 12 Sa 1624/12 – juris, Rn. 30; *Maties* in: BeckOGK BGB, § 611a Rn. 163; *Hamann* in: Schüren/Hamann AÜG, § 1 Rn. 114.

sich daraus, dass dem Merkmal der Eingliederung keine eigenständige Bedeutung zukommt.[203]

Denkbar ist eine (faktische) Einschränkung des Weisungsrechts, wenn die Art der Tätigkeit ein hohes Maß an fachlicher Selbständigkeit und eigenständiger Gestaltungsfreiheit mit sich bringt.[204] So ist von einer nur geringeren Weisungsgebundenheit bei Diensten höherer Art auszugehen, wie es bei Leitungspersonal anzunehmen ist.[205] In einem solchen Fall kommt der tatsächlichen, nach außen wahrnehmbaren Einbindung in die Betriebsstrukturen oder die Betriebsorganisation in örtlicher und zeitlicher Hinsicht möglicherweise eine höhere Bedeutung zu.[206] Gleichwohl wird es auch bei diesem Personal Vorgaben hinsichtlich Zeit und Ort der Tätigkeit geben. Geht man – wie oben dargestellt – davon aus, dass durch die Festlegung der Zeit und des Ortes der Erbringung der Arbeitsleistung eine Weisungsgebundenheit und dadurch bedingt eine Eingliederung vorliegt, können auch bei Diensten höherer Art die Voraussetzungen einer Arbeitnehmerüberlassung vorliegen. Lediglich Weisungen hinsichtlich der tatsächlichen Tätigkeit sind in diesem Fall beschränkt.

Neben der stets notwendigen Einzelfallbetrachtung wurden von der Rechtsprechung Kriterien entwickelt, die als Indizien für eine Eingliederung im Entleiherbetrieb herangezogen werden können. Indizien sind etwa die Vorgabe der Arbeitszeit und des Arbeitsortes, eine zeitliche und räumliche Zusammenarbeit zwischen Leiharbeitnehmern und den Arbeitnehmern im Entleiherbetrieb, die (Mit-)Erfüllung des Betriebszwecks des Entleihers durch den Leiharbeitnehmer, Bereitstellen von Arbeits- und Sicherheitskleidung sowie die Integration in

---

203 BSG, Urt. v. 23.06.1982 – 7 RAr 98/80 – juris, Rn. 22; so auch *Oberthür* in: Freie Industriedienstleistung als Alternative zur regulierten Zeitarbeit, 2012, S. 43, 46, *Oberthür* bezeichnet „das Merkmal der Eingliederung als Hilfsmittel zur Feststellung der Weisungsunterworfenheit…“

204 LAG Berlin-Brandenburg, Urt. v. 05.03.2013 – 12 Sa 1624/12 – juris, Rn. 30.

205 BAG, Urt. v. 30.11.1994 – 5 AZR 704/93 – juris, Rn. 23; LAG Berlin-Brandenburg, Urt. v. 05.03.2013 – 12 Sa 1624/12 – juris, Rn. 30.

206 Im Ergebnis: LAG Berlin-Brandenburg, Urt. v. 05.03.2013 – 12 Sa 1624/12 – juris, Rn. 30; a.A. *Hamann* in: Schüren/Hamann AÜG, Rn. 199 ff., der davon ausgeht, dass Arbeitnehmerüberlassung von vornherein ausgeschlossen ist, wenn (fast) keine Weisungen erteilt werden.

die Arbeitsorganisation des Entleihers.[207] Für das Vorliegen erlaubnispflichtiger Arbeitnehmerüberlassung spricht zudem die Einbeziehung in die Umlaufplanung etwa von Fahrplänen bei Busfahrern.[208] Wird zudem die Koordination (allein) durch den Entleiher bestimmt und richtet sich die Leistung nach dem Bedarf des Entleihers, spricht dies ebenfalls für eine Eingliederung.[209]

### 3. Weitere Abgrenzungsmerkmale

Neben den gesetzlich normierten Voraussetzungen erlaubnispflichtiger Arbeitnehmerüberlassung gibt es weitere Kriterien, die Literatur und Rechtsprechung zur Abgrenzung von Werk- und Dienstverträgen heranziehen.

Zunächst wird auf die Haftungsverteilung in dem jeweiligen Vertragsverhältnis abgestellt. Bei einem Arbeitnehmerüberlassungsvertrag erfüllt der Verleiher seine Vertragspflichten, wenn er die vereinbarte Anzahl an Leiharbeitnehmern mit den vereinbarten Qualifikationen auswählt und dem Entleiher zur Erbringung von Arbeitsleistung zur Verfügung stellt. Dagegen trägt der Entleiher das Risiko der Verwertung der Arbeitskraft der Leiharbeitnehmer und somit das Risiko für Schlechtleistung oder Nichtleistung.[210] Der Entleiher trägt somit insgesamt das wirtschaftliche Risiko.[211] Dementsprechend ist bei Arbeitnehmerüberlassung auch kein Gewährleistungsrecht vorgesehen.[212] Umgekehrt ändert eine vertragliche Vereinbarung von Gewährleis-

---

207 Zusammenfassend: *Waas* in: Thüsing AÜG, § 1 Rn. 83; *Greiner*, NZA 2013, 697, 702; BAG, Beschl. v. 28.11.1989 – 1 ABR 90/88 – juris, Rn. 25 (Zusammenarbeit mit den Beschäftigten des Entleihers); BAG, Urt. v. 15.06.1983 – 5 AZR 111/81 – juris, Rn. 19 (Nutzung Arbeitsmaterial und Werkzeug des Entleihers).

208 BAG, Urt. v. 06.08.2003 – 7 AZR 180/03 – juris, Rn. 44; hier hatte eine Tochtergesellschaft der Beklagten Personal zum Einsatz von Omnibussen auf den Linien der Beklagten überlassen. Welche Personen jeweils auf den einzelnen Linien eingesetzt wurden, legte die überlassende Gesellschaft mithilfe von Dienstplänen fest, die Personen waren also in der Umlaufplanung der überlassenden Gesellschaft integriert.

209 LAG Berlin-Brandenburg, Urt. v. 12.12.2012 – 15 Sa 1217/12 – juris, Rn. 49, dies spreche deshalb gegen das Vorliegen eines Werk- oder Dienstvertrags.

210 Vgl. hierzu: *Greiner*, NZA 2013, 697, 700 f.; *Deinert*, RdA 2017, 65, 70.

211 *Greiner*, NZA 2013, 697, 698 f.

212 *Greiner*, NZA 2013, 697, 699.

tungsrechten nichts an der Einordnung als Arbeitnehmerüberlassungsvertrag, wenn sich anhand der Durchführung des Vertrags diese Bewertung ergibt.[213]

Zum Teil wird gefordert, dass der Verleiher mit der Überlassung seiner Arbeitnehmer ausschließlich die Betriebszwecke des Entleihers verfolgen muss.[214] Dieses Abgrenzungskriterium wird jedoch wegen dessen Praxisferne überwiegend abgelehnt, da auch der Verleiher stets einen eigenen wirtschaftlichen Zweck mit der Überlassung von Leiharbeitnehmern verfolgt.[215] Dem entspricht im Wesentlichen der Ansatz von *Willemsen* und *Mehrens*, die auf den Schwerpunkt der Wertschöpfung abstellen.[216] Verfolge der Vertragsarbeitgeber eigene wirtschaftliche Zwecke durch das Tätigwerden des Arbeitnehmers, finde das AÜG keine Anwendung. Wird durch die Überlassung von Arbeitnehmern hingegen einzig fremde Wertschöpfung ermöglicht, liege Arbeitnehmerüberlassung vor.[217]

### 4. Ausnahmen

Das AÜG enthält in § 1 Abs. 3 mehrere Tatbestände bei deren Vorliegen keine Arbeitnehmerüberlassung gegeben ist. Besonders ist dabei § 1 Abs. 3 Nr. 2a AÜG zu beachten, wonach gelegentliche Überlassungen vom Anwendungsbereich des AÜG ausgenommen sind. An das Vorliegen einer gelegentlichen Überlassung sind strenge Anforderungen zu stellen.[218] „Gelegentlich" i.S.d. Vorschrift bedeutet, dass sie weder häufig noch regelmäßig noch dauerhaft erfolgen darf, sondern allein aus besonderem Anlass.[219] Diese Ausnahme könnte bei Mischverträgen mit Personalgestellung relevant werden. Die weiteren Ausnahmen – etwa zur Vermeidung von Kurzarbeit in demselben Wirtschaftszweig, konzernintern oder zwischen juristischen Personen des

---

213 So im Ergebnis: BAG, Urt. v. 20.09.2016 – 9 AZR 735/15 – juris, Rn. 43.

214 OLG Düsseldorf, Urt. v. 30.04.2002 – 24 U 109/01 – juris, Rn. 19.

215 BAG, Urt. v. 25.10.2000 – 7 AZR 487/99 – juris, Rn. 23 f. OLG Düsseldorf, Urt. v. 30.04.2002 – 24 U 109/01 – juris, Rn. 19; *Hamann* in: Schüren/Hamann AÜG, § 1 Rn. 117; *Boemke* in: Boemke/Lembke AÜG, Rn. 44.

216 *Willemsen/Mehrens*, NZA 2019, 1473.

217 *Willemsen/Mehrens*, NZA 2019, 1473, 1478.

218 Vgl. BAG, Urt. v. 20.01.2016 – 7 AZR 535/13 – juris, Rn. 33.

219 *Lembke* in Boemke/Lembke AÜG, § 1 Rn. 241.

öffentlichen Rechts – dürften insoweit vorliegend weniger Relevanz haben. Im Übrigen enthält das AÜG – bis auf Abweichungsberechtigungen durch die Tarifvertragsparteien- jedenfalls keine Ausnahme, die darauf hindeutet, dass Mischverträge aus dem Anwendungsbereich des Gesetzes ausgenommen sind. Vielmehr stellt das AÜG klar, dass wenn ein Arbeitnehmer in einer Art und Weise, wie in § 1 Abs. 1 Satz 2 AÜG beschrieben, einem Dritten überlassen wird, die Vorgaben des AÜG dann mit allen Konsequenzen Anwendung finden. Unabhängig von der Frage der Unionsrechtskonformität, sollen nur die in § 1 Abs. 3 AÜG abschließend aufgezählten Fälle nicht vom Anwendungsbereich erfasst sein.

## II. Werkvertrag

Die Notwendigkeit der Abgrenzung zwischen Werkvertrag und Arbeitnehmerüberlassung ergibt sich – wie bereits erwähnt – aus dem Umstand, dass zur Erreichung des Werkerfolgs häufig eigene Beschäftigte des Werkunternehmers im Betrieb des Bestellers als Erfüllungsgehilfen eingesetzt werden. In diesen Fällen liegt demnach ebenfalls ein Fremdpersonaleinsatz vor. Stellt sich die tatsächliche Durchführung des Vertrags so dar, dass das Fremdpersonal in den Fremdbetrieb eingegliedert ist und der „Besteller das arbeitsvertragliche Weisungsrecht gegenüber den Arbeitnehmern des Werkunternehmers ausübt, dann muss – entgegen der vertraglichen Bezeichnung – eine Arbeitnehmerüberlassung i.S.d. AÜG angenommen werden (§ 12 Abs. 1 Satz 2 AÜG).

### 1. Vertragsgegenstand

Nach § 631 Abs. 1 BGB liegt ein Werkvertrag vor, wenn sich der Unternehmer dazu verpflichtet, ein Werk herzustellen und der Besteller den Werklohn zu bezahlen. Der Werkunternehmer schuldet also nach dem Vertragsgegenstand des Werkvertrags einen Leistungserfolg, der gemäß § 631 Abs. 2 BGB das entscheidende Merkmal dieses Vertragstyps darstellt. Der Leistungserfolg wiederum zeichnet sich nicht nur durch ein reines Tätigwerden aus, wie etwa beim Dienstvertrag, sondern durch eine schöpferische Leistung.[220] Der Werkunternehmer ist dabei allein dafür verantwortlich, dass der Werkerfolg eintritt, wofür er nach den §§ 634 ff. BGB auch die Gewähr trägt.

Bei der Abgrenzung zwischen Arbeitnehmerüberlassung und Werkvertrag spielen Eingliederung und Weisungsgebundenheit des im Fremdbetrieb eingesetzten Personals eine entscheidende Rolle.

## 2. Weisungsgebundenheit

Das arbeitsvertragliche Weisungsrecht i.S.d. § 106 GewO steht grundsätzlich dem Vertragsarbeitgeber zu. Bei einem Arbeitnehmerüberlassungsvertrag wird es auf den Entleiher für die Zeit der Überlassung übertragen. Bei einem Werkvertrag bleiben daher die vom Werkunternehmer eingesetzten Arbeitnehmer dessen Weisungen unterworfen und werden zur Erfüllung der Pflichten des Unternehmers nur als dessen Erfüllungsgehilfen tätig.[221]

### a) Werkvertragliches Anweisungsrecht, § 645 BGB

Abgrenzungsschwierigkeiten können sich aufgrund der Differenzierung zwischen werkvertraglichem und arbeitsvertraglichem Weisungsrecht ergeben, da auch der Besteller i.R. eines Werkvertrags ein Anweisungsrecht gemäß § 645 Abs. 1 Satz 1 BGB hat. Dabei handelt es sich jedoch um erfolgs- oder projektbezogene Weisungen, die insofern von tätigkeits- und arbeitsbezogenen Weisungen zu unterscheiden sind.[222] Arbeitsbezogene Weisungen beziehen sich auf Zeit, Ort und Art der zu erbringenden Arbeitsleistung (§ 106 GewO). Hingegen betreffen werksbezogene Anweisungen gemäß § 645 Abs. 1 Satz 1 BGB beispielsweise Fertigungsmethoden, die Qualität des herzustellenden Werkes oder Stückzahlen.[223] Wenn sich die Weisungen bzw. Anweisungen auf das herzustellende Werk beziehen, spricht das für die Annahme eines

220 *Busche* in: MüKo BGB, § 631 Rn. 1.

221 BAG, Urt. v. 20.09.2016 – 9 AZR 735/15 – juris, Rn. 30; *Greiner*, NZA 2013, 697, 700.

222 *Willemsen/Mehrens*, NZA 2019, 1473, 1474.

223 *Waas* in: Thüsing AÜG, § 1 Rn. 81 m.w.N.; *Hamann* in: Schüren/Hamann AÜG, § 1 Rn. 162 m.w.N.

Werkvertrags.[224] Hier nimmt der Auftraggeber mit den Anweisungen Einfluss auf die Erreichung des werkvertraglichen Erfolgs.[225] Beziehen sich die Weisungen dagegen auf den Arbeitsvorgang oder die Zeiteinteilung, wird also beispielsweise der Gegenstand eines Werkvertrags erst durch die Weisung bestimmt, spricht das für eine Arbeitnehmerüberlassung.[226]

#### b) Sonderfall: Anmaßung von Weisungsbefugnissen

Maßt sich dagegen der Entleiher eine Arbeitgeberstellung an, indem er dem überlassenen Personal gegenüber Weisungen erteilt, kann noch keine Weisungsgebundenheit i.S.d. AÜG angenommen werden.[227] Denn die Übernahme der Arbeitgeberrolle durch den Entleiher muss auf dem Einverständnis des Verleihers beruhen.[228]

Andererseits ist aber von Arbeitnehmerüberlassung auszugehen, wenn der Entleiher dergestalt frei über die Arbeitskraft des überlassenen Fremdpersonals verfügen darf, dass er ohne Rücksprache mit dem überlassenden Unternehmen etwaige Probleme lösen kann.[229] Relevant ist in diesem Zusammenhang zudem, wie viel Weisungsspielraum dem Verleiher für dessen Weisungen gegenüber den Leiharbeitnehmern tatsächlich noch verbleibt.[230] Wird dieser aufgrund der Einflussnahme durch den Auftraggeber derart verkürzt, dass er faktisch nicht mehr lenkend eingreifen kann, spricht das für das Vorliegen von Arbeitnehmerüberlassung.[231]

---

224 BAG, Urt. v. 25.09.2013 – 10 AZR 282/12 – juris, Rn. 17; *Preis* in: ErfK, BGB, § 611a Rn. 98.

225 *Willemsen/Mehrens*, NZA 2019, 1473, 1474.

226 BAG, Urt. v. 25.09.2013 – 10 AZR 282/12 – juris, Rn. 17; LAG Baden-Württemberg, Urt. v. 01.08.2013 – 2 Sa 6/13 – juris, Rn. 83; *Preis* in: ErfK, BGB, § 611a Rn. 98 m.w.N.

227 *Hamann* in: Schüren/Hamann AÜG, § 1 Rn. 197; *Waas* in: Thüsing AÜG, § 1 Rn. 62.

228 *Hamann* in: Schüren/Hamann AÜG, § 1 Rn. 197.

229 *Maschmann*, NZA 2013, 1305, 1309.

230 *Willemsen/Mehrens*, NZA 2019, 1473, 1474 f.

231 *Willemsen/Mehrens*, NZA 2019, 1473, 1474 f.

### c) Festlegung der Anzahl überlassener Arbeitnehmer

Weder eindeutig für noch gegen das Vorliegen von Arbeitnehmerüberlassung spricht es, wenn der Unternehmer die Anzahl der zur Erfüllung des Vertrags eingesetzten Arbeitnehmer eigenständig bestimmt. Allerdings kann es in der Praxis ein Indiz für Arbeitnehmerüberlassung darstellen, wenn der Entleiher die Anzahl des von ihm benötigten Personals verpflichtend vorgibt.[232]

### d) Nutzung von Betriebsmitteln

Weiterhin kann es für eine tatsächliche Eingliederung und mithin für eine Arbeitnehmerüberlassung sprechen, wenn dem Fremdpersonal die notwendigen Betriebsmittel (Material, Werkzeuge) vom Entleiher zur Verfügung gestellt werden.[233]

### e) Zwischenschalten von Aufsichtspersonen

In der Praxis wird häufig versucht, durch Werkvertragskonstellationen die Weisungsbefugnis beim Werkunternehmer zu belassen, indem beispielsweise eine Aufsichtsperson zwischen Besteller und Fremdpersonal geschaltet wird. Beispiel dafür sind sog. Onsite-Werkverträge. Diese grenzen sich von gewöhnlichen Werkverträgen dadurch ab, dass die Vertragsdurchführung mit dem Personal auf dem Betriebsgelände des Werkbestellers stattfindet und dabei das Fremdpersonal die Leistung im Kernbereich des Betriebszwecks des Bestellers erbringt.[234] Häufiges Beispiel ist der Einsatz von externen Beratern z.B. zur Einführung neuer Softwarelösungen beim Kunden oder für Umstrukturierungsprojekte. In beiden Fällen werden die Mitarbeiter häufig über mehrere Monate beim Kunden eingesetzt. Dies hat zur Folge, dass die Grenzen zwischen Stammarbeitnehmern und externen Mitarbeitern

---

232 *Hamann* in: Schüren/Hamann AÜG, § 1 Rn. 187.

233 *Hamann* in: Schüren/Hamann AÜG, § 1 Rn. 147; zurückhaltend dagegen: BAG, Urt. v. 18.01.2012 – 7 AZR 723/10 – juris, Rn. 35; wird im europarechtlichen Kontext noch einmal aufgegriffen im Zusammenhang mit: EuGH, Urt. v. 18.06.2015 – C-586/13 [Martin Meat] – ECLI:EU:C:2015:405, Rn. 39.

234 *Wank*, RdA 2017, 100, 106.

zunehmend unscharf werden.[235] Im Ergebnis kommt es – wie üblich – darauf an, ob der Werk-/Dienstbesteller Weisungsrechte gegenüber dem beratenden Personal hat. Deshalb wird in der Praxis regelmäßig das sog. „Repräsentantenmodell"[236] eingesetzt. Bei diesem enthalten die Beratungsverträge Klauseln, wonach der Besteller keinerlei Weisungsrechte gegenüber dem gestellten Beratungspersonal hat und Weisungen des Kunden jeweils an den Repräsentanten des Dienstleisters gerichtet und von diesem den unterstellten Mitarbeitern weitergegeben werden dürfen.[237] Die Erteilung von Weisungen durch den Kunden gegenüber dem Repräsentanten kann jedoch einen Fall verdeckter Arbeitnehmerüberlassung begründen, zumindest wenn arbeitsbezogene Weisungen[238] an ihn gerichtet werden.[239] Es kann für die Frage der Anwendbarkeit des AÜG nämlich nicht darauf ankommen, von wem die Weisungen ausgesprochen werden, sondern allein von wem sie (ursprünglich) herrühren.[240] Im Übrigen ist aber schon fraglich, ob das Repräsentantenmodell in der Praxis überhaupt konsequent eingehalten werden kann, sodass letztlich die tatsächliche Vertragsdurchführung ausschlaggebend für die Beurteilung sein muss.[241] Ergibt die Durchführung des Vertrags, dass die Weisungen durch eine zwischengeschaltete Person an das eingesetzte Fremdpersonal weitergegeben werden, ist zumindest von einer mittelbaren Steuerung des Fremdpersonals durch den „Besteller" auszugehen, was – je nach Einzelfall – für das Vorliegen einer Arbeitnehmerüberlassung genügen dürfte.[242]

Diese Fälle zeigen, dass bei Vorliegen einer Sonderkonstellation ein besonderes Gewicht auf der Einzelfallbeurteilung liegen muss. Nur das vertragliche Konstrukt oder eine bestimmte Bezeichnung allein können für eine rechtliche Beurteilung nicht genügen. Zudem zeigt sich an diesen Fällen die Kleinteiligkeit der Weisungsbindung, die es zu berücksichtigen gilt.

---

235 *Willemsen/Mehrens*, NZA 2019, 1473, 1475 f.
236 *Willemsen/Mehrens*, NZA 2019, 1473, 1476.
237 *Willemsen/Mehrens*, NZA 2019, 1473, 1476.
238 Hierzu siehe Ausführungen Erstes Kapitel D. I. 2. a) bb).
239 *Willemsen/Mehrens*, NZA 2019, 1473, 1476.
240 *Hamann* in: Schüren/Hamann AÜG, § 1 Rn. 206; *Greiner*, NZA 2013, 697, 700.
241 Im Ergebnis auch: *Willemsen/Mehrens*, NZA 2019, 1473, 1476.
242 BAG, Urt. v. 20.09.2016 – 9 AZR 735/15 – juris, Rn. 38 ff., insb. Rn. 42; *Hamann* in: Schüren/Hamann AÜG, § 1 Rn. 206 m.w.N.

### 3. Eingliederung

Die Eingliederung des Fremdpersonals in die Betriebsorganisation des Fremdbetriebs ist maßgeblich von der Inhaberschaft des arbeitsvertraglichen Weisungsrechts abhängig.[243] Erhalten also die eingesetzten Arbeitnehmer überwiegend arbeitsbezogene Weisungen des Bestellers, spricht das für Arbeitnehmerüberlassung. Beim Fremdpersonaleinsatz i.R.v. Dienst- oder Werkverträgen organisiert dagegen der Unternehmer entsprechend seinen eigenen betrieblichen Voraussetzungen die erforderlichen Handlungen.[244] Indizien, die für eine Arbeitnehmerüberlassung sprechen und somit gegen das Vorliegen eines Werkvertrags, wurden bereits unter C. I. 2. b) ausführlich behandelt.

### 4. Garantieübernahme und Haftung

Im Unterschied zum Arbeitnehmerüberlassungsvertrag übernimmt der Werkunternehmer die Haftung für die ordnungsgemäße Erreichung des Werkerfolgs. Diese erstreckt sich auch auf seine Erfüllungsgehilfen, § 278 BGB.[245] Ist die mithilfe des Erfüllungsgehilfen erbrachte Werkleistung mangelhaft oder versursacht der Erfüllungsgehilfe Schäden beim Besteller, haftet der Werkunternehmer dafür gemäß § 278 BGB. Dies rechtfertigt sich damit, dass die Erfüllungsgehilfen dem arbeitsvertraglichen Weisungsrecht des Werkunternehmers unterliegen.[246] Es ist anzunehmen, dass derjenige den Arbeitseinsatz steuert, der auch das wirtschaftliche Verwertungsrisiko der Arbeitskraft trägt.[247] Die Verantwortlichkeit für die ordnungsgemäße Erfüllung der Werkvertragsleistung gegenüber dem Dritten bleibt beim Unternehmer und erstreckt sich aufgrund der Weisungsbefugnis auch auf die eingesetzten Erfüllungsgehilfen.[248]

Teilweise wird über die bloße Vereinbarung der Gewährleistungsrechte hinaus gefordert, dass diese auch tatsächlich ausgeübt werden, um

243 Siehe hierzu die Ausführungen unter Erstes Kapitel D. I. 2. b).
244 BAG, Urt. v. 18.01.2012 – 7 AZR 723/10 – juris, Rn. 27.
245 *Schüren/Fasholz*, NZA 2015, 1473, 1476 f.
246 BAG, Urt. v. 18.01.2012 – 7 AZR 723/10 – juris, Rn. 27.
247 *Schüren* in: FS Däubler, 1999, 90, 92.
248 BAG, Urt. v. 25.09.2013 – 10 AZR 282/12 – juris, Rn. 30; *Willemsen/Mehrens*, NZA 2019, 1473, 1474.

den Vertrag als Werkvertrag qualifizieren zu können.[249] Das erscheint jedoch wenig überzeugend, da eine Beurteilung des Vertrages allein im Gewährleistungsfall nicht praxistauglich wäre. Lediglich dann, wenn aus den Gesamtumständen ersichtlich ist, dass Gewährleistungsrechte vereinbart wurden, um zum Schein einen Werkvertrag zu begründen, dann jedoch auf deren Geltendmachung verzichtet wurde, mag das Kriterium einer tatsächlichen Inanspruchnahme der Gewährleistungsrechte für eine Abgrenzung geeignet sein.[250]

#### 5. Vergütung

Ein weiteres Beurteilungskriterium ist die vereinbarte Vergütung. Richtet sich diese nach der Anzahl der Arbeitnehmer und nach den von diesen geleisteten Arbeitsstunden, kann das für eine Arbeitnehmerüberlassung sprechen.[251] Allerdings soll es sich dann nicht um das ausschlaggebende Kriterium für eine Abgrenzung handeln, wenn der überwiegende Teil der Umstände für das Vorliegen eines Werkvertrags spricht.[252]

### III. Dienstvertrag

Die Abgrenzung zwischen Dienst- und Arbeitnehmerüberlassungsvertrag gestaltet sich äußerst schwierig, da betriebsfremde Arbeitnehmer auf Grundlage beider Vertragstypen tätig werden können. Beide Verträge haben zum Gegenstand, dass eine Dienstleistung, jedoch kein Erfolg geschuldet wird. Bei einem Dienstvertrag i.S.d. § 611 BGB liegt der maßgebliche Unterschied zum Arbeitnehmerüberlassungsvertrag darin, dass mit einem Dienstvertrag selbständige Dienste, mit einem Arbeitnehmerüberlassungsvertrag dagegen abhängige Dienste verschafft werden sollen.[253] Ein Dienstverpflichteter unterliegt nicht

249 *Maschmann*, NZA 2013, 1305, 1307 m.w.N.
250 Vgl. zu *pro forma* vereinbarten Gewährleistungsrechten: *Greiner*, NZA 2013, 697, 701.
251 Sandmann/Marschall AÜG, Art. 1 § 1 Rn. 26.
252 Sandmann/Marschall AÜG, Art. 1 § 1 Rn. 26.
253 *Hamann* in: Schüren/Hamann AÜG, § 1 Rn. 221.

den Weisungen des Dienstberechtigten und ist demnach auch nicht in die betriebliche Organisation eingegliedert. Insbesondere muss er seine Arbeitszeit selbständig festlegen sowie seine Arbeiten nach eigener Organisation erbringen können.[254] Das Wesen der freien Dienstleistung ist zudem darin zu sehen, dass der Besteller die Qualität der Dienstleistung nicht unmittelbar beeinflussen kann, da ihm das Weisungsrecht gerade nicht zusteht.[255]

Auch bei der Abgrenzung von einem Dienstvertrag zur Arbeitnehmerüberlassung muss maßgeblich auf den Grad der Eingliederung und der Weisungsgebundenheit abgestellt werden. Erst wenn die Weisungen sich auf die Art und Weise der Dienstleistung beziehen, soll Arbeitnehmerüberlassung vorliegen.[256] Zum Teil wird die Inhaberschaft der Organisationsgewalt bzw. die Einflussmöglichkeit durch unternehmerische Entscheidungsmacht als Abgrenzungsindiz herangezogen.[257] Letztlich werden ähnliche Kriterien wie bei der Abgrenzung zwischen Werkvertrag und Arbeitnehmerüberlassung herangezogen. So sprechen die Bereitstellung von Arbeitsmitteln, -kleidung oder auch die Arbeitszeiterfassung für das Vorliegen von Arbeitnehmerüberlassung.[258]

Im Gegensatz zum Werkvertrag gibt es beim Dienstvertrag keine Gewährleistungsrechte.[259] Das „Gelingensrisiko“ liegt vielmehr beim Auftraggeber.[260] Ebenso liegt dieses Risiko bei der Arbeitnehmerüberlassung beim Entleiher und nicht beim verleihenden Unternehmen.[261] Damit stellt sich das Kriterium der Gewährleistung bzw. Haftung bei der Abgrenzung von Dienstvertrag und Arbeitnehmerüberlassung als ungeeignet dar.[262]

---

254 Sandmann/Marschall AÜG, Art. 1 § 1 Rn. 29.

255 Siehe hierzu *Oberthür* in: Freie Industriedienstleistung als Alternative zur regulierten Zeitarbeit, 43, 48.

256 Hierzu *Oberthür* in: Freie Industriedienstleistung als Alternative zur regulierten Zeitarbeit, 43, 47.

257 Siehe hierzu *Hamann* in: Schüren/Hamann AÜG, § 1 Rn. 225 m.w.N.

258 Hierzu: *Hamann* in: Schüren/Hamann AÜG, § 1 Rn. 225.

259 *Hamann* in: Schüren/Hamann AÜG, § 1 Rn. 219.

260 LAG Baden-Württemberg, Urt. v. 01.08.2013 – 2 Sa 6/13 – juris, Rn. 85.

261 Vgl. *Greiner*, NZA 2013, 697, 698 f.

262 *Schüren/Fasholz*, NZA 2015, 1473, 1477, Fn. 22.

## IV. Rückschlüsse und Bewertung

Die Prüfung des Vorliegens einer Arbeitnehmerüberlassung ist stets im Zusammenhang mit der Abgrenzung von anderen Formen des Fremdpersonaleinsatzes, wie etwa i.R.v. Dienst- und Werkverträgen zu sehen. Ist das eingesetzte Personal im Betrieb des empfangenden Unternehmens eingegliedert und wird es dort weisungsgebunden tätig, ist das Vorliegen eines Werk- oder Dienstvertrags bereits ausgeschlossen. Wollten die Parteien keinen Arbeitnehmerüberlassungsvertrag schließen, sondern haben eigentlich einen Dienst- oder Werkvertrag vereinbart, wird es nicht immer auf den ersten Blick feststellbar sein, ob tatsächlich eine Arbeitnehmerüberlassung vorliegt. Daher ist grundsätzlich nicht allein ein Umstand maßgeblich. Vielmehr bedarf es stets einer Gesamtschau aller Umstände, etwa den Vertragsgegenstand und den Parteiwillen als erste Anhaltspunkte.

Im Übrigen kommt es aber wie erwähnt für die Abgrenzung zwischen Arbeitnehmerüberlassung und dem Personaleinsatz i.R.v. Dienst- und Werkverträgen maßgeblich auf die Inhaberschaft des arbeitsvertraglichen Weisungsrechts sowie auf die Eingliederung der Arbeitnehmer in den Fremdbetrieb an. Das AÜG gibt in § 1 Abs. 1 Satz 1 und 2 AÜG klar vor, unter welchen Voraussetzungen eine Arbeitnehmerüberlassung vorliegt. Gleichzeitig nimmt das Gesetz bestimmte Fallkonstellationen aus dem Anwendungsbereich des AÜG aus, die Aufzählung in § 1 Abs. 3 AÜG ist insofern abschließend. Eine sonstige Differenzierung nach der zugrundeliegenden Vertragskonstellation ist dem Gesetz nicht zu entnehmen.

Daher findet die Geprägetheorie keine dogmatische Grundlage im AÜG, zumindest nicht in der heutigen Fassung. Den Vorgaben des AÜG liegt das Verständnis zugrunde, dass jede Personalgestellung eine Arbeitnehmerüberlassung darstellen kann, wenn das überlassene Personal den Weisungen des Entleihers unterliegt und in dessen Betrieb eingegliedert ist. Es bedarf also keiner prima facie Entscheidung, ob die Personalgestellung nur eine Folgeerscheinung der Erbringung anderer Leistungen ist. Denn dies stellt gerade das AÜG durch die Voraussetzungen der Weisungsgebundenheit und der Eingliederung sicher. Damit muss auch eine Personalgestellung i.R. eines Mischvertrags dieser Prüfung grundsätzlich unterzogen werden. Dementsprechend ist die Geprägetheorie schon mit Blick auf das AÜG mit diesem nicht vereinbar.

## E. Zusammenfassung

Zusammenfassend lässt sich Folgendes festhalten: Personalgestellungen werden ohne den vertraglichen Rahmen eines Mischvertrags, anhand der Voraussetzungen einer Arbeitnehmerüberlassung nach dem AÜG überprüft und dabei von anderen Formen des Fremdpersonaleinsatzes, wie etwa bei Werk- und Dienstverträgen, abgegrenzt. Eine Personalgestellung wird, wenn sie Teil eines Mischvertrags ist, nicht anhand der Voraussetzungen der Arbeitnehmerüberlassung überprüft. Daraus ergibt sich eine Divergenz, die mit dem AÜG nicht vereinbar ist.

Bei der rechtlichen Beurteilung von Mischverträgen im Zivilrecht stellt die ständige Rechtsprechung auf den schwerpunktbildenden Vertragsteil und die auf diesen anwendbaren Gesetzesvorschriften ab. Von dieser Schwerpunktbetrachtung weicht die zivilgerichtliche Rechtsprechung allerdings im Einzelfall ab und beurteilt die einzelnen Vertragsteile jeweils nach den auf sie anwendbaren Rechtsvorschriften, wenn die Parteiinteressen und das Wesen des Vertrags dies erfordern. Damit nähert sich die Rechtsprechung an die Kombinationstheorie an, nach der die einzelnen Vertragsteile eines Mischvertrags getrennt voneinander, entsprechend den jeweils hierauf anwendbaren Rechtsvorschriften, beurteilt werden sollen. Für die arbeitsrechtliche Beurteilung von Mischverträgen mit Personalgestellung sind die im Zivilrecht vertretenen Ansichten nicht direkt relevant. Gleichwohl können sie vergleichend hinzugezogen werden. So lässt sich feststellen, dass die nach der Kombinationstheorie vorzunehmende Aufspaltung des Mischvertrags in seine verschiedenen Vertragsteile auch bei einem Mischvertrag mit Personalgestellung zu sinnvollen Ergebnissen führen könnte.

Davon unterscheidet sich die arbeitsgerichtliche Rechtsprechung zu Personalgestellungen i.R.v. Mischverträgen. Das BAG führt in diesen Fällen keine Einzelfallprüfung durch, um den prägenden Vertragsteil des Mischvertrags zu ermitteln. Vielmehr geht das BAG pauschal davon aus, dass die Personalgestellung eine Nebenleistung darstelle und deshalb nicht prägend für den Mischvertrag insgesamt sei. In der Konsequenz wird eine Arbeitnehmerüberlassung i.S.d. AÜG stets abgelehnt. Bei der Beurteilung von Mischverträgen im rein zivilrechtlichen Zusammenhang (d.h. Mischverträge ohne Personalgestellung) werden diese Verträge hingegen nicht pauschal beurteilt. Bemerkenswert ist aber, dass die Rechtsprechung in wenigen Fällen, denen Krangestellungsverträge mit Überlassung des Bedienpersonals zugrunde lagen, von der Geprägetheorie abwich. So prüfte sie bei Krangestellungsverträgen, ob dem Besteller im jeweiligen Einzelfall die Durchführung der Arbeiten mit der Maschine oblag und die Arbeitnehmer dessen Weisungen unterlagen. Eine Änderung der Rechtsprechung ist in dieser Entscheidung wohl eher nicht zu sehen. Vielmehr zeigt es, dass es auch bei Mischverträgen mit Personalgestellung auf den Einzelfall ankommen muss.

Angenommen die Vertragsteile des Mischvertrags würden getrennt voneinander beurteilt werden, dann müsste die Personalgestellung völlig unstreitig anhand der Kriterien des § 1 Abs. 1 AÜG geprüft sowie eine Abgrenzung von anderen Formen des Fremdpersonaleinsatzes vorgenommen werden. Es käme also maßgeblich auf die Weisungsgebundenheit und die Eingliederung des Fremdpersonals beim Entleiher an. Aus dem AÜG ergeben sich keine Anhaltspunkte dafür, dass eine Differenzierung nach der vertraglichen Einkleidung des Vertrags vorgenommen werden kann. Die Tatsache, dass es sich um einen Mischvertrag handelt, in dessen Rahmen die Personalgestellung erfolgt, bildet keinen validen Ausnahmegrund. Das AÜG gibt alleine die Voraussetzungen für eine Arbeitnehmerüberlassung vor. Die wenigen im AÜG vorgesehenen Ausnahmen sehen offensichtlich keine Differenzierung nach der zugrundeliegenden Vertragskonstellation vor. Daher muss jede Arbeitnehmerüberlassung, auch wenn sie nur beiläufig stattfindet, auf das Vorliegen der Voraussetzungen einer Arbeitnehmerüberlassung hin überprüft werden. Das gilt auch für eine Personalgestellung i.R. eines Mischvertrags. Deshalb kann hier zusammenfassend festgestellt werden, dass ein Festhalten an der Geprägetheorie zur Beurteilung von Mischverträgen mit Personalgestellung schon im Hinblick auf das AÜG nicht vertretbar ist.

# Zweites Kapitel: Vorgaben des Unionsrechts

Bei der rechtlichen Beurteilung von Mischverträgen mit Personalgestellung ist neben dem nationalen Recht auch das Europarecht maßgeblich. Ausgehend von der Frage, ob es sich bei dieser Form der Personalgestellung um Leiharbeit handelt, ist insbesondere die Leiharbeitsrichtlinie relevant. Dementsprechend ist die Leiharbeitsrichtlinie in Bezug auf ihren Anwendungsbereich zu definieren und daraufhin zu untersuchen, inwieweit Ausnahmen und Einschränkungen durch nationales Recht möglich sind. Diese Untersuchung soll als Grundlage für eine richtlinienkonforme Auslegung des AÜG dienen, um prüfen zu können, ob Mischverträge bzw. als spezieller Unterfall Maschinenüberlassungsverträge mit Personalgestellung in den Anwendungsbereich des AÜG fallen und dessen Regelungen unterliegen.

## A. Auslegungsrahmen

Der Anwendungsbereich der Leiharbeitsrichtlinie wird mithilfe der folgenden Punkte bestimmt: (I.) Welche Anforderungen stellt eine Richtlinie als europäisches Sekundärrecht an die Mitgliedstaaten sowie ihre Institutionen, (II.) inwiefern können die Mitgliedstaaten ihr nationales Begriffsverständnis i.R.d. Leiharbeitsrichtlinie erhalten und (III.) welche Bedeutung hat die Rechtsprechung des EuGH dabei. Zuletzt wird zu untersuchen sein, wie die Leiharbeitsrichtlinie anhand der im deutschen Recht gängigen Methodik im Hinblick auf den Leiharbeitsbegriff und auf etwaige Ausnahmen vom Anwendungsbereich auszulegen ist.

## I. Leiharbeitsrichtlinie

Bei der Leiharbeitsrichtlinie handelt es sich um europäisches Sekundärrecht nach Art. 288 Abs. 3 AEUV,[263] das den Mitgliedstaaten ein verpflichtendes Ziel vorgibt, welches diese durch Gesetze oder Verordnungen ins nationale Recht umsetzen müssen.[264] Die Ziele der Richtlinie haben Maßstabfunktion für die Auslegung nationalen Rechts.[265] Die Mitgliedstaaten sind also dazu verpflichtet, alle erforderlichen Maßnahmen zu ergreifen, um die durch die Richtlinie vorgegebenen Ziele zu erreichen.[266] Die Verpflichtung trifft alle Träger öffentlicher Gewalt in den Mitgliedstaaten und damit auch die nationalen Gerichte.[267] Die nationalen Gerichte haben danach die Pflicht, bei der Auslegung des nationalen Rechts Wortlaut und Zweck der Richtlinie zu berücksichtigen.[268] Das Gebot der richtlinienkonformen Auslegung sieht der EuGH als dem System des Vertrags immanent an, um die volle Wirksamkeit des Unionsrechts sicherzustellen.[269] Das ergibt sich aus Art. 288 Abs. 3 AEUV, Art. 4 Abs. 3 EUV.[270]

Der deutsche Gesetzgeber hat die Leiharbeitsrichtlinie mit den AÜG Änderungsgesetzen vom 28. April 2011[271] und vom 21. Februar 2017[272] umgesetzt. Die vorliegend entscheidende Frage ist aber nicht die Europarechtskonformität des AÜG, sondern die europarechtskonforme Auslegung des AÜG anhand der Vorgaben der Leiharbeitsrichtlinie, insbesondere im Hinblick auf die Herausnahme bestimmter Personenkategorien bzw. Vertragskonstellationen aus dem Anwendungsbereich des Leiharbeitsrechts.

---

263 Art. 288 Abs. 3 AUEV lautet: „Die Richtlinie ist für jeden Mitgliedstaat, an den sie gerichtet ist, hinsichtlich des zu erreichenden Ziels verbindlich, überlässt jedoch den innerstaatlichen Stellen die Wahl der Form und der Mittel."

264 vgl. hierzu: *Schweitzer/Dederer*, Staatsrecht III, 12. Aufl. 2020, Rn. 661.

265 *Schroeder* in: EUV/AEUV, 3. Aufl. 2018, AEUV, Art. 288 Rn. 110.

266 EuGH, Urt. v. 19.01.2010 – C-555/07 [Kücükdeveci] – ECLI:EU:C:2010:21, Rn. 47.

267 EuGH, Urt. v. 19.01.2010 – C-555/07 [Kücükdeveci] – ECLI:EU:C:2010:21, Rn. 47.

268 EuGH, Urt. v. 19.01.2010 – C-555/07 [Kücükdeveci] – ECLI:EU:C:2010:21, Rn. 47.

269 EuGH, Urt. v. 19.01.2010 – C-555/07 [Kücükdeveci] – ECLI:EU:C:2010:21, Rn. 47; EuGH, Urt. v. 10.03.2011 – C-109/09 [Deutsche Lufthansa] – ECLI:EU:C:2011:129, Rn. 53.

270 Vgl. *Sagan* in: Preis/Sagan EuArbR, 2. Aufl. 2019, § 1 Rn. 143 m.w.N.

271 BGBl. I, 2011, S. 642.

272 BGBl. I, 2017, S. 258.

Die Auslegung des AÜG durch das BAG ist im Hinblick auf die Behandlung von Mischverträgen mit Personalgestellung europarechtlich problematisch. Denn es fehlt bisher eine Auseinandersetzung mit dem durch den Zweck der Richtlinie geprägten Anwendungsbereich des AÜG in der Rechtsprechung des BAG zu Mischverträgen mit Personalgestellung.

Um dem Gebot der richtlinienkonformen Auslegung gerecht zu werden, haben die nationalen Gerichte die Pflicht, bei Vorliegen eines Mischvertrags mit Personalgestellung zu prüfen, ob nach richtlinienkonformer Auslegung eine pauschale Herausnahme der Vertragskonstellationen aus dem Anwendungsbereich des AÜG mit Blick auf die Leiharbeitsrichtlinie europarechtswidrig ist.[273] Anders herum müssten die Gerichte das AÜG richtlinienkonform auslegen und überprüfen, ob eine Personalgestellung i.R. eines Mischvertrags vom Anwendungsbereich erfasst ist. Bei Zweifeln der Arbeitsgerichte hinsichtlich der Auslegung des Unionsrechts, können die nationalen Gerichte – letztinstanzliche Gerichte müssen sogar – die Auslegungsfragen dem EuGH im Vorabentscheidungsverfahren nach Art. 267 AEUV vorlegen.[274]

## II. Definitionsmacht und europarechtskonforme Auslegung

Zentral für die Beurteilung, ob Mischverträge mit Personalgestellung vom Anwendungsbereich des AÜG erfasst sind, ist die Auslegung der Leiharbeitsrichtlinie und die Bestimmung ihres Anwendungsbereichs. Dazu ist zunächst der Rahmen der Auslegung zu bestimmen. Dabei gilt es zu untersuchen, welcher Ermessensspielraum den Mitgliedstaaten bei der Auslegung zukommt.

Art. 3 Abs. 1 der Leiharbeitsrichtlinie enthält Legaldefinitionen der Begriffe Arbeitnehmer, Leiharbeitsunternehmen, Leiharbeitnehmer und entleihendes Unternehmen. Nach Art. 3 Abs. 1 lit. c) der Leiharbeitsrichtlinie handelt es sich bei einem „Leiharbeitnehmer" um einen „Arbeitnehmer" i.S.d. Art. 3 Abs. 1 lit. a) der Leiharbeitsrichtlinie. In Bezug auf den Arbeitnehmerbegriff verweist Art. 3 Abs. 2 UAbs. 1

273 EuGH, Urt. v. 19.01.2010 – C-555/07 [Kücükdeveci] – ECLI:EU:C:2010:21, Rn. 47.
274 *Ehricke* in: EUV/AEUV, AEUV, Art. 267 Rn. 37.

der Leiharbeitsrichtlinie auf die Bestimmungen des nationalen Rechts. Damit überträgt die Richtlinie die Definitionsmacht hinsichtlich des Arbeitnehmerbegriffs grundsätzlich auf die Mitgliedstaaten.[275] Auch wenn sich die Öffnungsklausel nicht auf den Begriff des Leiharbeitnehmers bezieht, ist dessen Definition für das Verständnis sämtlicher Rechtsverhältnisse innerhalb der Dreiecksbeziehung bei einer Arbeitnehmerüberlassung notwendig. Diese Verbindung ist im Hinblick auf das Gleichstellungsgebot des Art. 5 der Leiharbeitsrichtlinie erforderlich, wonach Leiharbeitnehmer den Stammarbeitnehmern des entleihenden Unternehmens gleichzustellen sind. Aus dieser Gleichstellung ist abzuleiten, dass das Verhältnis zwischen Entleiher und Leiharbeitnehmer ähnlich dem des Entleihers zu seinen Arbeitnehmern sein muss. Damit ist der europäische Arbeitnehmerbegriff i.R.d. Leiharbeitsrichtlinie für die nähere Bestimmung des Leiharbeitsbegriffs relevant.

In der Folge wäre grundsätzlich die Definition des nationalen Gesetzgebers sowie der nationalen Gerichte entscheidend zur Bestimmung des Arbeitnehmerbegriffs und somit indirekt auch des Leiharbeitnehmerbegriffs, bzw. Leiharbeitsbegriffs. Auf die Vorlagefrage des BAG nach Art. 267 AEUV, ob Krankenpflegerinnen, die als Vereinsmitglieder des Deutschen Roten Kreuzes tätig sind („DRK-Schwesternschaft"), Arbeitnehmerinnen im Sinne der Leiharbeitsrichtlinie sind,[276] stellte der EuGH die Definitionsmacht der Mitgliedstaaten jedoch grundsätzlich in Frage[277]. Der EuGH entschied, dass der Arbeitnehmerbegriff dahingehend auszulegen ist, „*dass eine Person während einer bestimmten Zeit für eine andere Person nach deren Weisung Leistungen erbringt, für die sie als Gegenleistung eine Vergütung erhält, wobei die rechtliche Einordnung dieses Verhältnisses nach nationalem Recht und seine Ausgestaltung ebenso wie die Art der zwischen beiden Personen bestehenden Rechtsbeziehung insoweit nicht ausschlaggebend sind*".[278]

---

275 So auch: *Wank*, EuZA 2018, 21, 22.

276 BAG, EuGH-Vorlage v. 17.03.2015 – 1 ABR 62/12 (A) – juris.

277 So auch: *Wank*, EuZA 2018, 21, 22.

278 EuGH, Urt. v. 17.11.2016 – C-216/15 [Betriebsrat der Ruhrlandklinik] – ECLI:EU:C:2016:883, Rn. 27; dem ist das BAG gefolgt: BAG, Beschl. v. 21.02.2017 – 1 ABR 62/12 – juris, Rn. 27.

Nach der Entscheidung des EuGH ist Art. 3 Abs. 2 UAbs. 1 der Leiharbeitsrichtlinie also gerade nicht dahingehend zu verstehen, „*dass der Unionsgesetzgeber davon abgesehen hätte, die Bedeutung dieses Begriffs im Sinne der RL 2008/104 und somit deren persönlichen Anwendungsbereich selbst festzulegen […] [Denn der Unionsgesetzgeber] hat dessen Konturen in Art. 3 I Buchst. a der Richtlinie selbst umrissen, wie er dies im Übrigen auch bezüglich der Bestimmung des Leiharbeitnehmerbegriffs in Art. 3 I Buchst. c der Richtlinie getan hat.*“[279]

Der EuGH begründet diese Einschränkung damit, dass rechtliche Stellung, Status und Arbeitsbedingungen von Leiharbeitnehmern zwischen den Mitgliedstaaten teilweise stark divergieren und ein Rahmen zum Schutz der Arbeitnehmer geschaffen werden solle.[280] Würde man eine Beschränkung des Arbeitnehmerbegriffs durch die Definition des Begriffs durch die Mitgliedstaaten i.R.d. Richtlinie zulassen, liefe man Gefahr, die Ziele der Richtlinie zu verfehlen.[281]

Zusammengefasst hat der EuGH das Definitionsrecht des nationalen Gesetzgebers, welches Art. 3 Abs. 2 UAbs. 1 der Leiharbeitsrichtlinie unzweifelhaft vorsieht, ausgehebelt und seine eigene Definitionsmacht begründet. Das BAG folgt der Entscheidung des EuGH und legt den Begriff der Arbeitnehmerüberlassung einheitlich richtlinienkonform aus und erstreckt diese richtlinienkonforme Auslegung auf den gesamten Anwendungsbereich des AÜG.[282] Das BAG führte wörtlich aus:

> „*damit entspricht es [dem] Regelungswillen [des Gesetzgebers], den Begriff der Arbeitnehmerüberlassung in § 1 Abs. 1 Satz 1 AÜG im Wege der Auslegung an den Geltungsbereich der Richtlinie anzupassen.*“[283]

Vor diesem Hintergrund ist bei der Auslegung der Leiharbeitsrichtlinie das Begriffsverständnis des EuGH zu berücksichtigen und damit auch

279 EuGH, Urt. v. 17.11.2016 – C-216/15 [Betriebsrat der Ruhrlandklinik] – ECLI:EU:C:2016:883, Rn. 32.

280 EuGH, Urt. v. 17.11.2016 – C-216/15 [Betriebsrat der Ruhrlandklinik] – ECLI:EU:C:2016:883, Rn. 35.

281 EuGH, Urt. v. 17.11.2016 – C-216/15 [Betriebsrat der Ruhrlandklinik] – ECLI:EU:C:2016:883, Rn. 36.

282 BAG, Beschl. v. 21.02.2017 – 1 ABR 62/12 – juris, Rn. 34; *Sansone* in: Preis/Sagan EuArbR, § 12 Rn. 22; *Lembke*, NZA 2018, 393, 400.

283 BAG, Beschl. v. 21.02.2017 – 1 ABR 62/12 – juris, Rn. 34.

dessen Definition des Arbeitnehmers. Damit beansprucht die Auslegung der Richtlinie Gültigkeit auch im nationalen Recht.[284]

## III. Berücksichtigung der EuGH-Rechtsprechung

Der EuGH hat als Gerichtshof der Europäischen Union gemäß Art. 19 Abs. 1 Satz 2 EUV die Wahrung des Rechts bei der Auslegung und Anwendung der Verträge sicherzustellen. Diese Aufgabe erstreckt sich sowohl auf das Primär- als auch auf das Sekundärrecht, sowie auf Rechtsprinzipien und allgemeine Grundsätze, soweit diese ergänzend hinzugezogen werden müssen.[285] Aufgrund dieses weiten Kompetenzrahmens wird der EuGH als Kontrollorgan der Kompetenzen der verschiedenen Organe zur Wahrung des Gleichgewichts auf horizontaler Ebene in der Europäischen Union angesehen.[286] Innerhalb dieser Kompetenzen ist der EuGH u.a. für Vorabentscheidungsverfahren nach Art. 267 AEUV zuständig. In diesem Verfahren legen nationale Gerichte Auslegungs- und Gültigkeitsfragen im Hinblick auf das Unionsrecht dem EuGH zur Entscheidung vor, Art. 267 Abs. 1 AEUV. Der EuGH stellt in seinem Urteil die Kriterien auf, welche für die Mitgliedstaaten bei der Auslegung des Unionsrechts verpflichtend sind.[287] Hat der EuGH sich also zur Auslegung europäischen Primär- oder Sekundärrechts geäußert, sind diese bei den relevanten Sachverhalten – sogar *ex tunc*[288] – zu berücksichtigen. Deshalb ist bei der europarechtskonformen Auslegung des nationalen Rechts stets die Rechtsprechung des EuGH maßgeblich. Relevanz hat das insbesondere vor dem Hintergrund der oben dargestellten zentrierten „Auslegungs- bzw. Definitionsmacht“ des EuGH.

---

284 So auch: *Lembke*, NZA 2018, 393, 399.

285 *Streinz*, Europarecht, 11. Aufl. 2019, Rn. 422.

286 *Streinz*, (o. Fn. 285), Rn. 276, 628.

287 *Hobe/Fremuth*, Europarecht, 10. Aufl. 2020, § 11 Rn. 70; zumindest soll die Bindungswirkung dahingehend bestehen, dass mitgliedstaatliche Gerichte im Falle des Abweichens von den Auslegungskriterien erneut den EuGH im Vorabentscheidungsverfahren konsolidieren müssen, so *Streinz*, (o. Fn. 285), Rn. 713.

288 *Streinz*, (o. Fn. 285), Rn. 713: so müssen Behörden und Gerichte grundsätzlich auch zeitlich vor dem EuGH-Urteil verortete Sachverhalte ex tunc ebenfalls entsprechend der Entscheidung beurteilen, dies folge aus Art. 4 Abs. 3 EUV.

## B. Bestimmung des Anwendungsbereichs der Leiharbeitsrichtlinie

Bei der nachfolgenden Auslegung der Leiharbeitsrichtlinie zur Bestimmung ihres Anwendungsbereichs wird der Schwerpunkt auf der Bestimmung des Leiharbeitsbegriffs und der hierfür auf den von der Richtlinie vorgegebenen Merkmalen der Aufsicht und Weisung liegen. Die Auslegung und Schärfung dieser Begriffe bilden den Schlüssel zu der Feststellung, ob Mischverträge mit dem Vertragsbestandteil einer zusätzlichen Personalgestellung unter den Anwendungsbereich der Leiharbeitsrichtlinie fallen und somit i.R.d. europarechtskonformen Auslegung das AÜG auf diese Rechtsverhältnisse anzuwenden ist. Zu untersuchen ist auch, inwiefern die Leiharbeitsrichtlinie Ausnahmen und Einschränkungen des Anwendungsbereichs zulässt und welcher Gestaltungsspielraum den Mitgliedstaaten verbleibt. Dies ist erforderlich, um die Rechtsprechung des BAG zu diesen Verträgen – durch die faktisch eine Ausnahme vom AÜG geschaffen wird – auf ihre Europarechtskonformität überprüfen zu können. Lässt die Leiharbeitsrichtlinie schon keine Ausnahmen zu, dann ist das AÜG im Einklang mit den Vorgaben der Leiharbeitsrichtlinie dahingehend auszulegen.[289] Daran ist die Rechtsprechung nationaler Arbeitsgerichte zu Personalgestellungen i.R.v. Mischverträgen zu messen.

### I. Wortlautauslegung

Nach Art. 1 Abs. 1 der Leiharbeitsrichtlinie gilt die Richtlinie „*für Arbeitnehmer, die mit einem Leiharbeitsunternehmen einen Arbeitsvertrag geschlossen haben oder ein Beschäftigungsverhältnis eingegangen sind und die entleihenden Unternehmen zur Verfügung gestellt werden, um vorübergehend unter deren Aufsicht und Leitung zu arbeiten*".

Die relevanten Rechtsbegriffe werden in Art. 3 Abs. 1 der Leiharbeitsrichtlinie zwar definiert, aber nicht näher bestimmt. Art. 3 Abs. 1 der Leiharbeitsrichtlinie definiert die dort genannten Ausdrücke.

289 Vgl. BAG, Beschl. v. 21.02.2017 – 1 ABR 62/12 – juris, Rn. 34.

Danach ist ein

> „b) *‚Leiharbeitsunternehmen' eine natürliche oder juristische Person, die nach einzelstaatlichem Recht mit Leiharbeitnehmern Arbeitsverträge schließt oder Beschäftigungsverhältnisse eingeht, um sie entleihenden Unternehmen zu überlassen, damit sie dort unter deren Aufsicht und Leitung vorübergehend arbeiten;*
>
> c) *‚Leiharbeitnehmer' einen Arbeitnehmer, der mit einem Leiharbeitsunternehmen einen Arbeitsvertrag geschlossen hat oder ein Beschäftigungsverhältnis eingegangen ist, um einem entleihenden Unternehmen überlassen zu werden und dort unter dessen Aufsicht und Leitung vorübergehend zu arbeiten;*
>
> d) *‚entleihendes Unternehmen' eine natürliche oder juristische Person, in deren Auftrag und unter deren Aufsicht und Leitung ein Leiharbeitnehmer vorübergehend arbeitet;*
>
> e) *‚Überlassung' den Zeitraum, während dessen der Leiharbeitnehmer dem entleihenden Unternehmen zur Verfügung gestellt wird, um dort unter dessen Aufsicht und Leitung vorübergehend zu arbeiten*"

Eine weitergehende Spezifizierung der Begriffe des Art. 3 der Leiharbeitsrichtlinie fehlen ebenso wie Fallgruppen oder Regelbeispiele. Insbesondere fehlt es aber an einer eindeutigen Definition des Begriffs Leiharbeit.[290]

In der Leiharbeitsrichtlinie werden in den Art. 1 Abs. 1 und Art. 3 wiederholt die beiden Begriffe „Aufsicht" und „Leitung" zur Definition der unterschiedlichen Begriffe der Richtlinie verwendet.

Die Begriffe „Aufsicht" und „Leitung" stehen dem Wortverständnis nach für eine Tätigkeit im Über-Unterordnungsverhältnis. „Aufsicht" kann auch als Überwachung und Kontrolle[291] verstanden werden, die sich i.R. einer Tätigkeit auch auf eine Leistungs- und Qualitätskontrolle beziehen dürfte. „Leitung" kann synonym für Anleiten verstanden werden[292], wobei darunter wiederum das Erteilen von Weisungen fällt.[293]

290 So etwa: *Rebhahn/Schörghofer/Kolbe* in: Franzen/Gallner/Oetker EuArbR, 4. Aufl. 2022 RL 2008/104/EG, Art. 3 Rn. 1.

291 Bestätigt wird dies durch die historische Auslegung, siehe dazu noch unten Abschnitt II.

292 Vgl. Synonyme für „Leitung" gemäß Duden, abrufbar unter: https://www.duden.de/synonyme/Leitung.

293 Laut Duden ist ein „Anleiten" beispielsweise bei einem Unterweisen erfüllt, vgl. https://www.duden.de/rechtschreibung/anleiten.

Unter Berücksichtigung dieser Synonyme, wäre der Anwendungsbereich weit zu verstehen, da jedes Über-Unterordnungsverhältnis – auch wenn es sich nicht um ein Arbeits- oder Leiharbeitsverhältnis handelt – ein gewisses Maß an Weisungsbefugnis bzw. -gebundenheit in absteigender Hierarchie beinhaltet. So würde nach deutschem Recht unter einem derart weiten Wortverständnis auch ein Tätigwerden eines Erfüllungsgehilfen i.R. eines Werkvertrages fallen, denn auch hier kann der Besteller Anweisungen nach § 645 Abs. 1 Satz 1 BGB erteilen.[294] Ein derart weiter Anwendungsbereich kann mit der Leiharbeitsrichtlinie jedoch nicht beabsichtigt gewesen sein.

In die genau andere, also den Anwendungsbereich sehr einschränkende Richtung geht indes der Wortlaut des Art. 3 Abs. 1 lit. b) der Leiharbeitsrichtlinie. Dieser könnte so verstanden werden, dass ausschließlich Leiharbeitsunternehmen vom Anwendungsbereich erfasst werden, deren alleiniger Unternehmenszweck die Überlassung von Arbeitnehmern ist.[295] In der deutschen Literatur herrscht jedoch Einigkeit, dass auch Mischunternehmen unter den Anwendungsbereich der Richtlinie fallen.[296] Weiterhin könnte der Wortlaut des Art. 3 Abs. 1 lit. c) der Leiharbeitsrichtlinie darauf hindeuten, dass sog. echte Leiharbeit nicht erfasst ist. Von echter Leiharbeit spricht man, wenn der Arbeitnehmer nicht ausschließlich zum Zweck der Überlassung an Dritte eingestellt wurde.[297] Auch diesbezüglich ist man sich einig, dass eine derartige Beschränkung des Anwendungsbereichs vom Richtliniengeber nicht gewollt gewesen sein kann, da ansonsten das Schutzziel der Leiharbeitsrichtlinie nicht effektiv erreicht werden könnte.[298] Das AÜG erfasst aber jedenfalls auch die echte Leiharbeit,[299] was im Hinblick auf

294 Siehe hierzu ausführlich: Erstes Kapitel D. II. 2. a).

295 So auch: *Hamann*, RdA 2011, 321, 323, unter 2.

296 *Rebhahn/Schörghofer/Kolbe* in: Franzen/Gallner/Oetker EuArbR, RL 2008/104/EG, Art. 3 Rn. 11; hierzu ausführlich: *Hamann*, RdA 2011, 321, 323, unter 2.; *Hamann*, EuZA 2009, 287, 298 f.; *Hamann*, ZESAR 2012, 103, 104 f.; ebenfalls: *Sansone*, Gleichstellung von Leiharbeitnehmern nach deutschem und Unionsrecht, 2011, S. 454.

297 *Waas* in: Thüsing AÜG, § 1 Rn. 22.

298 *Hamann*, ZESAR 2012, 103, 104 f.; *Hamann*, EuZA 2009, 287, 298 f.; *Sansone*, (o. Fn. 296), S. 457 f.

299 *Boemke/Lembke* in: Boemke/Lembke AÜG, § 1 Rn. 18, 233; *Hamann* in: Schüren/Hamann AÜG, § 1 Rn. 43.

den mindestharmonisierenden Charakter des Art. 9 Abs. 1 der Leiharbeitsrichtlinie europarechtskonform ist.[300]

Ob auch die Eingliederung des Leiharbeitnehmers in die Arbeitsorganisation des Entleihers – wie es die nationale Regelung in § 1 Abs. 1 Satz 1 AÜG vorsieht – eine Voraussetzung für Arbeitnehmerüberlassung ist, kann dem Wortlaut der Leiharbeitsrichtlinie nicht eindeutig entnommen werden. Lediglich das Wort *„dort“* in Art. 3 Abs. 1 lit. b) bis d) der Leiharbeitsrichtlinie kann für ein gewisses Erfordernis einer Eingliederung sprechen.[301]

Zusammenfassend kann der Anwendungsbereich der Leiharbeitsrichtlinie aufgrund des Wortlauts einerseits sehr weit verstanden werden, was aber mit der Richtlinie nicht intendiert gewesen sein kann. Andererseits kann der Anwendungsbereich auch zwar sehr eng verstanden werden, jedoch gibt es gegen dieses Verständnis valide Argumente. Zudem knüpft die Richtlinie an tatsächliche Umstände an, sprich an die konkrete Durchführung der Personalgestellung. Dem Wortlaut ist keine Differenzierung nach dem der Arbeitnehmerüberlassung zugrundliegenden Vertrag zu entnehmen, solange sich aus dessen Durchführung ergibt, dass der Arbeitnehmer unter der Aufsicht und Leitung des Drittunternehmens tätig wird.

## II. Historische Auslegung

Die historische Auslegung wird vom EuGH meist nur hilfsweise hinzugezogen, um eine bestimmte Auslegung mit dem historischen Kontext zu untermauern.[302] Vorliegend liefert sie Anhaltspunkte für die Zielrichtung der Richtlinie und den Willen des Richtliniengebers und hat hier deshalb eigenständige Bedeutung.

Bevor es zur Verabschiedung der Leiharbeitsrichtlinie im Jahr 2008 kam, wurden seit 1982 mehrere Entwürfe für eine Richtlinie zur Regelung der Leiharbeit von der Europäischen Kommission vorgeschla-

300 Vgl. *Sansone*, (o. Fn. 296), S. 458, dort Fn. 2603.

301 Vgl. *Albers*, Die Regulierung der Arbeitnehmerüberlassung in Frankreich, 2017 S. 64; *Sansone*, (o. Fn. 296), S. 457.

302 *Martens*, Methodenlehre des Unionsrechts, 2014, S. 378 m.w.N.

gen.[303] Grund dafür war u.a. die wachsende Leiharbeit in der EU.[304] In dem Vorschlag der Europäischen Kommission für eine Richtlinie über die Arbeitsbedingungen von Leiharbeit aus dem Jahr 2002, wurden insbesondere die Unterschiede zwischen den nationalen Regelungen zur Leiharbeit herausgestellt.[305] Die Definition des Richtlinienvorschlags[306] lautete in Art. 3 Abs. 1 lit. b):

> *„Leiharbeitnehmer ist eine Person, die mit einem Leiharbeitunternehmen einen Arbeitsvertrag geschlossen hat oder ein Arbeitsverhältnis eingegangen ist, um einem entleihenden Unternehmen zur Verfügung gestellt zu werden und dort unter dessen Aufsicht befristet zu arbeiten.“*

Im Gegensatz zu der im Jahr 2008 verabschiedeten Leiharbeitsrichtlinie, enthielt dieser Entwurf als Voraussetzung für Arbeitnehmerüberlassung lediglich, dass die überlassenen Arbeitnehmer unter der Aufsicht des Drittunternehmens arbeiten. Durch die nunmehr in der Leiharbeitsrichtlinie enthaltene engere Voraussetzung, dass die Arbeitsleistung unter der Aufsicht und der Leitung erbracht werden muss, zeigt sich die Tendenz, den Anwendungsbereich der Richtlinie enger zu fassen und zu spezifizieren.

Eine deutlich engere Definition als noch im Kommissionsentwurf für eine Richtlinie[307] enthält dagegen die Richtlinie 91/383/EWG, die aus einem Richtlinienvorschlag - auch zur Regelung der Leiharbeit - heraus beschlossen wurde.[308] Nach Art. 1 Nr. 2 der Richtlinie 91/383/EWG soll die Richtlinie auf Leiharbeitsverhältnisse Anwendung finden, die *„zwischen einem Leiharbeitsunternehmen als Arbeitgeber einerseits und einem Arbeitnehmer andererseits, wobei letzterer zur Verfügung gestellt wird, um für und unter der Kontrolle eines entleihenden Unternehmens und/oder einer entleihenden Einrichtung zu*

303 KOM(1982) 155 endg., ABl. C 128 vom 19.05.1982, S. 2; KOM(1984) 159 endg., ABl. C 133 vom 21.05.1984, S. 1; KOM(1990) 228 endg., ABl. C 224 vom 08.09.1990, S. 4; KOM(2002) 149 endg., vom 20.03.2002.

304 ABl. C 128 vom 19.05.1982, S. 2.

305 KOM(2002) 701 endg., vom 28.11.2002, Erwägungsgrund 10, S. 6.

306 KOM(2002) 701 endg., vom 28.11.2002.

307 KOM(2002) 701 endg., vom 28.11.2002.

308 Richtlinie 91/383/EWG zur Verbesserung der Sicherheit und des Gesundheitsschutzes von Arbeitnehmern mit befristetem Arbeitsverhältnis, ABl. L 206 vom 29.07.1991, S. 19. Am Ende wurde jedoch keine Regelung über die Leiharbeit getroffen.

*arbeiten.*“ Diese Richtlinie lässt also nicht mehr nur ein Tätigwerden für ein anderes Unternehmen ausreichen, sondern setzt die Kontrolle des entleihenden Unternehmens voraus.

Die in der Leiharbeitsrichtlinie aus dem Jahr 2008 verwendeten Begriffe „Aufsicht“ und „Leitung“ können vor dem Hintergrund der Richtlinie 91/383/EWG sowie den der Leiharbeitsrichtlinie vorangehenden Richtlinienvorschlägen zusammenfassend so verstanden werden, dass der Drittunternehmer die „Kontrolle“[309] über den Leiharbeitnehmer haben muss.

## III. Systematische Auslegung

Die Systematik soll hier auf zwei Ebenen betrachtet werden: Zunächst ist die Systematik innerhalb der Leiharbeitsrichtlinie zu erörtern (1.). Dann ist die Leiharbeitsrichtlinie im gesamten Unionsrechtlichen Zusammenhang zu beleuchten, wobei andere Sekundärrechtsakte in die systematische Betrachtung einbezogen werden (2.).

### 1. Systematik der Leiharbeitsrichtlinie

Die nachfolgende systematische Auslegung bezieht sich auf den Begriff der Leiharbeit und die definierenden Merkmale der Aufsicht und Leitung. Zudem wird anhand der Systematik der Leiharbeitsrichtlinie überprüft, inwieweit Ausnahmen und Beschränkungen des Anwendungsbereichs durch die Mitgliedstaaten möglich sind.

#### a) Begriff der Leiharbeit

Bei einem Leiharbeitnehmer handelt es sich gemäß Art. 3 Abs. 1 lit. c) der Leiharbeitsrichtlinie um einen Arbeitnehmer, der – als maßgebliches Kriterium – unter der Aufsicht und Leitung des entleihenden Unternehmens tätig wird. Damit knüpft der Begriff des Leiharbeitnehmers an den Arbeitnehmerbegriff des Art. 3 Abs. 1 lit. a) der Leiharbeitsrichtlinie an. Der Begriff des Arbeitnehmers i.S.d. Leiharbeits-

309 Der Begriff „Kontrolle“ stammt aus Art. 1 Nr. 2 der Richtlinie 91/383/EWG.

richtlinie bedarf zunächst einer näheren Bestimmung. Als Arbeitnehmer versteht der EuGH i.R.d. Leiharbeitsrichtlinie *„eine Person [, die] während einer bestimmten Zeit für eine andere Person nach deren Weisung Leistungen erbringt, für die sie als Gegenleistung eine Vergütung erhält"*[310]. Maßgeblich ist also auch im Verhältnis zwischen Arbeitgeber und Arbeitnehmer die Weisungsgebundenheit.

Der Zusammenhang zwischen dem Leiharbeitnehmer- und dem Arbeitnehmerbegriff lässt sich anhand des Gleichstellungsgebots in Art. 5 der Leiharbeitsrichtlinie verdeutlichen. Denn nach Art. 5 Abs. 1 der Leiharbeitsrichtlinie müssen die wesentlichen Arbeits- und Beschäftigungsbedingungen der Leiharbeitnehmer mindestens denjenigen entsprechen, die für sie gelten würden, wenn sie von jenem Unternehmen unmittelbar für den gleichen Arbeitsplatz eingestellt worden wären. Die Gleichstellung beruht auf dem Gedanken, dass wenn die Leiharbeitnehmer im entleihenden Unternehmen unter vergleichbaren Bedingungen wie die Stammarbeitnehmer tätig werden, die wesentlichen Arbeits- und Beschäftigungsbedingungen i.S.d. Art. 5 Abs. 1 der Leiharbeitsrichtlinie auch für Leiharbeitnehmer gelten müssen. Vor diesem Hintergrund können die Merkmale der Leiharbeit „Aufsicht" und „Leitung" parallel zu der einem Arbeitsverhältnis immanenten Weisungsgebundenheit verstanden werden, d.h. der Leiharbeitnehmer muss in vergleichbarer Weise weisungsgebunden für den Entleiher tätig werden, wie die eigenen Arbeitnehmer des Entleihers.

Das Wesen eines Arbeitsverhältnisses ist, dass der Mitarbeiter dem arbeitsvertraglichen Weisungsrecht des Arbeitgebers unterliegt.[311] Dies kann dann angenommen werden, wenn Leiharbeitnehmer in gleicher Weise wie Stammarbeitnehmer im Pflichten- und Weisungskreis des Arbeitgebers tätig werden und auch Arbeitsort und Arbeitszeit identisch sind. Die Tätigkeit des Leiharbeitnehmers unter der Aufsicht und Leitung des entleihenden Unternehmers ist somit im Gesamtkontext der Leiharbeitsrichtlinie so zu verstehen, dass das entleihende Unternehmen rechtlich und tatsächlich in der Lage sein muss, den Leiharbeitnehmer im Hinblick auf seine Tätigkeit anzuweisen.

---

310 EuGH, Urt. v. 17.11.2016 – C-216/15 [Betriebsrat der Ruhrlandklinik] – ECLI:EU:C:2016:883, Rn. 27.

311 *Preis* in: ErfK, BGB, § 611a Rn. 233.

### b) Ausnahmen und Beschränkungen des Anwendungsbereichs

Eine Herausnahme bestimmter Vertragsverhältnisse aus dem Anwendungsbereich der Leiharbeitsrichtlinie lässt die systematische Auslegung hingegen nicht zu. Lediglich sehr begrenzt sieht die Leiharbeitsrichtlinie Regelungen zu Ausnahmen und Beschränkungen vor.

In Erwägungsgrund 12 der Leiharbeitsrichtlinie heißt es, dass „*die Vielfalt der Arbeitsmärkte und der Arbeitsbeziehungen*" gewahrt werden soll. Damit deklariert die Richtlinie, dass sie die unterschiedlichen Regelungstatbestände der nationalen Rechtsordnungen der Mitgliedstaaten grundsätzlich anerkennt.[312] Es verbleibt dem nationalen Gesetzgeber damit ein Gestaltungsspielraum zur Regelung und Bestimmung auch von Ausnahmen. Allerdings wird dieser Gestaltungsspielraum durch die Richtlinie wiederum begrenzt, da nur wenige Ausschluss- bzw. Ausnahmetatbestände vorgesehen sind.

So sieht Art. 1 Abs. 3 der Leiharbeitsrichtlinie vor, dass die Mitgliedstaaten nach Anhörung der Sozialpartner Arbeitsverträge/Beschäftigungsverhältnisse i.R. eines spezifischen öffentlichen oder von öffentlichen Stellen geförderten beruflichen Ausbildungs-, Eingliederungs- und Umschulungsprogramms vom Anwendungsbereich der Richtlinie ausnehmen können. Regelbeispiele oder Fallgruppen fehlen bei diesem sehr engen Ausnahmetatbestand allerdings.[313]

Verbote oder Einschränkungen des Einsatzes von Leiharbeit sind im Übrigen nur unter den Voraussetzungen des Art. 4 der Leiharbeitsrichtlinie möglich. Sie stehen unter dem Wirksamkeitsvorbehalt der Rechtfertigung aufgrund des Allgemeininteresses. Dazu gehören nach Art. 4 der Leiharbeitsrichtlinie vor allem der Schutz der Leiharbeitnehmer, die Erfordernisse von Gesundheitsschutz und Sicherheit am Arbeitsplatz oder die Notwendigkeit eines reibungslos funktionierenden Arbeitsmarktes. Nach der Rechtsprechung des EuGH legt Art. 4 Abs. 1 der Leiharbeitsrichtlinie einen Rahmen für die Schaffung von Regelungen durch die Mitgliedstaaten fest, in dem die Festlegung von Ein-

312 *Rebhahn/Schörghofer/Kolber* in: Franzen/Gallner/Oetker EuArbR, RL 2008/104/EG, Art. 3 Rn. 1.

313 Vgl. Generalanwalt beim EuGH (Szpunar), Schlussanträge v. 20.11.2014 – in der Rs. C-533/13 – ECLI:EU:C:2014:2392, Rn. 133; *Rebhahn/Schörghofer/Kolber* in: Franzen/Gallner/Oetker EuArbR, RL 2008/104/EG, Art. 3 Rn. 1.

schränkungen und Verboten der Leiharbeit möglich ist.[314] Ob darin lediglich eine Überprüfungspflicht der zuständigen nationalen Behörden bezüglich solcher Beschränkungen zu sehen ist[315] oder bereits ein von der Leiharbeitsrichtlinie vorgegebenes Verbot der Einführung bzw. Beibehaltung von Verboten und Einschränkungen der Leiharbeit besteht,[316] kann letztlich dahinstehen. Festzuhalten ist, dass nach Art. 4 Abs. 1 der Leiharbeitsrichtlinie Einschränkungen und Verbote nur mit dem Rechtfertigungsgrund des Allgemeininteresses möglich sind.

Unter Berücksichtigung des mindestharmonisierenden Charakters nach Art. 9 Abs. 1 der Leiharbeitsrichtlinie, sind – abgesehen von den nach der Leiharbeitsrichtlinie explizit genannten – also keine weiteren Ausnahmen zulässig.[317]

Die Systematik der Leiharbeitsrichtlinie spricht somit deutlich gegen einen Ausschluss bestimmter Rechtsverhältnisse aus dem Anwendungsbereich, nicht durch gesetzliche Normierung und erst recht nicht durch Rechtsanwendung- und Rechtsprechung.

### 2. Richtlinienübergreifende Systematik

Bedeutung hat aber nicht nur das System innerhalb der Leiharbeitsrichtlinie, sondern auch der systematische Zusammenhang mit anderen europäischen Richtlinien, soweit dies Aufschluss über die Auslegung der Leiharbeitsrichtlinie gibt. Dieser systematische Zusammenhang ergibt sich aus der rechtsaktübergreifenden Ordnung des Sekundärrechts.[318] Trotz des auch im Unionsrecht geltenden Grundsatzes der Relativität der Rechtsbegriffe, wonach derselbe Begriff je nach Zusammenhang unterschiedliche Bedeutung haben kann, ist durch das wachsende äußere System im Unionsrecht zunehmend von einem

314 EuGH, Urt. v. 17.03.2015 – C-533/13 – ECLI:EU:C:2015:173, Rn. 31.

315 EuGH, Urt. v. 17.03.2015 – C-533/13 – ECLI:EU:C:2015:173, Rn. 32.

316 Generalanwalt beim EuGH (Szpunar), Schlussanträge v. 20.11.2014 – in der Rs. C-533/13 – ECLI:EU:C:2014:2392, Rn. 148.

317 So auch *Wank*, BB 2018, 1909, 1913.

318 *Riesenhuber* in: Riesenhuber, Europäische Methodenlehre, 4. Aufl. 2021, § 10 Rn. 24; dort wird die rechtsaktübergreifende Ordnung im unionsrechtlichen Sekundärrecht mit einem „Systembildungswillen und Kohärenzanspruch des Gesetzgebers“ verglichen. Der systematische Zusammenhang gelte auch zwischen Sekundär- und Primärrecht.

einheitlichen Begriffsverständnis auszugehen.[319] Auch die Rechtsprechung des EuGH zeigt zudem dessen Willen zur Begriffsvereinheitlichung.[320] Dieser Wille ist insbesondere in den EuGH-Entscheidungen zur Bestimmung des europäischen Arbeitnehmerbegriffs zum Ausdruck gekommen.[321] Dieser sich stetig manifestierende Vereinheitlichungswille auf europäischer Ebene und die damit einhergehenden Auswirkungen auf die Begriffsbestimmung im nationalen Recht, sind auch im Hinblick auf die Auslegung des Leiharbeitnehmerbegriffs zu berücksichtigen. Folglich sind in die Auslegung der Leiharbeitsrichtlinie bzw. ihrer Begriffe diejenigen europäischen Regelungen systematisch mit einzubeziehen, die ebenfalls den Leiharbeitsbegriff zugrunde legen. In Betracht kommen dafür insbesondere die Richtlinie 96/71/EG[322] (nachfolgend „Entsenderichtlinie")[323] und die Richtlinie 91/383/EWG.

### a) Richtlinie 91/383/EWG

Wie bereits dargestellt, besteht ein historischer Zusammenhang zwischen Leiharbeitsrichtlinie und der Richtlinie 91/383/EWG.[324] Denn auch diese Richtlinie enthält eine Definition zur Leiharbeit. Nach Art. 1 Abs. 1 Nr. 2 der Richtlinie 91/383/EWG wird ein Arbeitnehmer *„zur Verfügung gestellt […], um für und unter der Kontrolle eines entleihenden Unternehmens […] zu arbeiten"*. Zieht man die Definition

319 *Riesenhuber* in: Riesenhuber, Europäische Methodenlehre, § 10 Rn. 20.

320 Zum europäischen Arbeitnehmerbegriff: *Sagan*, ZESAR 2020, 3; *Preis/Morgenbrodt*, EuZA 2017, 418, 421; im Ergebnis auch: *Wank*, EWiR 2011, 27 f.

321 Vgl. BAG, Beschl. v. 21.02.2017 – 1 ABR 62/12 – juris, Rn. 27.

322 So nun auch: LAG Düsseldorf, Urt. v. 07.07.2021 – 12 Sa 155/21 – juris, Rn. 285 ff. LAG Düsseldorf, Urt. v. 15.09.2021 – 12 Sa 354/21 – juris, Rn. 319 ff.

323 Richtlinie 96/71/EG des Europäischen Parlaments und des Rates vom 16. Dezember 1996 über die Entsendung von Arbeitnehmern im Rahmen der Erbringung von Dienstleistungen bzw. die Richtlinie (EU) 2018/957 vom 28. Juni 2018 zur Änderung der Richtlinie 96/71/EG ABl. L 173 vom 09.07.2018, S. 16; Mit der Richtlinie (EU) 2018/957 haben sich die vorliegend relevanten Vorschriften der Entsende-richtlinie nicht geändert, weshalb nachfolgend stets die aktuell geltenden Vorschriften zitiert wer-den, auch wenn die nachfolgend erläuterten Urteile des EuGH (in den Rs. Vicoplus, Martin Meat) sich noch auf die a.F. beziehen; so auch: *Rebhahn/Schörghofer/Kolbe* in: Franzen/Gallner/Oetker EuArbR, RL 2008/104/EG, Art. 1 Rn. 8.

324 Siehe bereits Zweites Kapitel B. II.

von Leiharbeit aus Art. 1 Abs. 1 Nr. 2 der Richtlinie 91/383/EWG für das Begriffsverständnis der Merkmale „Aufsicht" und „Leitung" i.S.d. Leiharbeitsrichtlinie heran, bestätigt dies die Annahme, dass das entleihende Unternehmen die Kontrolle über den Leiharbeitnehmer haben muss. Maßgeblich für die Kontrolle über die Arbeitsleistung eines Arbeitnehmers ist, diesen anzuleiten und somit anzuweisen.[325] Damit ist ein Tätigwerden unter der „Aufsicht" und „Leitung" als Kontrolle des entleihenden Unternehmens und damit wiederum als weisungsgebundene Arbeitsleistung zu verstehen.

### b) Richtlinie 96/71/EG (Entsenderichtlinie)

Der systematische Bedeutungszusammenhang[326] zwischen der Leiharbeitsrichtlinie und der Entsenderichtlinie ergibt sich daraus, dass der Anwendungsbereich der Entsenderichtlinie auch den Fall einer grenzüberschreitenden Arbeitnehmerüberlassung erfasst und somit hinsichtlich des Begriffs der Leiharbeit übereinstimmend ist. Nach Art. 3 Abs. 1b und Erwägungsgrund 12 der Entsenderichtlinie wird hinsichtlich der Erbringung von Dienstleistungen auf die Anwendung der Leiharbeitsrichtlinie, genauer auf die Arbeits- und Beschäftigungsbedingungen in deren Art. 5, verwiesen. Zwar enthält die Entsenderichtlinie keinen eindeutigen Hinweis darauf, dass ein Gleichlauf zwischen der Entsende- und der Leiharbeitsrichtlinie besteht,[327] jedoch lässt der Wortlaut, wonach der Gleichbehandlungsgrundsatz nach Art. 5 der Leiharbeitsrichtlinie auch für entsandte Leiharbeitnehmer nach der Entsenderichtlinie (Art. 1 Abs. 3 UAbs. 1 lit. c) der Entsenderichtlinie) gelten soll, keinen anderen Schluss zu. Der Verweis auf den Gleichbehandlungsgrundsatz auch für entsandte Leiharbeitnehmer erscheint nur sinnhaft, wenn der Leiharbeitsbegriff in beiden Richtlinien übereinstimmend ausgelegt wird. Auch der Generalanwalt beim EuGH *Bot* ging in seinen Schlussanträgen in der Rs. *Vicoplus* von einem definitorischen Gleichlauf zwischen dem Leiharbeitsbegriff

325 Siehe hierzu Ausführungen Zweites Kapitel B. I.
326 *Riesenhuber* in: Riesenhuber, Europäische Methodenlehre, § 10 Rn. 22.
327 So auch: *Franzen*, RdA 2015, 141, 142 unter 4.

i.S. der Entsenderichtlinie und der Leiharbeitsrichtlinie aus.[328] Der Unterschied zwischen den Regelungen der Leiharbeitsrichtlinie und Art. 1 Abs. 3 UAbs. 1 lit. c) der Entsenderichtlinie besteht lediglich darin, dass die Arbeitnehmerüberlassung nach der Entsenderichtlinie grenzüberschreitend erfolgt. Auch wegen der Tendenz des EuGH zur Begriffsvereinheitlichung[329] muss beiden Richtlinien daher ein einheitliches Begriffsverständnis zugrunde gelegt werden, auch wenn sich die jeweiligen Schutzzwecke der Entsenderichtlinie und der Leiharbeitsrichtlinie unterscheiden.[330]

Maßgebend zur Bestimmung des Anwendungsbereichs respektive zur Auslegung des Leiharbeitsbegriffs ist dabei die Rechtsprechung des EuGH zur Entsenderichtlinie heranzuziehen.[331] Hierzu sollen die beiden EuGH-Entscheidungen *Vicoplus*[332] und *Martin Meat*[333] erörtert werden. Diese liefern wichtige Anhaltspunkte für die Bestimmung des Begriffs der Leiharbeit.[334] Der EuGH hat sich in beiden Entscheidungen maßgeblich mit der Abgrenzung von (grenzüberschreitender) Leiharbeit zur Erbringung einer (grenzüberschreitenden) Dienstleistung i.S.d. der Entsenderichtlinie beschäftigt.[335] In beiden Entscheidungen hat der EuGH Kriterien für das Vorliegen einer Arbeitskräfteüberlassung nach Art. 1 Abs. 3 UAbs. 1 lit. c) der Entsenderichtlinie und somit für die Abgrenzung zwischen Arbeitnehmerüberlassung und Dienstleistung aufgestellt, die zumindest indiziell i.R.d. Leihar-

328 Vgl. Generalanwalt beim EuGH (Bot), Schlussanträge v. 09.09.2010 – in der Rs. C-307/09 bis C-309/09 [Vicoplus] – ECLI:EU:C:2010:510, Rn. 64.

329 Vgl. Ausführungen Zweites Kapitel B. III. 2., Fn. 318–320.

330 Im Ergebnis so nun auch LAG Düsseldorf, Urt. v. 07.07.2021 – 12 Sa 155/21 – juris, Rn. 288; LAG Düsseldorf, Urt. v. 15.09.2021 – 12 Sa 354/21 – juris, Rn. 322.

331 So auch für das Verhältnis zwischen Rom I-VO und Brüssel I-VO, *Rühl*, GPR 2013, 122, 123, da die sich die Auslegung der Rom I-VO nach Erwägungsgrund 7 nach der Auslegung der Brüssel I-VO richten solle.

332 EuGH, Urt. v. 10.02.2011 – C-307/09 bis C-309/09 [Vicoplus] – ECLI:EU:C:2011:64.

333 EuGH, Urt. v. 18.06.2015 – C-586/13 [Martin Meat] – ECLI:EU:C:2015:405.

334 So auch: *Deinert*, RdA 2017, 65, 73, der davon ausgeht, dass der EuGH die Abgrenzung zwischen Leiharbeit und Werkvertrag auch i.R.d. Leiharbeitsrichtlinie vornehmen wird.

335 So nun auch: LAG Düsseldorf, Urt. v. 07.07.2021 – 12 Sa 155/21 – juris, Rn. 286; LAG Düsseldorf, Urt. v. 15.09.2021 – 12 Sa 354/21 – juris, Rn. 320.

beitsrichtlinie zur Konkretisierung des Rechtsverhältnisses bzw. zur Abgrenzung herangezogen werden können.

#### aa) EuGH, in der Rs. C-307 bis 309/09 (Vicoplus)

Der Entscheidung liegt ein Rechtsstreit zwischen Vicoplus SC PUH (nachfolgend „Vicoplus") und dem Minister van Sociale Zaken en Werkgelegenheid (Minister für Soziales und Beschäftigung) zugrunde. Gegenständlich war die Entsendung polnischer Arbeitnehmer des Unternehmens Vicoplus in die Niederlande ohne entsprechende Arbeitserlaubnis und deren Einsatz bei einem niederländischen Unternehmen. Mit der Vorlage zur Vorabentscheidung wollte der niederländische Raad van State vom EuGH u.a. wissen, *„anhand welcher Kriterien sich bestimmen lässt, ob eine Dienstleistung eine Entsendung i.S.d Art. 1 III lit. c) der Richtlinie 96/71/EG"* vorliegt.[336] Der EuGH beantwortet diese Frage abschließend wie folgt:

> *„Die Entsendung von Arbeitnehmern i.S. des Art. 1 III lit. c der Richtlinie 96/71/EG [ist] eine gegen Entgelt erbrachte Dienstleistung, bei der der entsandte Arbeitnehmer im Dienst des die Dienstleistung erbringenden Unternehmens bleibt, ohne dass ein Arbeitsvertrag mit dem verwendenden Unternehmen geschlossen würde. Ihr wesentliches Merkmal besteht darin, dass der Wechsel des Arbeitnehmers in den Aufnahmemitgliedstaat der eigentliche Gegenstand der Dienstleistung des erbringenden Unternehmens ist und dass der Arbeitnehmer seine Aufgaben unter der Aufsicht und Leitung des verwendenden Unternehmens wahrnimmt."*[337]

Zusammengefasst lässt sich daraus folgendes Abgrenzungsschema zwischen Dienstleistung und Arbeitnehmerüberlassung ableiten: (i) Der entsandte Arbeitnehmer bleibt im Dienst des Dienstleistungsunternehmens, ohne dass ein Arbeitsvertrag mit dem verwendenden Unternehmen geschlossen wird, (ii) der Wechsel des Arbeitnehmers in den Aufnahmemitgliedstaat ist der eigentliche Gegenstand der Dienstleistung und (iii) der Arbeitnehmer nimmt i.R. einer solchen Überlassung seine Aufgaben unter der Aufsicht und Leitung des verwendenden

336 EuGH, Urt. v. 10.02.2011 – C-307/09 bis C-309/09 [Vicoplus] – ECLI:EU:C:2011:64, Rn. 42.

337 EuGH, Urt. v. 10.02.2011 – C-307/09 bis C-309/09 [Vicoplus] – ECLI:EU:C:2011:64, Rn. 51.

Unternehmens wahr.[338] Liegen diese Voraussetzungen vor, liegt eine Entsendung i.S.d. Art. 1 Abs. 3 UAbs. 1 lit. c) der Entsenderichtlinie vor.

Der EuGH legt seinem Urteil die Legaldefinition der Leiharbeit nach Art. 3 Abs. 1 der Leiharbeitsrichtlinie zugrunde, nämlich eine Tätigkeit unter der Aufsicht und Leitung des entleihenden/verwendenden Unternehmens.[339] Hiermit macht der EuGH deutlich, dass in Bezug auf die Leiharbeit von einem „europäischen Leiharbeitsbegriff" auszugehen ist.

Der EuGH hebt - ausweislich der oben dargestellten Definition - in seiner Entscheidung auf den Gegenstand der zugrundeliegenden Vereinbarung ab. Art. 1 Abs. 3 UAbs. 1 lit. c) der Entsenderichtlinie betrifft den originären Fall, dass ein Arbeitnehmer an ein in einem anderen Mitgliedstaat ansässiges bzw. tätiges Unternehmen entsandt wird. Damit ist von einer Entsendung i.S.d. Art. 1 Abs. 3 UAbs. 1 lit. c) der Entsenderichtlinie nur dann auszugehen, wenn der Wechsel in einen anderen Mitgliedstaat der eigentliche Gegenstand einer länderübergreifenden Dienstleistung ist.[340] Weiterhin untersteht ein entsandter Arbeitnehmer i.S.d. Art. 1 Abs. 3 UAbs. 1 lit. c) der Entsenderichtlinie der Aufsicht und Leitung des verwendenden Unternehmens. Nach der Entscheidung des EuGH sei diese Folgerung zwingend, da der entsandte Arbeitnehmer seine Arbeitsleistung nicht i.R. einer Dienstleistung erbringe, die sein Arbeitgeber in dem Aufnahmemitgliedstaat zu erfüllen habe.[341]

Der EuGH zog in seiner Entscheidung zudem eine Parallele zu Art. 1 Nr. 2 der Richtlinie 91/383/EWG, wonach Leiharbeitsverhältnisse von der Richtlinie erfasst sein sollen, bei denen der Arbeitnehmer zur Verfügung gestellt wird, um für und unter der Kontrolle eines entleihen-

338 Vgl. EuGH, Urt. v. 10.02.2011 - C-307/09 bis C-309/09 [Vicoplus] - ECLI:EU:C:2011:64, Rn. 51; entnehmen lässt sich dieses Schema aus der Entscheidung: EuGH, Urt. v. 18.06.2015 - C-586/13 [Martin Meat] - ECLI:EU:C:2015:405, Rn. 33; in der Entscheidung wurde insofern auf die Entscheidung des EuGH in der Rs. Vicoplus Bezug genommen.

339 Vgl. EuGH, Urt. v. 10.02.2011 - C-307/09 bis C-309/09 [Vicoplus] - ECLI:EU:C:2011:64, Rn. 47; so auch: *Franzen*, RdA 2015, 141, 142, unter 4.

340 EuGH, Urt. v. 10.02.2011 - C-307/09 bis C-309/09 [Vicoplus] - ECLI:EU:C:2011:64, Rn. 46.

341 EuGH, Urt. v. 10.02.2011 - C-307/09 bis C-309/09 [Vicoplus] - ECLI:EU:C:2011:64, Rn. 47.

den Unternehmens zu arbeiten.[342] Aus dieser Bezugnahme folgt bestätigend, dass das entleihende Unternehmen die Leiharbeitnehmer wie einen eigenen Arbeitnehmer kontrollieren können muss. Der Generalanwalt beim EuGH *Bot* führte hierzu aus, dass eine tatsächliche Unterordnung des Arbeitnehmers gegenüber dem verwendenden Unternehmen erforderlich ist.[343] Dem verwendenden Unternehmen muss aufgrund des mit dem Arbeitgeber geschlossenen Vertrages das gegenüber dem Arbeitnehmer zustehende Weisungsrecht übertragen werden.[344] Weiterhin grenzt der EuGH das Tätigwerden unter der Aufsicht und Leitung von der Erbringung einer Dienstleistung ab.[345] Aufsicht und Leitung und die Erbringung einer Dienstleistung würden sich demnach ausschließen. Auf den Punkt gebracht hat dies der Generalanwalt beim EuGH *Bot* in seinem Schlussantrag, wonach zu prüfen sei, ob die Dienstleistung ausschließlich darin bestehe, einem verwendenden Unternehmen Arbeitnehmer zu überlassen, oder ob diese mit einer Dienstleistung einhergehe.[346]

Vor diesem Hintergrund sind die Merkmale Aufsicht und Leitung so zu verstehen, dass das entleihende Unternehmen die Kontrolle über die Leiharbeitnehmer hat und diesen gegenüber weisungsbefugt ist. Dies wird insbesondere auch durch die Abgrenzung von einem Dienstvertrag deutlich. Es muss gerade um die Überlassung des Arbeitnehmers als Leistungsgegenstand der Vereinbarung zwischen Arbeitgeber und verwendendem Unternehmen gehen.

#### bb) EuGH, in der Rs. C-586/13 (Martin Meat)

Dem Vorabentscheidungsverfahren lag der folgende Sachverhalt zugrunde: Die Alpenrind GmbH mit Sitz in Salzburg, Österreich, welche

342 EuGH, Urt. v. 10.02.2011 – C-307/09 bis C-309/09 [Vicoplus] – ECLI:EU:C:2011:64, Rn. 48.

343 Generalanwalt beim EuGH (Bot), Schlussanträge v. 09.09.2010 – in der Rs. C-307/09 bis C-309/09 [Vicoplus] – ECLI:EU:C:2010:510, Rn. 63.

344 Generalanwalt beim EuGH (Bot), Schlussanträge v. 09.09.2010 – in der Rs. C-307/09 bis C-309/09 [Vicoplus] – ECLI:EU:C:2010:510, Rn. 63.

345 EuGH, Urt. v. 10.02.2011 – C-307/09 bis C-309/09 [Vicoplus] – ECLI:EU:C:2011:64, Rn. 47.

346 Generalanwalt beim EuGH (Bot), Schlussanträge v. 09.09.2010 – in der Rs. C-307/09 bis C-309/09 [Vicoplus] – ECLI:EU:C:2010:510, Rn. 65.

auf die Zerlegung von Fleisch sowie die Vermarktung des verarbeiteten Fleischs spezialisiert ist, schloss mit der in Ungarn ansässigen Gesellschaft Martin Meat kft (nachfolgend „Martin Meat“) einen Vertrag. Nach diesem Vertrag verpflichtete sich Martin Meat Rinderhälften in bestimmter Anzahl zu verarbeiten und zu verpacken. Die dafür notwendigen Verarbeitungs- und Verpackungstätigkeiten wurden in den Fabrikräumen der Alpenrind GmbH durchgeführt. Die erforderlichen Maschinen mietete Martin Meat zu einem pauschalen Mietzins von der Alpenrind GmbH. Andere Werkzeuge wie Messer und Sägen gehörten dagegen Martin Meat. Für die Arbeiten setzte Martin Meat bei ihm angestellte ungarische Arbeitnehmer ein. Die Arbeiten in den Räumen der Alpenrind GmbH liefen organisatorisch so ab, dass ein Vorarbeiter der Alpenrind GmbH dem Vorarbeiter von Martin Meat Weisungen hinsichtlich der zu verarbeitenden Rinderhälften sowie der Art und Weise der Verarbeitung erteilte. Der Vorarbeiter von Martin Meat gab diese Weisungen sodann an die ihm unterstellten Arbeitnehmer weiter. Die Qualität der erledigten Arbeiten wurde wiederum durch die Alpenrind GmbH kontrolliert und bei Qualitätseinbußen entsprechend die Bezahlung herabgesetzt.

Mit der vorliegend relevanten ersten Vorlagefrage, wollte das vorlegende Gericht wissen, *„auf welche Gesichtspunkte bei einem Vertragsverhältnis, wie dem im Ausgangsverfahren in Rede stehenden, abzustellen ist für die Feststellung, ob dieses Vertragsverhältnis als Arbeitskräfteüberlassung iSv Art. 1 III Buchst. c der RL 96/71 einzustufen ist.“*[347]

Auf diese Vorlagefrage hin, bezog sich der EuGH auf die in der Entscheidung *Vicoplus* benannten Voraussetzungen einer Arbeitskräfteüberlassung i.S.v. Art. 1 Abs. 3 UAbs. 1 lit. c) der Entsenderichtlinie.[348] Für die Feststellung des Dienstleistungsgegenstandes sind nach der Entscheidung grundsätzlich alle Umstände zu berücksichtigen.[349] Wesentlich sei, ob die (grenzüberschreitende) Überlassung des Leiharbeitnehmers der eigentliche Dienstleistungsgegenstand ist.[350] Die Überlassung der Ar-

347 EuGH, Urt. v. 18.06.2015 – C-586/13 [Martin Meat] – ECLI:EU:C:2015:405, Rn. 32.
348 EuGH, Urt. v. 18.06.2015 – C-586/13 [Martin Meat] – ECLI:EU:C:2015:405, Rn. 33; vgl. Ausführungen Zweites Kapitel B. III. 2. b] aa).
349 EuGH, Urt. v. 18.06.2015 – C-586/13 [Martin Meat] – ECLI:EU:C:2015:405, Rn. 34.
350 EuGH, Urt. v. 18.06.2015 – C-586/13 [Martin Meat] – ECLI:EU:C:2015:405, Rn. 33 f.

beitskräfte muss auf ein von der Dienstleistung unterscheidbares Ergebnis abzielen.[351] Dafür spreche etwa der Umstand, dass der Dienstleistungserbringer nicht die Folgen einer nicht vertragsgemäßen Ausführung der vereinbarte Leistung trage.[352] Eine vertragliche Verpflichtung, wonach die vereinbarte Dienstleistung ordnungsgemäß zu erbringen sei, spreche also eher gegen eine Arbeitskräfteüberlassung i.S.d. der Entsenderichtlinie.[353] Nach den Ausführungen der Generalanwältin beim EuGH *Sharpston*, liefert der Vertragsgegenstand Anhaltspunkte dafür, wer die Aufsicht über die überlassenen Leiharbeitnehmer ausübt.[354] Richte sich die Vergütung wesentlich nach der von den Arbeitnehmern zu verrichtenden Arbeiten, habe das verwendende Unternehmen ein Interesse daran, den eingesetzten Arbeitnehmern entsprechend der zu verrichtenden Tätigkeit Weisungen zu erteilen und die Einhaltung der Weisungen zu überprüfen.[355] Wenn die Vergütung sich dagegen an einer von der Arbeitskräfteüberlassung eigenständige Dienstleistung berechne, spreche das eher für eine Leitung durch den Dienstleister, sodass dieser die Aufsicht und Leitung gegenüber seinen Arbeitnehmern behalte.[356] Ebenfalls gegen eine Arbeitskräfteüberlassung spreche der Umstand, dass sich die Vergütung nach Menge und Qualität richte.[357] Als weiteren Aspekt für das Vorliegen einer Dienstleistung und damit gegen Leiharbeit, nannte der EuGH in der vorliegenden Entscheidung die Möglichkeit des Dienstleistungserbringers, die Anzahl der bereitgestellten Arbeitnehmer bestimmen zu können.[358]

Nicht entscheidend für die Beurteilung des Gegenstands der Dienstleistung sei nach Ansicht des EuGH dagegen, dass der Dienstleister Maschi-

351 Vgl. Generalanwältin beim EuGH (Sharpston), Schlussanträge v. 15.01.2015 – in der Rs. C-586/13 [Martin Meat] – ECLI:EU:C:2015:15, Rn. 40.

352 EuGH, Urt. v. 18.06.2015 – C-586/13 [Martin Meat] – ECLI:EU:C:2015:405, Rn. 35 f.

353 EuGH, Urt. v. 18.06.2015 – C-586/13 [Martin Meat] – ECLI:EU:C:2015:405, Rn. 36 f.

354 Generalanwältin beim EuGH (Sharpston), Schlussanträge v. 15.01.2015 – in der Rs. C-586/13 [Martin Meat] – ECLI:EU:C:2015:15, Rn. 54.

355 Generalanwältin beim EuGH (Sharpston), Schlussanträge v. 15.01.2015 – in der Rs. C-586/13 [Martin Meat] – ECLI:EU:C:2015:15, Rn. 54.

356 Generalanwältin beim EuGH (Sharpston), Schlussanträge v. 15.01.2015 – in der Rs. C-586/13 [Martin Meat] – ECLI:EU:C:2015:15, Rn. 54.

357 EuGH, Urt. v. 18.06.2015 – C-586/13 [Martin Meat] – ECLI:EU:C:2015:405, Rn. 34 ff.

358 EuGH, Urt. v. 18.06.2015 – C-586/13 [Martin Meat] – ECLI:EU:C:2015:405, Rn. 38.

nen und Räumlichkeiten vom Dienstleistungsempfänger für die Zeit der Leistungserbringung anmiete.[359]

Hinsichtlich der dritten Voraussetzung, die Aufsicht und Leitung des verwendenden Unternehmens, ist – auch nach den Schlussanträgen der Generalanwältin beim EuGH *Sharpston*[360] – zu unterscheiden zwischen der Beaufsichtigung und Leitung des Arbeitnehmers und einer Überprüfung des Arbeitsergebnisses durch den Dienstleistungsempfänger. Eine Überprüfung des Leistungsergebnisses durch den Kunden, sowie die Erteilung von allgemeinen Anweisungen durch denselben, haben keinen Einfluss auf die Beurteilung des Ergebnisses.[361] Allgemeine Anweisungen sind nach der Entscheidung des EuGH wohl dann anzunehmen, wenn es sich dabei nicht um individuelle Weisungen handelt, welche die Ausführung der Dienstleistung betreffen.[362]

### 3. Rückschlüsse

Die beiden Urteile des EuGH lassen wichtige Rückschlüsse auf die Begriffsbestimmung des europäischen Leiharbeitsbegriffs zu, die wiederum auf die Leiharbeitsrichtlinie zu übertragen sind.

Durch die vom EuGH in der Rs. *Vicoplus* hergestellte Verbindung zwischen Art. 1 Abs. 3 UAbs. 1 lit. c) der Entsenderichtlinie und Art. 1 Nr. 2 der Richtlinie 91/383/EWG stellt das Gericht klar, dass der Leiharbeitsbegriff der Entsenderichtlinie so zu verstehen ist, dass der Arbeitnehmer unter der Kontrolle des entleihenden Unternehmens tätig werden muss. Weiterhin konkretisiert das Gericht die Kontrolle bei einem entsandten Arbeitnehmer i.S.d. Art. 1 Abs. 3 UAbs. 1 lit. c) der Entsenderichtlinie als die Aufsicht und Leitung durch das verwendende Unternehmen.[363] Mit dieser Begriffsbestimmung schlägt der EuGH den Bogen zur Leihar-

359 EuGH, Urt. v. 18.06.2015 – C-586/13 [Martin Meat] – ECLI:EU:C:2015:405, Rn. 39; Generalanwältin beim EuGH (Sharpston), Schlussanträge v. 15.01.2015 – in der Rs. C-586/13 [Martin Meat] – ECLI:EU:C:2015:15, Rn. 49.

360 Generalanwältin beim EuGH (Sharpston), Schlussanträge v. 15.01.2015 – in der Rs. C-586/13 [Martin Meat] – ECLI:EU:C:2015:15, Rn. 55.

361 Generalanwältin beim EuGH (Sharpston), Schlussanträge v. 15.01.2015 – in der Rs. C-586/13 [Martin Meat] – ECLI:EU:C:2015:15, Rn. 55.

362 EuGH, Urt. v. 18.06.2015 – C-586/13 [Martin Meat] – ECLI:EU:C:2015:405, Rn. 40.

363 EuGH, Urt. v. 10.02.2011 – C-307/09 bis C-309/09 [Vicoplus] – ECLI:EU:C:2011:64, Rn. 47.

beitsrichtlinie. Aufgrund dieser begrifflichen Parallelität zu Art. 3 der Leiharbeitsrichtlinie, der die Merkmale Aufsicht und Weisung definierend für die Leiharbeit heranzieht, kann das Urteil in der Rs. *Vicoplus* als Auslegungshilfe herangezogen werden.

Der EuGH stellt in beiden Entscheidungen Voraussetzungen für eine Arbeitskräfteüberlassung i.S.d. Art. 1 Abs. 3 UAbs. 1 lit. c) der Entsenderichtlinie auf. Nach Ansicht des EuGH ist entscheidend, dass die Entsendung eines Arbeitnehmers in den aufnehmenden Mitgliedstaat der eigentliche Gegenstand der zu erbringenden Dienstleistung ist, d.h. nicht nur eine (grenzüberschreitende) Dienstleistung erbracht wird, sondern, dass die Leistung beim Empfänger unter dessen Aufsicht und Leitung erbracht werden.[364] Maßgeblich ist dahingehend, dass die Grenze von allgemeinen Anweisungen überschritten ist, wenn der Dienstleistungsempfänger individuelle Weisungen erteilt, die die Erbringung der Arbeitsleistung betreffen. Beachtenswert ist weiterhin, die vom EuGH aufgeführte Haftungsverteilung im Vertragsverhältnis, wonach darauf abzustellen ist, wer die Folgen einer nicht vertragsgemäßen Leistung zu tragen hat. Die Entscheidung des EuGH deckt sich dabei in etwa mit der im nationalen Recht bei der Abgrenzung der Arbeitnehmerüberlassung zu Werk- und Dienstverträgen.[365] In wessen Räumlichkeiten und mit wessen Gerät die Arbeitsleistung erbracht wird, soll dagegen nicht entscheidend sein. Damit ist der Fokus allein auf die Arbeitsleistung gerichtet. Aus dem Vertragsgegenstand als Bemessungsgrundlage für die Bezahlung lässt sich ebenfalls auf die Einordnung des Fremdpersonaleinsatzes als Arbeitnehmerüberlassung schließen. Wird die Leistungserbringung der eingesetzten Arbeitnehmer und deren Umfang vergütet, soll das für eine Arbeitnehmerüberlassung i.S.d. Art. 1 Abs. 3 UAbs. 1 lit. c) der Entsenderichtlinie sprechen. Wenn sich die Bezahlung dagegen nach einer über den Personaleinsatz hinaus zu erbringenden Dienstleistung richtet, spricht das gegen einen Fall des Art. 1 Abs. 3 UAbs. 1 lit. c) der Entsenderichtlinie. Entscheidend ist stets die Gesamtbetrachtung aller Umstände, wie aus der detaillierten Beurteilung des EuGH wieder einmal deutlich wird.

364 EuGH, Urt. v. 18.06.2015 – C-586/13 [Martin Meat] – ECLI:EU:C:2015:405, Rn. 33.
365 Siehe hierzu Erstes Kapitel D. II., III.

Keine Rolle scheint für den EuGH dagegen eine Eingliederung des Fremdpersonals in den Betrieb des verwendenden Unternehmens gespielt zu haben, da dies keine Erwähnung in den Entscheidungen findet.[366] Daraus kann zwar nicht der Rückschluss gezogen werden, dass auch i.R.d. Leiharbeitsrichtlinie keine Eingliederung in die Betriebsorganisation des Entleihers für die Leiharbeit erforderlich ist. Jedoch passt dieses Ergebnis dazu, dass aus der Leiharbeitsrichtlinie selbst das Erfordernis der Eingliederung zumindest nicht offensichtlich erkennbar ist.

## IV. Teleologische Auslegung

Der Sinn und Zweck der Leiharbeitsrichtlinie orientiert sich zunächst an dem in Art. 2 der Leiharbeitsrichtlinie normierten Ziel, nämlich *„für den Schutz der Leiharbeitnehmer zu sorgen und die Qualität der Leiharbeit zu verbessern, indem die Einhaltung des Grundsatzes der Gleichbehandlung von Leiharbeitnehmern […] gesichert wird.“*

Zudem soll durch die Richtlinie *„ein angemessener Rahmen für den Einsatz von Leiharbeit festgelegt werden“.*

Daneben sind grundsätzlich auch die Begründungserwägungen des Normgebers zur Richtlinie heranzuziehen. Diese sind gemäß Art. 296 Abs. 2 AEUV Bestandteil der Richtlinie und deshalb ebenso von Bedeutung wie die Regelungen der Richtlinie selbst[367] und bieten damit eine Hilfe zur subjektiv-teleologischen Auslegung.[368]

Zunächst sollen daher die Erwägungsgründe zur Leiharbeitsrichtlinie und sodann im Einzelnen die relevanten Begriffe der Leiharbeit im teleologischen Kontext betrachtet werden.

---

366 So auch: *Deinert*, RdA 2017, 65, 73; *Junker*, ZfA 2016, 197, 212.

367 *Köndgen/Mörsdorf* in: Riesenhuber, Europäische Methodenlehre, § 6 Rn. 75.

368 *Köndgen/Mörsdorf* in: Riesenhuber, Europäische Methodenlehre, § 6 Rn. 76. Es soll sich um eine subjektiv-teleologische Interpretationsmethode handeln, da der EuGH die Begründungserwägungen einer Richtlinie unter der Rubrik „Rechtlicher Rahmen“ prüfen würde.

## 1. Regelungsziele der Leiharbeitsrichtlinie

Die Regelungsziele einer Richtlinie können wichtige Auslegungshinweise hinsichtlich des Anwendungsbereichs sowie dessen mögliche Einschränkungen enthalten. Art. 2 der Leiharbeitsrichtlinie nennt dabei als Ziele der Richtlinie den Schutz der Leiharbeitnehmer sowie die Schaffung eines angemessenen Rahmens für den Einsatz von Leiharbeit, um wirksam Arbeitsplätze zu schaffen und flexible Arbeitsformen zu fördern.

### a) Schutz der Leiharbeitnehmer

Der Leiharbeitsrichtlinie ist zunächst das Ziel zu entnehmen, Leiharbeitnehmer angemessene und gerechte Arbeitsbedingungen zu gewährleisten und dies durch Angleichung der nationalen Regelungen der Mitgliedstaaten zu verwirklichen.

Erwägungsgrund 1 und 14 der Leiharbeitsrichtlinie sehen die Gewährleistung und Einhaltung von Art. 31 GRCh, d.h. das Recht der Arbeitnehmer auf gerechte und angemessene Arbeitsbedingungen, vor. Diesem Ziel liegt der Gleichstellungsregelung in Art. 5 Abs. 1 der Leiharbeitsrichtlinie zugrunde, die eine Gleichstellung von Leiharbeitnehmern mit vergleichbaren Arbeitnehmern im Entleiherunternehmen in Bezug auf die wesentlichen Arbeits- und Beschäftigungsbedingungen vorsieht. Ergänzend bezieht Erwägungsgrund 2 der Leiharbeitsrichtlinie Nummer 7 der Gemeinschaftscharta der sozialen Grundrechte der Arbeitnehmer ein[369] und stellt auf die Angleichung der Lebens- und

369 Die Gemeinschaftscharta der sozialen Grundrechte der Arbeitnehmer (abgekürzt auch „Sozial Grundrechte-Gemeinschaftscharta" – SozGRCh genannt) vom 9. Dezember 1989, KOM(89) 248 endg., trat am 2. Oktober 1989 in Kraft. Sie stellt eine Art Grundlagenmodell für ein soziales Arbeitsrecht dar. Sie ist für die Mitgliedstaaten jedoch nicht rechtsverbindlich und bietet mehr eine langfristige Zielsetzung für die EU-Mitgliedstaaten. Die Nr. 7 der SozGrCH lautet: „Die Verwirklichung des Binnenmarktes muß zu einer Verbesserung der Lebens- und Arbeitsbedingungen der Arbeitnehmer in der Europäischen Gemeinschaft führen. Dieser Prozeß erfolgt durch eine Angleichung dieser Bedingungen auf dem Wege des Fortschritts und betrifft namentlich die Arbeitszeit und die Arbeitszeitgestaltung sowie andere Arbeitsformen als das unbefristete Arbeitsverhältnis, wie das befristete Arbeitsverhältnis, Teilzeitarbeit, Leiharbeit und Saisonarbeit. Diese Verbesserung muß, soweit nötig, dazu führen, daß bestimmte Bereiche des Arbeits-

Arbeitsbedingungen für die Leiharbeit ab. Das Gleichstellungsgebot bildet mithin einen Regelungsschwerpunkt der Leiharbeitsrichtlinie.[370]

Zur Verwirklichung dieses Richtlinienziels, muss der Anwendungsbereich dahingehend bestimmt werden, dass er einerseits nicht zu eng ausgelegt wird, wodurch ein effektiver Schutz gefährdet werden könnte, und andererseits nicht zu weit, sodass nahezu jede Personalgestellung darunter zu subsumieren wäre. Zwar kann – wie vom EuGH teilweise so gesehen[371] – nicht nur pauschal Arbeitnehmerschutz als Rechtfertigung für einen weiten Anwendungsbereich herangezogen werden. Ansonsten wäre der Anwendungsbereich der Leiharbeitsrichtlinie beliebig dehnbar.[372] Der durch die Leiharbeitsrichtlinie geschaffene Schutz geht stattdessen sogar über einen lediglich allgemeinen Arbeitnehmerschutz hinaus. Er zielt nämlich auf die Gleichstellung der Leiharbeitnehmer zur Einhaltung des in Art. 31 GRCh enthaltenen Gedankens ab. Das wird auch durch Erwägungsgrund 14 deutlich, der das Gleichstellungsgebot spezifiziert und damit keinen nur allgemeinen, sondern einen spezifischen Schutz von Leiharbeitnehmern vorsieht.

Um diesen Schutz auf europarechtlicher Ebene mit Hilfe der Leiharbeitsrichtlinie zu erreichen, stellt Erwägungsgrund 10 die Unterschiede im Hinblick auf die Leiharbeit zwischen den EU-Mitgliedstaaten heraus und impliziert damit die notwendige Anpassungsfunktion der Leiharbeitsrichtlinie zwischen den Mitgliedstaaten, um den Schutz der Leiharbeitnehmer sicherzustellen.[373] Dementsprechend ist zu gewährleisten, dass in allen Mitgliedstaaten eine unionrechtskonforme Anwendung des Leiharbeitsrechts stattfindet. Zur Verwirklichung des Ziels, darf eine Beschränkung des Anwendungsbereichs durch abwei-

---

rechts wie die Verfahren bei Massenentlassungen oder bei Konkursen ausgestaltet werden."

370 So auch: *Sansone*, (o. Fn. 296), S. 449; Riesenhuber, Europäische Methodenlehre, § 18 Rn. 3; *Waas*, ZESAR 2009, 207, 208 unter II. 2.

371 Hierzu siehe Ausführungen: *Wank*, EuZA 2018, 21, 24 m.w.N.

372 So etwa: *Riesenhuber* in: Riesenhuber, Europäische Methodenlehre, § 10 Rn. 42 m.w.N.

373 So auch: EuGH, Urt. v. 17.11.2016 – C-216/15 [Betriebsrat der Ruhrlandklinik] – ECLI:EU:C:2016:883, Rn. 35.

chende nationale Bezeichnungen oder Definitionen nicht erfolgen[374] (siehe auch: *effet utile*-Grundsatz[375]).

### b) Flexicurity-Grundsatz

Ein weiteres Kernelement der Leiharbeitsrichtlinie bildet der sog. „Flexicurity-Grundsatz". Dieser folgt aus den Erwägungsgründen 9, 11, 12 und 16 der Leiharbeitsrichtlinie. Danach sollen Arbeitssicherheit und die Flexibilität des Arbeitsmarktes durch den Einsatz – etwa von Leiharbeit – sichergestellt werden. Die Leiharbeitsrichtlinie schützt demnach also nicht allein nur Arbeitnehmerinteressen, sondern vielmehr auch die der Unternehmen. Art. 2 der Leiharbeitsrichtlinie trifft eine Regelung dazu, dass ein angemessener Rahmen für den Einsatz von Leiharbeit festgelegt werden muss. Hierdurch wird gleichsam ein Abwägungsgebot geschaffen, nämlich zwischen dem Schutz des Leiharbeitnehmers und den Interessen des Arbeitgebers, welches eine einschränkende Auslegung des Anwendungsbereichs gebietet.

Bei dem Flexicurity-Grundsatz handelt es sich um eine europäische Strategie, mit der einerseits die Flexibilität des Arbeitsmarktes und andererseits die Sicherheit auf dem Arbeitsmarkt gesteigert werden soll.[376] Der Einsatz von Leiharbeit ist ein Werkzeug um den (europäischen) Arbeitsmarkt zu dynamisieren und zu flexibilisieren, damit Unternehmen auf unterschiedliche Herausforderungen des Wirtschaftsmarktes reagieren können. Dies zeigt, dass den Unternehmen der Einsatz von Leiharbeit grundsätzlich ermöglicht und nicht durch übermäßig strenge und enge Voraussetzungen erschwert werden soll. Dies ist auch Ausdruck der Dienstleistungsfreiheit nach Art. 56 ff. AEUV.[377] Andererseits soll aber ein hohes Maß an Arbeitsschutz sichergestellt werden. Um dies in Ausgleich zu bringen, darf einerseits der Einsatz von Leihar-

---

374 So im Ergebnis auch: EuGH, Urt. v. 17.11.2016 – C-216/15 [Betriebsrat der Ruhrlandklinik] – ECLI:EU:C:2016:883, Rn. 36.

375 Hierzu noch ausführlich Zweites Kapitel B.V.

376 KOM(2007) 359 endg., vom 27.07.2007, S. 5 (Mitteilung der Kommission: Gemeinsame Grundsätze für den Flexicurity-Ansatz herausarbeiten: Mehr und bessere Arbeitsplätze durch Flexibilität und Sicherheit), S. 5.

377 Vgl. EuGH, Urt. v. 10.02.2011 – C-307/09 bis C-309/09 [Vicoplus] – ECLI:EU:C:2011:64, Rn. 27; *Rebhahn/Schörghofer/Kolbe* in: Franzen/Gallner/Oetker EuArbR, RL 2008/104/EG, Art. 2 Rn. 1 f.

beit durch den Unternehmer nicht erschwert, wohingegen anderseits faire Arbeitsbedingungen sichergestellt werden müssen. Dementsprechend ist nach Art. 2 der Leiharbeitsrichtlinie ein angemessener Rahmen für den Einsatz von Leiharbeit festzulegen. Kapitel II der Leiharbeitsrichtlinie sieht dafür Regelungen zum Schutz der Leiharbeitnehmer vor, insbesondere den Gleichstellungsgrundsatz des Art. 5.

Um das Ziel der Leiharbeitsrichtlinie erreichen zu können, sind Regelungen zu schaffen, die einerseits klar definierte Möglichkeiten zur Entwicklung der Leiharbeit als flexible Arbeitsform und andererseits den Schutz der Leiharbeitnehmer sicherstellen. Um den Schutz der Leiharbeitnehmer gewährleistet zu können, sind nur eingeschränkt Ausnahmen vom Anwendungsbereich möglich, insbesondere dürfen keine Missbrauchsmöglichkeiten geschaffen oder aufrechterhalten werden.

## 2. Teleologisches Begriffsverständnis

Nach Art. 1 Abs. 1 der Leiharbeitsrichtlinie gilt die Richtlinie für Arbeitnehmer, die mit einem Leiharbeitsunternehmen einen Arbeitsvertrag geschlossen haben oder ein Beschäftigungsverhältnis eingegangen sind und die den entleihenden Unternehmen zur Verfügung gestellt werden, um vorübergehend unter deren Aufsicht und Leitung zu arbeiten. Dies entspricht im Wesentlichen auch dem Wortlaut der Legaldefinition in Art. 3 Abs. 1 der Leiharbeitsrichtlinie.

Zur Bestimmung der relevanten Begriffe der Leiharbeitsrichtlinie unter teleologischen Gesichtspunkten, ist zunächst der Rahmen zu definieren. Wie bereits ausgeführt, gibt die Leiharbeitsrichtlinie einen Definitionsrahmen vor[378], der auch bei der teleologischen Auslegung Bedeutung hat.

Der EuGH hat in der Rs. *Betriebsrat der Ruhrlandklinik* klargestellt, dass die nach dem Wortlaut des Art. 3 Abs. 2 UAbs. 1 der Leiharbeitsrichtlinie bestehende Möglichkeit der Mitgliedstaaten, die genannten Begriffe autonom definieren zu dürfen, nicht bedeutet, dass die Vorga-

378 Siehe hierzu Zweites Kapitel A. II.

ben des Unionsgesetzgebers umgangen werden könnten.[379] Der Leitsatz der Entscheidung lautet auszugsweise wie folgt:

> *„Erstens ist der Begriff ‚Arbeitnehmer' im Sinne der Richtlinie 2008/104 dahin auszulegen, dass er jede Person erfasst, die eine Arbeitsleistung erbringt, d. h., die während einer bestimmten Zeit für eine andere Person nach deren Weisung Leistungen erbringt, für die sie als Gegenleistung eine Vergütung erhält, und die aufgrund dieser Arbeitsleistung in dem betreffenden Mitgliedstaat geschützt ist, wobei die rechtliche Einordnung ihres Beschäftigungsverhältnisses nach nationalem Recht, die Art der zwischen den beiden Personen bestehenden Rechtsbeziehung und die Ausgestaltung des Beschäftigungsverhältnisses unerheblich sind [...]*
> *Daraus folgt, dass weder die rechtliche Einordnung des zwischen der betreffenden Person und dem Leiharbeitsunternehmen bestehenden Verhältnisses nach nationalem Recht noch die Art ihrer Rechtsbeziehungen, noch die Ausgestaltung dieses Verhältnisses ausschlaggebend ist für die Bezeichnung dieser Person als Arbeitnehmer im Sinne der Richtlinie 2008/104.*
> *Dieses Ergebnis kann nicht dadurch in Frage gestellt werden, dass die Richtlinie 2008/104 nach ihrem Art. 3 Abs. 2 das nationale Recht in Bezug auf die Bestimmung des Arbeitnehmerbegriffs unberührt lässt.*
> *Diese Bestimmung besagt nämlich nur, dass der Unionsgesetzgeber die Befugnis der Mitgliedstaaten bestehen lassen wollte, die unter den Arbeitnehmerbegriff im Sinne ihres nationalen Rechts fallenden und im Rahmen ihrer innerstaatlichen Regelung zu schützenden Personen zu bestimmen, ein Aspekt, dessen Harmonisierung nicht Gegenstand der Richtlinie 2008/104 ist.*
> *Dagegen kann diese Bestimmung nicht so verstanden werden, dass der Unionsgesetzgeber davon abgesehen hätte, die Bedeutung dieses Begriffs im Sinne der Richtlinie 2008/104 und somit deren persönlichen Anwendungsbereich selbst festzulegen. Der Unionsgesetzgeber hat es nicht den Mitgliedstaaten überlassen, diesen Begriff einseitig zu bestimmen, sondern hat dessen Konturen in Art. 3 Abs. 1 Buchst. a der Richtlinie selbst umrissen, wie er dies im Übrigen auch bezüglich der Bestimmung des Leiharbeitnehmerbegriffs in Art. 3 Abs. 1 Buchst. c der Richtlinie getan hat.“*[380]

Aus dem Urteil lassen sich folgende Grundsätze ableiten: Auch wenn die Definitionsmacht teilweise den Mitgliedstaaten zugewiesen wird, schließt das nicht aus, dass die Festlegung von Grenzen und/oder Anforderungen dem Unionsgesetzgeber bzw. dem EuGH vorbehalten ist. Insbesondere gilt das nach dem Urteil explizit auch für die Definition des Leiharbeitnehmers. Dies erscheint konsequent im Hinblick auf Art. 3

379 BAG, Beschl. v. 21.02.2017 – 1 ABR 62/12 – juris (Leitsatz).
380 BAG, Beschl. v. 21.02.2017 – 1 ABR 62/12 – juris (Leitsatz).

Abs. 2 UAbs. 1 der Leiharbeitsrichtlinie, der hinsichtlich dem Leiharbeitsbegriff den Mitgliedstaaten keine Definitionsfreiheit einräumt. Der EuGH macht in seiner Entscheidung aber im Hinblick auf die Leiharbeitsrichtlinie ganz allgemein deutlich, dass die Begriffe im Grundsatz durch die Richtlinie „umrissen" sind und damit ein Abweichen zuungunsten des Schutzes der (Leih-)Arbeitnehmer unionrechtswidrig ist.[381] Hierzu stellt der EuGH klar, dass es stets auf die Berücksichtigung der tatsächlichen Umstände für die rechtliche Einordnung ankommt.[382]

Bedeutung hat die Einschränkung des EuGH, wonach Rechtsverhältnisse nicht deshalb aus dem Anwendungsbereich der Leiharbeitsrichtlinie herausgenommen werden dürfen, weil sie nach nationalem Recht anders bezeichnet werden.[383] Diese Einschränkung wird teilweise bereits aus Art. 3 Abs. 2 UAbs. 2 der Leiharbeitsrichtlinie abgeleitet, wonach die vertragliche Grundlage keine Auswirkung auf die Anwendung der Leiharbeitsrichtlinie haben soll.[384] Nach der Regelung wird sichergestellt, dass Teilzeitbeschäftigte und befristet Beschäftigte nicht aufgrund dieser Tatsache aus dem Anwendungsbereich der Richtlinie herausgenommen werden.

Die Vorgaben des EuGH müssen bei der Auslegung als Maßstab angelegt werden. Die Leiharbeitsrichtlinie legt also einen Schutzstandard fest, den die Mitgliedstaaten nicht unterschreiten dürfen. Zusammenfassend besteht dieser maßgeblich daraus, dass Rechtsverhältnisse aufgrund ihrer tatsächlichen Ausführung zu beurteilen sind und ihre rechtliche Bezeichnung nach nationalem Recht nicht dazu führen darf, diese pauschal aus dem Anwendungsbereich der Richtlinie herauszunehmen. Vor diesem Hintergrund sind die Begriffe des Leiharbeitnehmers, der Aufsicht und Weisung sowie mögliche Ausnahmen vom Anwendungsbereich wie folgt zu beurteilen.

---

381 EuGH, Urt. v. 17.11.2016 – C-216/15 [Betriebsrat der Ruhrlandklinik] – ECLI:EU:C:2016:883, Rn. 32.

382 EuGH, Urt. v. 17.11.2016 – C-216/15 [Betriebsrat der Ruhrlandklinik] – ECLI:EU:C:2016:883, Rn. 29; davon geht ebenfalls aus *Sansone*, (o. Fn. 296), S. 452, der dies bereits teleologisch aus Art. 3 Abs. 2 UAbs. 2 der Leiharbeitsrichtlinie ableitet.

383 EuGH, Urt. v. 17.11.2016 – C-216/15 [Betriebsrat der Ruhrlandklinik] – ECLI:EU:C:2016:883, Rn. 29.

384 *Sansone*, (o. Fn. 296), S. 453; so im Ergebnis auch: *Waas*, ZESAR 2009, 207, 209.

### a) Begriff des Leiharbeitnehmers

Leiharbeit zeichnet sich durch eine Dreiecksbeziehung aus,[385] die zwischen Vertragsarbeitgeber, Leiharbeitnehmer und dem entleihenden Unternehmen besteht. Während zwischen Vertragsarbeitgeber und Leiharbeitnehmer ein Arbeitsvertrag oder Beschäftigungsverhältnis begründet wird, ist das Verhältnis zwischen entleihendem Unternehmen und Leiharbeitnehmer so beschrieben, dass letzterer unter der Aufsicht und Leitung des entleihenden Unternehmens tätig wird.

Da Art. 3 Abs. 1 lit. c) der Leiharbeitsrichtlinie ein Arbeits- oder Beschäftigungsverhältnis zwischen Leiharbeitsunternehmen und Leiharbeitnehmer voraussetzt, ist jeder Leiharbeitnehmer also zunächst Arbeitnehmer i.S.d. Art. 3 Abs. 1 lit. a) der Leiharbeitsrichtlinie. Während der Überlassung übernimmt der Entleiher die Aufsicht und Leitung über den Leiharbeitnehmer. Das lässt auf eine Vergleichbarkeit zwischen den beiden Rechtsbeziehungen schließen.[386] Nach dem Verständnis des EuGH zeichnet sich ein Arbeitsverhältnis dadurch aus, dass *„eine Person während einer bestimmten Zeit für eine andere Person nach deren Weisung Leistungen erbringt, für die sie als Gegenleistung eine Vergütung erhält“*[387]. Damit steht die Weisungsgebundenheit des Arbeitnehmers im Fokus.

Entscheidend für die weitergehende Bestimmung des Leiharbeitnehmers ist die nachfolgende Untersuchung der Bedeutung des Tätigwerdens unter der „Aufsicht und Leitung“ des entleihenden Unternehmens.

### b) Aufsicht und Leitung

Das Leiharbeitsverhältnis selbst zeichnet sich nach Art. 1 Abs. 1 sowie Art. 3 Abs. 1 lit. b) bis d) der Leiharbeitsrichtlinie dadurch aus, dass Leiharbeitnehmer unter der Aufsicht und Leitung des entleihenden Unternehmens arbeiten. Zwischen dem Leiharbeitsunternehmen und dem entleihenden Unternehmen wird ein Arbeitnehmerüberlassungsvertrag mit dem entsprechenden Inhalt geschlossen.

385 Riesenhuber, Europäisches Arbeitsrecht, 2. Aufl. 2021, § 21 Rn. 1.

386 Vgl. hierzu die Ausführungen Zweites Kapitel A. II., III. 1. a).

387 EuGH, Urt. v. 17.11.2016 – C-216/15 [Betriebsrat der Ruhrlandklinik] – ECLI:EU:C:2016:883, Rn. 27.

Anhand der Merkmale Aufsicht und Leitung lässt sich für den Leiharbeitnehmerbegriff Folgendes ableiten: Die Leiharbeitnehmer sollen eine Arbeitsleistung für das entleihende Unternehmen erbringen. Wie sich bereits aus der Auslegung nach dem Wortlaut ergibt, ist es auch aus teleologischen Aspekten erforderlich, dass das entleihende Unternehmen zur Steuerung der Arbeitsleistung die Kontrolle[388] über den Leiharbeitnehmer und dessen Tätigkeit in Form einer Autoritäts- und Abhängigkeitsbeziehung haben muss.[389] Aufgrund des Gleichstellungsgrundsatzes (Art. 5 der Leiharbeitsrichtlinie) zwischen Leiharbeitnehmer und Arbeitnehmer, kann das Verhältnis zwischen Entleiher und Leiharbeitnehmer äquivalent zum Über-Unterordnungsverhältnis i.R. eines Arbeitsvertrages verstanden werden. Entsprechend der europäischen Definition des Arbeitsverhältnisses ist also anzunehmen, dass der Entleiher auch gegenüber dem Leiharbeitnehmer weisungsbefugt sein muss.[390] Damit ist die Aufsicht und Weisung nach Sinn und Zweck zusammenfassend dahingehend zu verstehen, dass im Verhältnis zwischen Leiharbeitnehmer und Entleiher Weisungen erteilt werden können und er die Kontrolle über die Ausführung der Tätigkeiten haben muss. Nur so wird dem Zweck der Arbeitnehmerüberlassung Rechnung getragen, der insbesondere Ausdruck in der Definition findet, wonach der Leiharbeitnehmer vorübergehend für den Entleiher arbeitet.

#### aa) Abgrenzung von anderen Formen des Fremdpersonaleinsatzes

Eine weitergehende Begriffsbestimmung erfordert zudem eine Abgrenzung zu anderen Formen des drittbezogenen Personaleinsatzes, etwa i.R.v. Dienst- und Werkverträgen. Die Leiharbeitsrichtlinie dient dem Schutz des Leiharbeitsverhältnisses als sog. prekäres Arbeitsverhältnis.[391] Der besondere Schutz des Leiharbeitnehmers rührt daher,

388 Hierzu Zweites Kapitel B. I.

389 KOM(2002) 149 - C5-0140/2002 - 2002/0072(COD)) - endg. A5-0356/2002 vom 23.10.2002 (Bericht über den Vorschlag für eine Richtlinie des Europäischen Parlaments und des Rates über die Arbeitsbedingungen von Leiharbeitnehmern), Begründung zum Änderungsantrag 23, S. 19.

390 So auch: Generalanwalt beim EuGH (Bot), Schlussanträge v. 09.09.2010 – in der Rs. C-307/09 bis C-309/09 [Vicoplus] – ECLI:EU:C:2010:510, Rn. 63.

391 Vgl. etwa: *Thüsing* in: Thüsing AÜG, Einführung, Rn. 5.

dass Leiharbeitnehmer aufgrund der Überlassung mit zwei „Arbeitgebern“ konfrontiert sind (sog. gespaltene Arbeitgeberstellung).[392] Auf den Schutz der Leiharbeitsrichtlinie nicht angewiesen sind Beschäftigte, die lediglich als Erfüllungsgehilfen von und für ihren Arbeitgeber eingesetzt werden, da diese gerade nicht mit einer gespaltenen Arbeitgeberrolle konfrontiert sind. Um einen effektiven Schutz zu gewährleisten, müssen aber Umgehungsmöglichkeiten verhindert werden. Gerade dieser Unterschied macht es erforderlich, dass eine Umgehung des Schutzes der Leiharbeitsrichtlinie, etwa durch sog. Scheinwerkverträge, verhindert wird.[393] Hierzu ist eine Schärfung des Anwendungsbereichs erforderlich, insbesondere hinsichtlich der Begriffe Aufsicht und Leitung in Abgrenzung zu anderen Formen des Fremdpersonaleinsatzes.

Hinsichtlich des Umfangs der Aufsicht und Leitung ist nach der Rechtsprechung des EuGH eine (Qualitäts-)Kontrolle des Arbeitsergebnisses und die Erteilung allgemeiner Anweisungen i.R. eines Dienstvertrags unschädlich.[394] Vielmehr müssen die Weisungen i.R. eines Leiharbeitsverhältnisses tätigkeitsbezogen sein. Denn es geht bei einer Arbeitnehmerüberlassung gerade darum, dass Arbeitnehmer einem Dritten zur „Arbeitsleistung“ zur Verfügung gestellt werden. Dementsprechend müssen sich die Weisungen auf die zu erbringende Tätigkeit beziehen.

Weiterhin ist i.R. dieser Abgrenzung das vom EuGH angeführte Kriterium der Haftungsverteilung zu berücksichtigen. Bei Leiharbeit trägt in der Regel das entleihende Unternehmen das Risiko einer Schlechtleistung.[395] Das lässt sich damit erklären, dass der Entleiher die Kontrolle bzw. Aufsicht über den Leiharbeitnehmer hat, während dieser für ihn tätig wird. Zur Steuerung der Arbeitsleistung entsprechend seinen betrieblichen Anforderungen hat er die Weisungsbefugnis gegenüber dem Leiharbeitnehmer inne und muss somit auch das Risiko für die Arbeitsleistung tragen.

---

392 Angedeutet von: *Hamann*, NZA-Beilage 2014, 3, 6; vgl. auch: BT-Drucks. 17/4804, S. 7; hier wird der besondere Schutz von Leiharbeitnehmern herausgestellt.

393 Vgl. *Preis/Morgenbrodt*, EuZA 2017, 418, 426.

394 EuGH, Urt. v. 18.06.2015 – C-586/13 [Martin Meat] – ECLI:EU:C:2015:405, Rn. 19.

395 Vgl. EuGH, Urt. v. 18.06.2015 – C-586/13 [Martin Meat] – ECLI:EU:C:2015:405, Rn. 37

Damit lässt sich zusammenfassend feststellen, dass die Spezifizierungsmerkmale Aufsicht und Leitung – in Abgrenzung zu anderen Formen des Fremdpersonaleinsatzes – eine Kontrolle des Drittunternehmers über das Fremdpersonal und dessen Weisungsmöglichkeiten gegenüber dem Personal erfordern. Die Weisungen müssen sich im Einzelfall auf die Tätigkeit beziehen und dürfen nicht allgemeiner Natur sein. Auch spricht es für Leiharbeit i.S.d. Richtlinie, wenn der aufsehende und leitende Drittunternehmer das Risiko der erbrachten Arbeitsleistung trägt.

#### bb) Eingliederung als Beurteilungskriterium?

Weiterhin ist – auch vor dem Hintergrund der deutschen Regelung im AÜG – zu überprüfen, inwiefern die Leiharbeitsrichtlinie neben der Aufsicht und Leitung durch das entleihende Unternehmen auch eine Eingliederung in dessen Betrieb erfordert. Die Begriffe der Aufsicht und Leitung lassen zunächst keinen Schluss darauf zu. Allerdings heißt es in Art. 3 Abs. 1 lit. b) bis d) der Leiharbeitsrichtlinie, dass der Leiharbeitnehmer *„dort“* beim entleihenden Unternehmen tätig wird. Dies kann räumlich so verstanden werden, dass der Leiharbeitnehmer tatsächlich im Betrieb des entleihenden Unternehmens eingegliedert sein muss.[396] Unter dem teleologischen Blickwinkel lässt sich anführen, dass das entleihende Unternehmen in der Lage sein muss, dem Leiharbeitnehmer Weisungen zu erteilen und es schon deshalb einer entsprechenden Eingliederung in die betrieblichen Abläufe bedarf.

Weiterhin bedarf es einer Einbindung in die Organisationsstrukturen des entleihenden Betriebs. So ist es für eine Überlassung notwendig, dass der Arbeitgeber die Arbeit organisiert, was bei der Erbringung einer Dienstleistung regelmäßig nicht der Fall ist.[397]

Für das Erfordernis einer Eingliederung in den Entleiherbetrieb spricht auch der Gleichstellungsgrundsatz in der Leiharbeitsrichtlinie. Der Gleichstellungsgrundsatz nach Art. 5 der Leiharbeitsrichtlinie

396 Ebenso: *Albers*, (o. Fn. 301), S. 64; *Sansone*, (o. Fn. 296), S. 457.

397 Generalanwalt beim EuGH (Bot), Schlussanträge v. 09.09.2010 – in der Rs. C-307/09 bis C-309/09 [Vicoplus] – ECLI:EU:C:2010:510, Rn. 63; Generalanwältin beim EuGH (Sharpston), Schlussanträge v. 15.01.2015 – in der Rs. C-586/13 [Martin Meat] – ECLI:EU:C:2015:15, Rn. 53.

setzt voraus, dass die Leiharbeitnehmer dem Wesen nach einem betriebseigenen Arbeitnehmer des Entleihers gleichgestellt sein müssen und aufgrund dessen eine Gleichbehandlung erfahren sollen.[398]

Aus teleologischen Gesichtspunkten ist das Erfordernis einer Eingliederung in den Betrieb des entleihenden Unternehmens, ebenso wie nach dem AÜG, zu bejahen.[399] Gleichwohl lässt sich jedoch insgesamt nicht feststellen, dass es auf die Eingliederung in besonderem Maße ankommen würde, vielmehr kommt es entscheidend auf die Weisungsgebundenheit des Leiharbeitnehmers an.[400]

### 3. Zulässigkeit von Ausnahmen

Bei der teleologischen Beurteilung des Anwendungsbereichs der Leiharbeitsrichtlinie gilt es festzustellen, inwieweit Ausnahmen und Beschränkungen vom Anwendungsbereich der Leiharbeitsrichtlinie zulässig sind.

Die Leiharbeitsrichtlinie lässt nur in sehr beschränktem Umfang Ausnahmen, bzw. Beschränkungen zu.[401] Wegen des mindestharmonisierenden Charakters der Leiharbeitsrichtlinie (Art. 9 der Leiharbeitsrichtlinie) ist eine nachteilige Abweichung vom Schutzstandard der Richtlinie durch nationales Recht damit nicht zulässig. Somit sind weitergehende Ausnahmen und Beschränkungen des Anwendungsbereichs der Leiharbeitsrichtlinie europarechtswidrig.

Das betrifft auch den Fall, dass bestimmte Beschäftigungsgruppen aus dem Anwendungsbereich der Richtlinie ausgenommen werden. Das zeigt sich insbesondere an der Regelung des Art. 3 Abs. 2 UAbs. 1 der Leiharbeitsrichtlinie. Die Regelung verbietet ausdrücklich, bestimmte Rechtsverhältnisse (Teilzeit- und befristete Beschäftigte) aufgrund deren Rechtsnatur vom Anwendungsbereich auszuschließen.[402]

---

398 Hierzu bereits Zweites Kapitel B. III. 1. a).

399 *Sansone*, (o. Fn. 296), S. 457, der für einen Rückgriff auf die Abgrenzungsformel des BAG auch für die Leiharbeitsrichtlinie plädiert.

400 Ähnlich sieht das: *Deinert*, RdA 2017, 65, 73.

401 Siehe hierzu Zweites Kapitel B. III. 1. b).

402 Hierzu auch: *Sansone*, (o. Fn. 296), S. 453.

Das Ausnahmeverbot betrifft auch den Fall, dass das Rechtsverhältnis nach nationalem Recht lediglich anders bezeichnet wird. Das ergibt sich aus der EuGH-Rechtsprechung. In der Entscheidung in der Rs. *Betriebsrat der Ruhrlandklinik* hat der EuGH den klaren Standpunkt eingenommen, dass eine nationale Beurteilung bzw. Bezeichnung von Rechtsverhältnissen unerheblich für eine Beurteilung nach der Leiharbeitsrichtlinie ist.[403] Ergibt sich aus der Beurteilung, dass der betreffende Fall in den Anwendungsbereich der Leiharbeitsrichtlinie fällt, hat die Einordnung auf nationaler Ebene keine Relevanz mehr.[404]

Dieses Ergebnis wird auch durch die Ziele der Leiharbeitsrichtlinie gestützt. Werden bestimmte Rechtsverhältnisse aus dem Anwendungsbereich herausgenommen, wird das Ziel des Leiharbeitnehmerschutzes gefährdet.[405] Festhalten lässt sich also, dass aus teleologischen Gesichtspunkten nur eine sehr begrenzte Möglichkeit anzunehmen ist, Ausnahmen zu schaffen.[406]

## V. *Effet utile* – Grundsatz der praktischen Wirksamkeit

Nach dem *effet utile*-Grundsatz muss die Wirksamkeit des Europarechts sichergestellt werden.[407] Diesen Grundsatz zieht der EuGH in seinen Entscheidungen häufig heran, um zwischen mehreren Auslegungsvarianten des Europarechts diejenige auszuwählen, die die prak-

403 EuGH, Urt. v. 17.11.2016 – C-216/15 [Betriebsrat der Ruhrlandklinik] – ECLI:EU:C:2016:883, Rn. 29.

404 Im Ergebnis: EuGH, Urt. v. 17.11.2016 – C-216/15 [Betriebsrat der Ruhrlandklinik] – ECLI:EU:C:2016:883, Rn. 32 f.

405 Im Ergebnis: EuGH, Urt. v. 17.11.2016 – C-216/15 [Betriebsrat der Ruhrlandklinik] – ECLI:EU:C:2016:883, Rn. 35 f.

406 So auch: *Hamann*, RdA 2011, 321, 323.

407 Ob es sich bei der praktischen Wirksamkeit (effet utile) um eine eigene Auslegungsmethode handelt untersucht ausführlich: *Seyr*, Der effet utile in der Rechtsprechung des Europäischen Gerichtshofs, 2017, S. 275 ff. Im Ergebnis geht die Autorin nach Analyse der EuGH-Rechtsprechung davon aus, dass dieser den effet utile-Grundsatz häufig zusätzlich neben der Prüfung des Sinns und Zwecks geprüft hat und räumt ihm somit eine eigenständige Bedeutung ein. Hier wird die praktische Wirksamkeit ebenfalls als zusätzliche Auslegungsmethode herangezogen. Jedoch bestehen gewisse Überschneidungen zu den vorhergehenden Auslegungsmethoden, insbesondere der teleologischen Auslegung.

tische Wirksamkeit der Norm sicherstellt.[408] Eine genaue Definition behält sich der EuGH jedoch vor.[409]

Legt man den Maßstab der praktischen Wirksamkeit an die Auslegung der Leiharbeitsrichtlinie an, lässt sich Folgendes festhalten:

Hinsichtlich der Bestimmung des Begriffs der Leiharbeit i.S.d. der Leiharbeitsrichtlinie wird den Mitgliedstaaten kein „Definitionsspielraum" eingeräumt.[410] Diese Beschränkung gilt für eine tatsächlich abweichende nationale Bezeichnung bestimmter Personen-/Beschäftigtengruppen durch Rechtsvorschriften und deren Anwendung. Dies hat der Generalanwalt beim EuGH *Saugmandsgaard Øe* in seinen Schlussanträgen in der Rs. *Betriebsrat der Ruhrlandklinik*[411] deutlich gemacht. Darin führte er aus, dass eine im innerstaatlichen Recht vorgesehene Definition eines Begriffs nicht zur Folge haben darf, dass bestimmte Personenkategorien ohne objektiven Grund vom Schutzbereich der Richtlinie ausgenommen werden, denn dies würde die praktische Wirksamkeit der Richtlinie gefährden.[412] Der EuGH hat dieses Argument in seinem Urteil aufgegriffen und bestätigt.[413] Nach seiner Ansicht würde eine begriffliche Einschränkung der Richtlinie die praktische Wirksamkeit der Leiharbeitsrichtlinie gefährden.[414] Denn solche Beschränkungen ermöglichen den Anwendern den Schutzbereich zu umgehen.[415] Insbesondere dürfe eine Beschränkung nicht dazu führen, dass Beschäftigungsverhältnisse vom Anwendungsbereich ausgenommen werden, obwohl sich die Beschäftigten nicht wesentlich von

408 *Seyr*, (o. Fn. 407), S. 273.

409 *Seyr*, (o. Fn. 407), S. 273 m.w.N.

410 Dies folgt bereits aus dem Wortlaut des Art. 3 Abs. 2 UAbs. 1 der Leiharbeitsrichtlinie. Siehe hierzu die Ausführungen Zweites Kapitel A. II.

411 Generalanwalt beim EuGH (Saugmandgaard Øe), Schlussanträge v. 06.07.2016 – in der Rs. C-216/15 [Betriebsrat der Ruhrlandklinik] – ECLI:EU:C:2016:518, Rn. 35.

412 Generalanwalt beim EuGH (Saugmandgaard Øe), Schlussanträge v. 06.07.2016 – in der Rs. C-216/15 [Betriebsrat der Ruhrlandklinik] – ECLI:EU:C:2016:518, Rn. 35.

413 EuGH, Urt. v. 17.11.2016 – C-216/15 [Betriebsrat der Ruhrlandklinik] – ECLI:EU:C:2016:883, Rn. 34 f.

414 EuGH, Urt. v. 17.11.2016 – C-216/15 [Betriebsrat der Ruhrlandklinik] – ECLI:EU:C:2016:883, Rn. 36.

415 EuGH, Urt. v. 17.11.2016 – C-216/15 [Betriebsrat der Ruhrlandklinik] – ECLI:EU:C:2016:883, Rn. 37.

denen unterscheiden, die nach nationalem Recht die entsprechende Eigenschaft erfüllen.[416]

Der EuGH hatte – den Schlussanträgen der Generalanwältin beim EuGH *Kokott* folgend – in seinem Urteil in der Rs. *O'Brien* diesen Grundsatz bereits explizit dahingehend konkretisiert, dass zwar in dem zugrundeliegenden Regelwerk genannte Begriffe nach dem nationalen Recht bestimmt werden dürfen, dies aber voraussetzt, dass die praktische Wirksamkeit und die allgemeinen Grundsätze des Unionsrechts gewahrt bleiben.[417] Wird also durch eine nationale Regelung oder Praxis eine Ausnahme geschaffen, durch die eine bestimmte Gruppe von Beschäftigten dem Anwendungs- und Schutzbereich entzogen wird, verletzt das den Grundsatz der praktischen Wirksamkeit der Richtlinie, wenn die Personengruppe dem Wesen nach den geschützten Gruppen entspricht.[418]

Ebenso deutlich positionierte sich der Generalanwalt beim EuGH *Maduro* in seinen Schlussanträgen in der Rs. *Del Cerro Alonso* in dem er ausführte, dass der Ausschluss einer Gruppe von Personal aus dem

---

416 EuGH, Urt. v. 17.11.2016 – C-216/15 [Betriebsrat der Ruhrlandklinik] – ECLI:EU:C:2016:883, Rn. 35: In dem Urteil ging es um die Auslegung des Arbeitnehmerbegriffs der Leiharbeitsrichtlinie. Der EuGH führte dazu aus: „Eine [...] Beschränkung würde es den Mitgliedstaaten oder den Leiharbeitsunternehmen nämlich ermöglichen, nach ihrem Belieben bestimmten Personengruppen den mit der Richtlinie angestrebten Schutz [...] zu verwehren, obwohl sich das zwischen diesen Personen und dem Leiharbeitsunternehmen bestehende Beschäftigungsverhältnis von dem Verhältnis, das zwischen denjenigen Beschäftigten, denen nach nationalem Recht die Arbeitnehmereigenschaft zukommt, und ihrem Arbeitgeber besteht, nicht wesentlich unterscheiden würde."; so auch: Generalanwalt beim EuGH (Saugmandgaard Øe), Schlussanträge v. 06.07.2016 – in der Rs. C-216/15 [Betriebsrat der Ruhrlandklinik] – ECLI:EU:C:2016:518, Rn. 42.

417 EuGH, Urt. v. 01.03.2012 – C-393/10 [O'Brien] – ECLI:EU:C:2012:110, Rn. 34; Der EuGH bezieht sich dabei auf die Schlussanträge: Generalanwältin beim EuGH (Kokott), Schlussanträge v. 17.11.2011 – in der Rs. C-393/10 [O'Brien] – ECLI:EU:C:2011:746, Rn. 36 f.

418 EuGH, Urt. v. 17.11.2016 – C-216/15 [Betriebsrat der Ruhrlandklinik] – ECLI:EU:C:2016:883, Rn. 37; Generalanwalt beim EuGH (Saugmandgaard Øe), Schlussanträge v. 06.07.2016 – in der Rs. C-216/15 [Betriebsrat der Ruhrlandklinik] – ECLI:EU:C:2016:518, Rn. 36 f. EuGH, Urt. v. 01.03.2012 – C-393/10 [O'Brien] – ECLI:EU:C:2012:110, Rn. 42; Generalanwältin beim EuGH (Kokott), Schlussanträge v. 17.11.2011 – in der Rs. C-393/10 [O'Brien] – ECLI:EU:C:2011:746, Rn. 43.

Anwendungsbereich der Richtlinie[419] nicht allein damit gerechtfertigt werden könne, dass für diese Gruppe Sonderregeln gelten würden.[420] Es müsse vielmehr ein Rechtsverhältnis vorliegen, dass seiner Art nach nicht mit dem Arbeitsverhältnissen verglichen werden könne, die nach nationalem Recht den Vorschriften der Rahmenvereinbarung unterliegen.[421]

Eine Herausnahme von Personengruppen aus dem Anwendungsbereich der Leiharbeitsrichtlinie durch die Mitgliedstaaten würde dem Ziel der Leiharbeitsrichtlinie widersprechen, einen unionsweiten Schutz der Leiharbeitnehmer herbeizuführen.[422] Könnten die Mitgliedstaaten eigene Ausnahmen und Umgehungsmöglichkeiten schaffen, wäre die Umgehung von Leiharbeit nicht effektiv zu verhindern. Das würde dem Ziel des Art. 2 der Leiharbeitsrichtlinie zuwiderlaufen, wonach ein angemessener Rahmen für den Einsatz von Leiharbeit festgelegt werden muss.

Zusammenfassend lässt sich somit festhalten, dass der Grundsatz der praktischen Wirksamkeit der Leiharbeitsrichtlinie dadurch verletzt wird, dass bestimmte Personengruppen dem Anwendungsbereich der Leiharbeitsrichtlinie entzogen werden. Zumindest dann, wenn sie den geschützten Personengruppen dem Wesen nach entsprechen.

## C. Zusammenfassung

Hinsichtlich der Definition des Begriffs der Leiharbeit lässt sich Folgendes festhalten: Die Leiharbeitsrichtlinie charakterisiert das Verhältnis zwischen Entleiher und Leiharbeitnehmer als ein Tätigwerden des Leiharbeitnehmers unter der Aufsicht und Leitung des entleihenden Unternehmens. Die Auslegung dieser Begriffe zeigt, dass das

419 Streitgegenständlich war die Richtlinie 1999/70/EG des Rates vom 28. Juni 1999 zu der EGB-UNICE-CEEP-Rahmenvereinbarung über befristete Arbeitsverträge, ABl. L 175 vom 10.07.1999, S. 43.

420 Generalanwalt beim EuGH (Maduro), Schlussanträge v. 10.01.2007 – in der Rs. C-307/05 [Del Cerro Alonso] – ECLI:EU:C:2007:3, Rn. 27.

421 Generalanwalt beim EuGH (Maduro), Schlussanträge v. 10.01.2007 – in der Rs. C-307/05 [Del Cerro Alonso] – ECLI:EU:C:2007:3, Rn. 27.

422 Hierzu Zweites Kapitel B. IV. 1. a).

Verhältnis zwischen Leiharbeitnehmer und Entleiher als Über-Unterordnungsverhältnis zu verstehen ist. Aus dieser Verbindung heraus muss der Entleiher in der Lage sein, die Kontrolle über die Tätigkeit der Leiharbeitnehmer zu haben und muss hierzu insbesondere durch arbeitsvertragliche Weisungen auf die Ausführung der Tätigkeiten Einfluss nehmen können. Deutlich wird das vor allem anhand der historischen Betrachtung der Entwicklung bis hin zur Verabschiedung der nun geltenden Leiharbeitsrichtlinie sowie aus dem systematischen Zusammenhang mit der Richtlinie 91/383/EWG und der Entsenderichtlinie. Die EuGH Rechtsprechung zur Entsenderichtlinie (in den Rs. *Vicoplus*[423] und *Martin Meat*[424]) liefert wichtige Hinweise zur Bestimmung des Leiharbeitsbegriffs bzw. zur Abgrenzung der Leiharbeit von anderen Formen des Fremdpersonaleinsatzes sowie hinsichtlich Natur und Umfang der Weisungen. Entscheidend ist nach Ansicht des EuGH, dass die Überlassung des Fremdpersonals den eigentlichen Gegenstand der Überlassung darstellt. Anhand dieses Merkmals ist Arbeitnehmerüberlassung von einer Dienstleistung abzugrenzen, bei der Fremdpersonal lediglich zur Erbringung der Dienstleistung eingesetzt werde. Das Personal muss dann unter der Aufsicht und Leitung des Empfängers tätig werden. Hierzu muss zwischen allgemeinen Anweisungen und Weisungen unterschieden werden, die unmittelbar die Ausführung der Tätigkeit betreffen. Erst wenn Letzteres erfüllt ist, kann von einer für das Vorliegen von Leiharbeit relevanten Weisung gesprochen werden.

Aus der Systematik ergibt sich zudem, dass das Verhältnis zwischen Leiharbeitnehmer und Entleiher, dem zwischen Entleiher und seinen Stammarbeitnehmern zumindest ähnlich sein muss. Dies folgt insbesondere aus dem Gleichstellungsgrundsatz (Art. 5 der Leiharbeitsrichtlinie) als ein Kernelement der Leiharbeitsrichtlinie. Hieraus ist das Erfordernis der Weisungsgebundenheit des Leiharbeitnehmers abzuleiten. Eine Gleichstellung ist nur dann erforderlich, wenn sich der Leiharbeitnehmer in einer vergleichbaren Situation wie der Stammarbeitnehmer des verwendenden Unternehmens ausgesetzt sieht. Nach

423 EuGH, Urt. v. 10.02.2011 – C-307/09 bis C-309/09 [Vicoplus] – ECLI:EU:C:2011:64.

424 EuGH, Urt. v. 18.06.2015 – C-586/13 [Martin Meat] – ECLI:EU:C:2015:405.

dem europäischen Arbeitnehmerbegriff ist das Wesensmerkmal die Weisungsgebundenheit, welches daher das maßgebliche Beurteilungskriterium darstellt.

Zu diesem Ergebnis kommt auch eine teleologische Betrachtung der Begriffe der Leiharbeitsrichtlinie. „Aufsicht“ und „Leitung“ hinsichtlich des Leiharbeitnehmers, bedeutet für den Entleiher, die Kontrolle und Weisungsbefugnis innezuhaben. Nur so wird der Zweck der Leiharbeit, nämlich Fremdpersonal entsprechend den eigenen betrieblichen Erfordernissen einsetzen zu können, erfüllt. Auch i.R.d. teleologischen Auslegung ist das Gleichstellungsgebot in Art. 5 der Leiharbeitsrichtlinie zu beachten. Eine Gleichstellung zwischen Leiharbeitnehmer und Stammarbeitnehmer kann nur bei einer tatsächlichen Gleichstellung gerechtfertigt werden. Nach dem europäischen Arbeitnehmerbegriff ist die weisungsgebundene Tätigkeit das entscheidende Merkmal. Diese Weisungsgebundenheit ist somit auch bei Leiharbeitnehmern maßgeblich.

Auch ist die Leiharbeitsrichtlinie dahingehend zu verstehen, dass Leiharbeitnehmer in den Betrieb des Entleihers eingegliedert sein müssen. Dies zumindest ergibt sich aus dem Wort „*dort*“.[425] Das vorausgesetzte Maß der Eingliederung der Leiharbeitnehmer lässt sich anhand der Richtlinie nicht abschließend klären.

Zudem ergibt sich nach Auslegung der Leiharbeitsrichtlinie hinsichtlich des Anwendungsbereichs zusammenfassend, dass eine pauschale Herausnahme bestimmter Vertragskonstellationen aus dem Anwendungsbereich des Leiharbeitsrechts mit der Leiharbeitsrichtlinie nicht zu vereinbaren und daher als europarechtswidrig anzusehen ist. Das ergibt sich aus den Regelungen der Leiharbeitsrichtlinie selbst. Danach sind abschließende Regelungen zu möglichen Ausnahmen und zulässigen Beschränkungen vorgesehen. Die von der Richtlinie vorgegebene Mindestharmonisierung (Art. 9 der Leiharbeitsrichtlinie) schließt eine negative Abweichung von diesen Vorgaben aus. Weitere Ausnahmen vom Anwendungsbereich durch nationales Recht oder nationale Rechtsanwendung sind demnach richtlinien- und daher europarechtswidrig.

425 Art. 6 Abs. 4 der Leiharbeitsrichtlinie.

Zu berücksichtigen sind zudem die Regelungsziele der Leiharbeitsrichtlinie. Dazu gehört die Einebnung der Unterschiede zwischen den Regelungen der Mitgliedstaaten und der dadurch gewährleistete Schutz der Leiharbeitnehmer sowie der Flexicurity-Grundsatz.

Gleiches gilt mit Blick auf den *effet utile*-Grundsatz bzw. den Grundsatz der praktischen Wirksamkeit des Europarechts. Danach darf eine nationale Rechtsanwendung der Wirksamkeit der Leiharbeitsrichtlinie nicht entgegenstehen. Aus diesem Grundsatz und der Entscheidung des EuGH in der Rs. *Betriebsrat der Ruhrlandklinik*,[426] lässt sich ableiten, dass eine pauschale Ausnahme bestimmter Vertragskonstellationen nur wegen deren Bezeichnung europarechtswidrig ist, wenn es für die Ausnahme keine objektiven Gründe gibt.

426 EuGH, Urt. v. 17.11.2016 – C-216/15 [Betriebsrat der Ruhrlandklinik] – ECLI:EU:C:2016:883, Rn. 34 f; dem Schlussantrag folgend: Generalanwalt beim EuGH (Saugmandgaard Øe), Schlussanträge v. 06.07.2016 – in der Rs. C-216/15 [Betriebsrat der Ruhrlandklinik] – ECLI:EU:C:2016:518, Rn. 35.

# Drittes Kapitel: Arbeitnehmerüberlassung i.R. typengemischter Verträge

Nach der rechtlichen Analyse von Mischverträgen mit und ohne Personalgestellung und der Herausarbeitung der unterschiedlichen Beurteilungsweisen sowie der Abgrenzung der Arbeitnehmerüberlassung von anderen Formen des Fremdpersonaleinsatzes, folgt nunmehr eine ausführliche Erörterung der europarechtlichen Vorgaben zur Leiharbeit. Vor diesem Hintergrund soll anhand der im Zweiten Kapitel eingehend dargestellten unionsrechtlichen Vorgaben überprüft werden, wie Personalgestellungen i.R.v. Mischverträgen zu beurteilen sind (A.). Anschließend ist das AÜG im Hinblick auf Personalgestellungen i.R.v. Mischverträgen europarechtskonform auszulegen (B.). Abschließend wird anhand der Ergebnisse aus den Abschnitten A. und B. ein eigener Leitfaden zur rechtlichen Beurteilung von Mischverträgen mit Personalgestellung entwickelt und erörtert. Auf dieser Grundlage werden Maschinenüberlassungsverträge mit Personalgestellung bzw. Wet-Lease-Verträge anhand dieses Beurteilungsansatzes geprüft (C.).

## A. Mischverträge mit Personalgestellung als Fall der Leiharbeitsrichtlinie

Nachdem in den vorhergehenden Abschnitten zunächst die sich aus den europarechtlichen Vorgaben ergebenden Anforderungen an das Vorliegen von Leiharbeit festgestellt wurden, ist nunmehr konkret für Mischverträge mit Personalgestellung bzw. für Maschinenüberlassungsverträge mit Personalgestellung zu überprüfen, ob bzw. unter welchen Voraussetzungen die Kriterien der Leiharbeitsrichtlinie erfüllt sind. In diesen Kontext wird das Praxisbeispiel des Wet-Lease-Vertrags herangezogen. In Bezug auf diesen Vertrag ist zunächst festzuhalten, dass dieser nicht aufgrund einer spezielleren Regelung verdrängt wird.

Die Regelungen zu Wet-Lease in der VO 1008/2008 sind schon deshalb keine die Leiharbeitsrichtlinie verdrängenden Spezialvorschriften, da sie gerade keine Regelung zur Rechtsnatur des Vertrages beinhalten und insbesondere keine Aussage darüber treffen, ob es sich um Arbeitnehmerüberlassung handelt.[427]

## I. Anwendbarkeit der Leiharbeitsrichtlinie

Die Leiharbeitsrichtlinie definiert den Begriff des Leiharbeitnehmers nach Art. 3 Abs. 1 lit. c) als einen *„Arbeitnehmer, der mit einem Leiharbeitsunternehmen einen Arbeitsvertrag geschlossen hat oder ein Beschäftigungsverhältnis eingegangen ist, um einem entleihenden Unternehmen überlassen zu werden und dort unter dessen Aufsicht und Leitung vorübergehend zu arbeiten.“*

Im Hinblick auf die Konstellation einer Personalgestellung i.R.v. Mischverträgen ist zunächst festzustellen, dass die für die Leiharbeit typische Dreieckskonstellation[428] vorliegt: Der Vermieter der Maschine wird i.d.R. auch der Arbeitgeber des überlassenen Bedienpersonals sein. Der Mieter ist gleichzeitig Entleiher des Bedienpersonals. Zwischen dem überlassenen Personal und dem Entleiher wird jedoch keine Vertragsbeziehung begründet. So dürfte der Fall auch bei einem Wet-Lease-Vertrag liegen. Das bei der leasinggebenden Fluggesellschaft angestellte qualifizierte Flugpersonal soll mitsamt dem Flugzeug anderen Fluggesellschaften zur Verfügung gestellt werden. Mithin liegt in diesem speziellen Fall die für Arbeitnehmerüberlassung typische Dreieckskonstellation vor, weshalb von der Anwendbarkeit der Leiharbeitsrichtlinie auszugehen ist.

Die Voraussetzung, dass das Personal unter der Aufsicht und Weisung des entleihenden Unternehmens tätig wird, ist einer Einzelfallprüfung vorbehalten. Abstrakt ist der Begriff der Aufsicht als eine Form der Kontrolle über die Arbeitsleistung während der Überlassungszeit zu

427 So nun LAG Düsseldorf, Urt. v. 07.07.2021 – 12 Sa 155/21 – juris, Rn. 281; LAG Düsseldorf, Urt. v. 11.08.2021 – 4 Sa 107/21 – juris, Rn. 213; LAG Düsseldorf, Urt. v. 15.09.2021 – 12 Sa 354/21 – juris, Rn. 315.

428 Hierzu Erstes Kapitel D. I. 1. a).

verstehen. Leitung kann synonym als Anleiten verstanden werden, wobei ein Anleiten wiederum eine Weisungsbefugnis des entleihenden Unternehmens und somit die weisungsgebundene Tätigkeit des Leiharbeitnehmers voraussetzt.[429] Die Qualität der Weisungen muss dabei über lediglich allgemeine Anweisungen hinausgehen, um die Voraussetzungen der Leiharbeit zu erfüllen.

Hinsichtlich der Aufsicht und Leitung des verwendenden Unternehmens ist anhand der oben zusammengefassten Kriterien eine Einzelfallbetrachtung unerlässlich. Der Maschinenüberlassungsvertrag kann dergestalt durchgeführt werden, dass der Empfänger die Maschine innerhalb der betrieblichen Organisation entsprechend seinen betrieblichen Anforderungen einsetzen kann. Jedenfalls in diesem Fall wird von dem verwendenden Unternehmen auch Ort, Zeit und Ausführung der Tätigkeiten gegenüber dem überlassenen Personal vorgegeben werden. Insoweit kann also davon ausgegangen werden, dass das empfangende Unternehmen die weisungsbezogene Kontrolle über die Tätigkeit des Personals erlangt.

Diese Voraussetzungen dienen gleichzeitig auch der Abgrenzung einer Arbeitnehmerüberlassung von einem Einsatz von Fremdpersonal als Erfüllungsgehilfen, also zur Erbringung einer Leistung i.R. eines Werk- oder Dienstvertrags. In diesen Fällen verbleiben die Aufsicht und Leitung bei dem Arbeitgeber.

Nach den beiden EuGH-Entscheidungen in den Rs. *Vicoplus*[430] und *Martin Meat*[431] ging es genau um diese Abgrenzung zwischen Leiharbeit und Dienstleistung i.S.d. der Entsenderichtlinie. Danach darf der Einsatz des Fremdpersonals nicht nur den Zweck haben, eine vereinbarte Dienst- oder Werkleistung zu erfüllen, sondern es muss ein eigenständiger Vertragszweck damit erzielt werden.[432] Bei einem typengemischten Vertrag mit Personalgestellung nimmt schon der Personalgestellungsteil per definitionem einen eigenständigen Vertragsteil ein. Handelt es sich

429 Sieh hierzu Zweites Kapitel B. I.

430 EuGH, Urt. v. 10.02.2011 – C-307/09 bis C-309/09 [Vicoplus] – ECLI:EU:C:2011:64.

431 EuGH, Urt. v. 18.06.2015 – C-586/13 [Martin Meat] – ECLI:EU:C:2015:405.

432 EuGH, Urt. v. 10.02.2011 – C-307/09 bis C-309/09 [Vicoplus] – ECLI:EU:C:2011:64, Rn. 46, 51; .EuGH, Urt. v. 18.06.2015 – C-586/13 [Martin Meat] – ECLI:EU:C:2015:405, Rn. 33 f.

bei dem Einsatz von Erfüllungsgehilfen nur um ein Mittel zur Erfüllung einer vereinbarten Dienstleistung, dann liegt ein Werk- oder Dienstvertrag vor, aber kein Mischvertrag mit Personalgestellung.

So müsste für die Annahme einer reinen Dienst-/Werkleistung unter Einsatz von Erfüllungsgehilfen bei Wet-Lease-Verträgen vertraglich allein die gesamte Flugdienstleistung geschuldet sein.[433] Das kommt aber schon deshalb nicht in Betracht, weil die empfangende Fluggesellschaft an der Durchführung des Flugs immer beteiligt ist, etwa durch die komplette Bodenabfertigung des Flugs. Jedenfalls aber besteht bei Wet-Lease das generelle und zutreffende Verständnis, dass es sich um einen Mischvertrag, bestehend aus Mietabrede sowie Dienstverschaffungsabrede, handelt.

Für die Bestimmung, ob Leiharbeit i.S.d. Unionsrechts vorliegt, gibt es unterschiedliche Indizien, die für oder gegen ein Tätigwerden des Fremdpersonals unter der Aufsicht und Leitung des entleihenden Unternehmens sprechen. Hierzu gehört etwa die Risiko- bzw. Haftungsverteilung innerhalb des Vertragsverhältnisses.[434] Trägt etwa der Vermieter die Verantwortung für die Tätigkeiten des Fremdpersonals und haftet er somit auch bei Schlechtleistungen oder Schäden, dann spricht das eher gegen das Vorliegen einer Arbeitnehmerüberlassung. Diese wird regelmäßig zwischen den Parteien vertraglich festgelegt werden.

Rückschlüsse können sich auch aus der vertraglichen Vergütungsvereinbarung ergeben. Richtet sich die Vergütung nach der Arbeitsleistung und nach der Anzahl des überlassenen Personals, spricht dies mehr für eine Arbeitnehmerüberlassung.[435] Man könnte also sagen, die Überlassung des Personals muss sich in der Berechnung der Vergütung niederschlagen. Bei einem Maschinenüberlassungsvertrag ist es zumindest naheliegend, dass die Personalgestellung einen eigenen Rechnungspos-

433 Das LAG Düsseldorf ist in seinen Entscheidungen davon ausgegangen, dass nach dem Vertragsgegenstand die Erbringung von Flugdienstleistungen geschuldet war, vgl. LAG Düsseldorf, Urt. v. 07.07.2021 – 12 Sa 155/21 – juris, Rn. 289; LAG Düsseldorf, Urt. v. 11.08.2021 – 4 Sa 106/21 – juris, Rn. 284; LAG Düsseldorf, Urt. v. 11.08.2021 – 4 Sa 107/21 – juris, Rn. 218; LAG Düsseldorf, Urt. v. 15.09.2021 – 12 Sa 354/21 – juris, Rn. 323.

434 EuGH, Urt. v. 18.06.2015 – C-586/13 [Martin Meat] – ECLI:EU:C:2015:405, Rn. 41.

435 Generalanwältin beim EuGH (Sharpston), Schlussanträge v. 15.01.2015 – in der Rs. C-586/13 [Martin Meat] – ECLI:EU:C:2015:15, Rn. 54.

ten bildet. Richtet sich die Vergütung nach Menge und Qualität, spricht dies eher gegen eine Arbeitnehmerüberlassung.[436] Gleiches soll für den Umstand gelten, dass der Dienstleistungserbringer die Anzahl der bereitgestellten Arbeitnehmer selbst festlegen kann.[437]

Insgesamt ist eine Personalgestellung i.R. eines Mischvertrags bzw. Maschinenüberlassungsvertrags grundsätzlich als von der Leiharbeitsrichtlinie erfasst anzusehen. Es kommt lediglich darauf an, dass das Personal unter der Aufsicht und Leitung des entleihenden Unternehmens tätig wird.

## II. Weitere Voraussetzungen der Leiharbeitsrichtlinie

Die Leiharbeitsrichtlinie setzt gemäß Art. 1 Abs. 2 zusätzlich voraus, dass die entleihenden Unternehmen eine wirtschaftliche Tätigkeit ausüben. Unter einer wirtschaftlichen Tätigkeit wird das Anbieten von Gütern oder Dienstleistungen auf einem bestimmten Markt verstanden. Der EuGH bejaht die Voraussetzungen auch bei einer Personalgestellung gegen ein Gestellungsentgelt zum Selbstkostenpreis.[438] Diese Voraussetzung wird bei einer Personalgestellung i.R. eines Maschinenüberlassungsvertrags regelmäßig erfüllt sein. Eine kostenlose Überlassung des Personals ist wohl zumindest dann nicht anzunehmen, wenn die Personalgestellung explizit auch im Vertrag benannt ist. Damit kann auch die Frage dahinstehen, ob beide beteiligten Unternehmen einer wirtschaftlichen Tätigkeit nachgehen müssen.[439] Liegt ein sog. Mischunternehmen vor, d.h. ein Unternehmen, das nicht ausschließlich Arbeitnehmerüberlassung betreibt, hat die Leiharbeit i.R. einer wirtschaftlichen Tätigkeit zu erfolgen.[440] Auch dies dürfte bei Mischverträgen mit Personalgestellung unproblematisch der Fall sein.

436 EuGH, Urt. v. 18.06.2015 – C-586/13 [Martin Meat] – ECLI:EU:C:2015:405, Rn. 37.

437 EuGH, Urt. v. 18.06.2015 – C-586/13 [Martin Meat] – ECLI:EU:C:2015:405, Rn. 38.

438 Vgl. EuGH, Urt. v. 17.11.2016 – C-216/15 [Betriebsrat der Ruhrlandklinik] – ECLI:EU:C:2016:883, Rn. 44 ff.

439 *Rebhahn/Schörghofer/Kolbe* in: Franzen/Gallner/Oetker EuArbR, RL 2008/104/EG, Art. 1 Rn. 12.

440 So im Ergebnis: *Rieble/Vielmeier*, EuZA 2011, 474, 481.

Auch die zusätzliche Voraussetzung des Art. 1 Abs. 1 der Leiharbeitsrichtlinie, wonach die Arbeitnehmerüberlassung „vorübergehend" zu erfolgen hat,[441] stellt bei einer Personalgestellung i.R.v. Mischverträgen allgemein bzw. bei Maschinenüberlassungsverträgen und Wet-Lease kein Problem dar. Da es sich bei dem Bedienpersonal wohl regelmäßig nicht um Mitarbeiter handelt, die ausschließlich zum Zweck der Überlassung an Dritte beschäftigt werden, erscheint es recht unwahrscheinlich, dass diese dauerhaft überlassen werden. Ein anderes Ergebnis bleibt einer etwaigen Einzelfallbeurteilung vorbehalten.

Damit sind auch die weiteren Voraussetzungen bei einer Personalgestellung i.R. eines Mischvertrags grundsätzlich als erfüllt anzusehen.

## III. Ausnahme und Beschränkung

Zu überprüfen ist weiterhin, ob aus dem Umstand, dass eine Personalgestellung i.R. eines Mischvertrags bzw. Maschinenüberlassungsvertrags oder Wet-Lease-Vertrags erfolgt, eine Ausnahme vom Anwendungsbereich der Leiharbeitsrichtlinie begründen kann.

### 1. Abweichende nationale Bezeichnung

Schon die Auslegung der Leiharbeitsrichtlinie lässt eine Differenzierung anhand der vertraglichen Bezeichnung nicht zu. Insbesondere enthält Art. 3 Abs. 2 der Leiharbeitsrichtlinie keine Öffnung für eine nationale Definition der Leiharbeit.[442] Abgesehen davon, hat der EuGH mit seiner Entscheidung in der Rs. *Betriebsrat der Ruhrlandklinik* deutlich gemacht, dass auch bei Zulassung einer nationalen Begriffsbestimmung durch die Leiharbeitsrichtlinie, die von der Richtlinie vorgegebenen Umstände zu beachten sind und insbesondere eine abweichende rechtliche Bezeichnung eines Rechtsverhältnisses

441 *Lembke*, DB 2011, 414, 415, sieht diese Voraussetzung lediglich als „Programmsatz ohne Rechtsfolge".

442 Diese bezieht sich nur auf „Arbeitsentgelt", „Arbeitsvertrag", „Beschäftigungsverhältnis" oder „Arbeitnehmer".

durch die Mitgliedstaaten unerheblich ist.[443] Zudem ist eine pauschale Herausnahme von Personengruppen oder Vertragskonstellationen aus dem Anwendungsbereich mit der Leiharbeitsrichtlinie unvereinbar.[444] Denn die Leiharbeitsrichtlinie sieht selbst nur wenige Einschränkungs- bzw. Ausnahmemöglichkeiten von ihrem Anwendungsbereich vor.

Nach Art. 1 Abs. 3 der Leiharbeitsrichtlinie können Arbeitsverträge/Beschäftigungsverhältnisse i.R. öffentlich geförderter beruflicher Ausbildungs-, Eingliederungs- und Umschulungsprogramme von den Mitgliedstaaten ausgenommen werden.[445] Hierunter fallen Personalgestellungen i.R.v. Mischverträgen eindeutig nicht und somit auch keine Maschinenüberlassungsverträge mit Personalgestellung bzw. Wet-Lease-Verträge. Abgesehen davon fehlt es hier bereits an einer Regelung des Gesetzgebers, denn es handelt sich lediglich um eine Rechtsprechungspraxis. Ansonsten sind Verbote und Einschränkungen nur unter den Voraussetzungen des Art. 4 Abs. 1 der Leiharbeitsrichtlinie zulässig. Ausnahmen nach dieser Regelung müssen aufgrund eines Allgemeininteresses gerechtfertigt sein.[446] Allerdings lässt sich eine Ausnahme vom Anwendungsbereich für eine Personalgestellung i.R. eines Mischvertrags nicht mit den Regelungen des Art. 4 Abs. 1 der Leiharbeitsrichtlinie rechtfertigen.

Weiterhin ergibt sich aus der Definition bzw. den weiteren Regularien zu Wet-Lease-Verträgen aus der VO (EG) 1008/2008 nicht, dass in diesen Fällen keine Arbeitnehmerüberlassung vorliegt.[447]

Das folgt schon aus dem Grundsatz der praktischen Wirksamkeit der Richtlinie. Es gilt, dass eine im innerstaatlichen Recht vorgesehene Definition nicht zur Folge haben darf, dass bestimmte Personenkategorien vom Schutzbereich der Richtlinie ausgenommen werden, obwohl

443 EuGH, Urt. v. 17.11.2016 – C-216/15 [Betriebsrat der Ruhrlandklinik] – ECLI:EU:C:2016:883, Rn. 29.

444 Siehe hierzu Ausführungen: Zweites Kapitel B. IV. 3., V.

445 Siehe Ausführungen Zweites Kapitel B. III. 1. b), IV. 3.

446 Siehe Ausführungen Zweites Kapitel B. III. 1. b), IV. 3.

447 So im Ergebnis auch: LAG Düsseldorf, Urt. v. 07.07.2021 – 12 Sa 155/21 – juris, Rn. 281; LAG Düsseldorf, Urt. v. 15.09.2021 – 12 Sa 354/21 – juris, Rn. 315.

diese dem Wesen nach einer geschützten Beschäftigtengruppe entsprechen.[448]

## 2. Beurteilung der Geprägetheorie

Vor diesem Hintergrund ist zu beurteilen, ob die Geprägetheorie des BAG mit der Leiharbeitsrichtlinie vereinbar und somit europarechtskonform ist.

Nach der Rechtsprechung des BAG sind bestimmte Verträge, namentlich Maschinenüberlassungsverträge mit Personal bzw. Wet-Lease-Verträge faktisch dem Anwendungsbereich des AÜG entzogen. Um dies noch einmal zu verdeutlichen, kann die Begründung des BAG,[449] in drei Stufen unterteilt werden: (i) Auf der ersten Stufe stellt das BAG fest, dass ein Mischvertrag zugrunde liegt, der sich aus einem Dienstverschaffungsvertrag hinsichtlich des überlassenen Personals und typischerweise einem Mietvertrag hinsichtlich der zum Gebrauch überlassenen Maschine zusammensetzt. (ii) Auf der zweiten Stufe argumentiert das BAG, dass das Vorliegen eines Mischvertrags mit Personalgestellung ausnahmsweise nicht die üblichen Kriterien für die Abgrenzung einer Arbeitnehmerüberlassung von Werk- und Dienstvertrag heranzuziehen sind. Bei Mischverträgen mit Personalgestellung sei diese gegenüber der Maschinenüberlassung vielmehr i.d.R. nicht prägend für den gesamten Vertrag. Den Vertragsparteien gehe es ausschließlich um die Gebrauchsüberlassung der Maschine, die Bereitstellung des Bedienpersonals diene nur dazu die Maschine „vertragsgemäß" einzusetzen, weshalb sie keinen prägenden Charakter habe.[450] (iii) Mangels prägenden Charakters bleibt der Personalgestellungsteil bei der rechtlichen Beurteilung des gesamten Vertrags unberücksich-

448 Vgl. EuGH, Urt. v. 17.11.2016 – C-216/15 [Betriebsrat der Ruhrlandklinik] – ECLI:EU:C:2016:883, Rn. 37; Generalanwalt beim EuGH (Saugmandgaard Øe), Schlussanträge v. 06.07.2016 – in der Rs. C-216/15 [Betriebsrat der Ruhrlandklinik] – ECLI:EU:C:2016:518, Rn. 36; EuGH, Urt. v. 01.03.2012 – C-393/10 [O'Brien] – ECLI:EU:C:2012:110, Rn. 42; Generalanwältin beim EuGH (Kokott), Schlussanträge v. 17.11.2011 – in der Rs. C-393/10 [O'Brien] – ECLI:EU:C:2011:746, Rn. 43. Siehe zudem Ausführungen Zweites Kapitel B.V.

449 BAG, Urt. v. 17.02.1993 – 7 AZR 167/92 – juris, Rn. 44; hierzu ausführlich Erstes Kapitel C. I. 1.

450 BAG, Urt. v. 17.02.1993 – 7 AZR 167/92 – juris, Rn. 44.

tigt. Dadurch wird die Anwendung des AÜG ausgeschlossen, weil nach der Argumentation des BAG von vornherein keine Arbeitnehmerüberlassung vorliegt.[451]

Diese Rechtsprechung schafft eine generelle und pauschale Ausnahme vom Anwendungsbereich des AÜG, die mit der Leiharbeitsrichtlinie nicht vereinbar und damit europarechtswidrig ist.[452] Dadurch verletzt sie auch den Grundsatz der praktischen Wirksamkeit der Leiharbeitsrichtlinie (*effet utile*-Grundsatz).[453] Denn nach der Rechtsprechung des EuGH gefährde eine Einschränkung der Begriffe der Leiharbeit durch nationales Recht die Wirksamkeit der Leiharbeitsrichtlinie.[454] Es müsse vielmehr verhindert werden, dass bestimmte Rechtsverhältnisse aus dem Anwendungsbereich herausgenommen werden, obwohl sie sich nicht wesentlich von den Beschäftigtengruppen unterscheiden, denen nach nationalem Recht die entsprechende Eigenschaft zukommt.[455]

Von der Rechtsprechung wird die Personalgestellung nur deshalb nicht anhand der Voraussetzungen des AÜG für eine Arbeitnehmerüberlassung geprüft, weil diese innerhalb eines Mischvertrags erfolgt. Denn würden die Parteien separate Verträge schließen – einerseits über die Miete der Maschine und andererseits über die Personalgestellung –, würde die Personalgestellung anhand der Voraussetzungen der Eingliederung und der Weisungsgebundenheit geprüft werden. Die Personalgestellung in diesen Fällen unterscheidet sich aber nicht wesentlich von jenen Beschäftigten, die ohne die Gebrauchsüberlassung eines

451 BAG, Urt. v. 17.02.1993 – 7 AZR 167/92 – juris, Rn. 44, 46 f.; vgl. hierzu insgesamt die Ausführungen Zweites Kapitel B. I. 1.

452 So explizit bisher nur: *Lembke*, NZA 2018, 393, 402; *Christ* in: MHA ArbR, 5. Aufl. 2021§ 65 Rn. 35; im Ergebnis auch *Ulber* in: Ulber AÜG, Einleitung, Rn. 116.

453 Ausführungen hierzu vgl. Zweites Kapitel B. V.

454 EuGH, Urt. v. 17.11.2016 – C-216/15 [Betriebsrat der Ruhrlandklinik] – ECLI:EU:C:2016:883, Rn. 37; Generalanwalt beim EuGH (Saugmandgaard Øe), Schlussanträge v. 06.07.2016 – in der Rs. C-216/15 [Betriebsrat der Ruhrlandklinik] – ECLI:EU:C:2016:518, Rn. 36.

455 Vgl. EuGH, Urt. v. 17.11.2016 – C-216/15 [Betriebsrat der Ruhrlandklinik] – ECLI:EU:C:2016:883, Rn. 37; Generalanwalt beim EuGH (Saugmandgaard Øe), Schlussanträge v. 06.07.2016 – in der Rs. C-216/15 [Betriebsrat der Ruhrlandklinik] – ECLI:EU:C:2016:518, Rn. 36; EuGH, Urt. v. 01.03.2012 – C-393/10 [O'Brien] – ECLI:EU:C:2012:110, Rn. 42; Generalanwältin beim EuGH (Kokott), Schlussanträge v. 17.11.2011 – in der Rs. C-393/10 [O'Brien] – ECLI:EU:C:2011:746, Rn. 43. Sieh hierzu Zweites Kapitel B. V.

Geräts einem Dritten zur Arbeitsleistung überlassen werden. Der Leiharbeitsrichtlinie ist an keiner Stelle zu entnehmen, dass die Überlassung des Personals von besonderem Gewicht im gesamtvertraglichen Vergleich sein muss, um ihre Anwendbarkeit auf den Sachverhalt zu bejahen.[456] Diese Differenzierung findet somit keine Rechtfertigungsgrundlage in der Leiharbeitsrichtlinie.

Es ist also davon auszugehen, dass eine Personalgestellung i.R. eines Mischvertrags grundsätzlich unter den Anwendungsbereich der Leiharbeitsrichtlinie fällt und daher die nationale Rechtsprechungspraxis europarechtswidrig und daher abzulehnen ist.

## IV. Zusammenfassung

Im Hinblick auf eine Personalgestellung i.R. eines Mischvertrags/Maschinenüberlassungsvertrags bzw. eines Wet-Lease-Vertrags lässt sich – vorbehaltlich einer Einzelfallprüfung – zusammenfassend feststellen, dass die Umstände insgesamt für das Vorliegen einer Arbeitnehmerüberlassung i.S.d. Leiharbeitsrichtlinie sprechen. Zumindest stellt sich eine pauschale Ausnahme vom Anwendungsbereich der Leiharbeitsrichtlinie bei diesen Verträgen durch die Geprägetheorie als unionsrechtswidrig dar.

Die Personalgestellung i.R. eines Mischvertrags fällt grundsätzlich in den Anwendungsbereich der Leiharbeitsrichtlinie. Es kommt auch nach der Leiharbeitsrichtlinie lediglich auf das Vorliegen der Voraussetzungen der Tätigkeit des Fremdpersonals unter der Aufsicht und Weisung des entleihenden Unternehmens an. In Abgrenzung zu anderen Formen des Fremdpersonaleinsatzes ist bei Mischverträgen mit Personalgestellung stets davon auszugehen, dass die Personalgestellung aufgrund der eigenen Bedeutung innerhalb des Vertragskonstrukts eine Qualifizierung als Erfüllungsgehilfen schon ausschließt. Wäre im Einzelfall anzunehmen, dass der Vermieter der Maschine die

---

456 So nun auch: LAG Düsseldorf, Urt. v. 07.07.2021 – 12 Sa 155/21 – juris, Rn. 279; LAG Düsseldorf, Urt. v. 11.08.2021 – 4 Sa 106/21 – juris, Rn. 176; LAG Düsseldorf, Urt. v. 11.08.2021 – 4 Sa 107/21 – juris, Rn. 210; LAG Düsseldorf, Urt. v. 15.09.2021 – 12 Sa 354/21 – juris, Rn. 313.

Tätigkeiten mit der Maschine vollständig als Dienstleistung schuldet, würde das zur Erfüllung dieser Pflicht eingesetzte Personal wohl als Erfüllungsgehilfen eingeordnet werden müssen und eine Aufsicht und Leitung des Auftraggebers zu verneinen sein. Jedoch liegt in einem solchen Fall wohl schon kein Mischvertrag vor.

Durch die Geprägetheorie wird von der deutschen Rechtsprechung eine Ausnahme geschaffen, die mit der Leiharbeitsrichtlinie nicht vereinbar ist. Die Voraussetzungen der nur beschränkt möglichen Ausnahme- bzw. Beschränkungsmöglichkeiten (vgl. Art. 1 Abs. 3 und Art. 4 Abs. 1 der Leiharbeitsrichtlinie), sind bei dieser Vertragskonstellation offensichtlich nicht erfüllt. Auch die VO 1008/2008 sieht eine Einschränkung der Anwendung der Leiharbeitsrichtlinie für Personalgestellungen i.R.v. Wet-Lease-Verträge nicht vor. Jedenfalls aber lässt sich die mit der Geprägetheorie geschaffene Ausnahme mit dem *effet utile*-Grundsatz nicht vereinbaren. Durch die Geprägetheorie werden bestimmte Gruppen von Beschäftigten dem Anwendungs- und Schutzbereich entzogen, obwohl sie dem Wesen nach den geschützten Gruppen entsprechen. Es darf aber keinen Unterschied machen, in welchem vertraglichen Konstrukt die Personalgestellung erfolgt, sonst wird einer bestimmten Personengruppe ohne sachliche Gründe der Schutz entzogen. Damit stellt die Geprägetheorie keine wirksame „Ausnahme“ vom Anwendungsbereich der Leiharbeitsrichtlinie dar. Die Geprägetheorie ist vielmehr als europarechtswidrig anzusehen und daher abzulehnen.

## B. Personalgestellung i.R.v. Mischverträgen als Arbeitnehmerüberlassung i.S.d. AÜG

Wie oben dargestellt, fällt ein Maschinenüberlassungsvertrag mit Personalgestellung dem Grunde nach in den Anwendungsbereich der Leiharbeitsrichtlinie. Jedenfalls ist eine pauschale Ausnahme vom Anwendungsbereich nur aufgrund des Vorliegens einer solchen Vertragskonstellation europarechtswidrig. Ausgehend davon, gilt es zu erörtern, inwieweit das AÜG europarechtskonform auszulegen und diese Form der Personalgestellung anschießend nach dem AÜG zu beurteilen ist.

Gleichzeitig ist auch die Geprägetheorie des BAG dahingehend auf den Prüfstand zu stellen.

## I. Verhältnis zwischen Leiharbeitsrichtlinie und AÜG

Nachdem das BAG mit Beschluss vom 17. März 2015 – 1 ABR 62/12 (A) dem EuGH die Frage hinsichtlich der (Leih)Arbeitnehmereigenschaft von DRK-Schwestern vorgelegt hat,[457] entschied das BAG im Anschluss an die daraufhin ergangene Vorlageentscheidung des EuGH in der Rs. *Betriebsrat der Ruhrlandklinik* mit Beschluss vom 21. Februar 2017[458] wegweisend über das Verhältnis zwischen AÜG und der Leiharbeitsrichtlinie: Das BAG stellt in seiner Entscheidung heraus, dass nationale Gerichte bei der Anwendung des nationalen Rechts dieses unionsrechtskonform auszulegen haben.[459] Das BAG legte dar, dass der nationale Gesetzgeber die Vorgaben des Unionsrechts „*vollständig, eins zu eins*" umsetzen wollte und damit der Begriff der Arbeitnehmerüberlassung durch Auslegung dem Geltungsbereich der Richtlinie anzupassen ist.[460] Damit nimmt das BAG einen Gleichlauf zwischen der Leiharbeitsrichtlinie und dem AÜG und somit die Letztentscheidungskompetenz des EuGH hinsichtlich der Begriffsbestimmung der Leiharbeit an.[461] Geht man also – wie oben dargelegt – davon aus, dass eine Personalgestellung i.R.v. Mischverträgen vom Anwendungsbereich der Leiharbeitsrichtlinie grundsätzlich erfasst ist[462], dann muss sie im Ergebnis auch vom Anwendungsbereich des AÜG erfasst sein.

---

457 BAG, EuGH-Vorlage v. 17.03.2015 – 1 ABR 62/12 (A) – juris.

458 BAG, Beschl. v. 21.02.2017 – 1 ABR 62/12 – juris.

459 BAG, Beschl. v. 21.02.2017 – 1 ABR 62/12 – juris, Rn. 29.

460 BAG, Beschl. v. 21.02.2017 – 1 ABR 62/12 – juris, Rn. 34 m.w.N.

461 So *Lembke*, NZA 2018, 393, 399.

462 Siehe hierzu Drittes Kapitel A.

## II. Europarechtskonforme Auslegung des AÜG

Dementsprechend ist das AÜG europarechtskonform anhand der Vorgaben der Leiharbeitsrichtlinie auszulegen. Hierbei ist der Grundsatz zu berücksichtigen, dass die Gerichte stets das gesamte nationale Recht in einer dem Unionsrecht nicht widersprechenden Art und Weise zu bestimmen und anzuwenden haben.[463]

### 1. Historie des AÜG

Zunächst ist die Historie des AÜG in den Blick zu nehmen.

#### a) Arbeitsmarktregulierung und Arbeitnehmerschutz

Das AÜG wurde in seiner ersten Fassung am 7. August 1972 verabschiedet und trat am 12. Dezember 1972 in Kraft.[464] In der Begründung des Regierungsentwurfs wurde das Erfordernis der Schaffung einer gesetzlichen Grundlage mit dem zunehmenden Einsatz von Leiharbeit und der damit steigenden Anzahl an Verstößen gegen Vorschriften des Arbeits-, Vermittlungs- und Sozialversicherungsrechts begründet.[465]

Ausnahmen enthielt das AÜG in seiner ersten Fassung nicht, lediglich eine Abgrenzung zur Arbeitsvermittlung – welche dem Anwendungsbereich nicht unterfallen sollte – war vorgesehen. Die Begründung des Gesetzesentwurfes der Bundesregierung vom 15. Juni 1971 enthielt die folgende Einschränkung: „*Ebensowenig greift § 1[[466]] ein, wenn das Überlassen als Nebenleistung anzusehen ist, wie im Falle der Vermietung von Maschinen, bei der der Vermieter das Bedienungspersonal zur Verfügung stellt.*"[467] Auf diese Ausführungen stützen sich die Vertreter

---

463 Vgl. Generalanwalt beim EuGH (Szpunar), Schlussanträge v. 20.11.2014 – in der Rs. C-533/13 – ECLI:EU:C:2014:2392, Rn. 134; so auch: BAG, Beschl. v. 21.02.2017 – 1 ABR 62/12 – juris, Rn. 29.

464 Gesetz zur Regelung der gewerbsmäßigen Arbeitnehmerüberlassung vom 7. August 1972, BGBl. I, 1972, S. 1393.

465 BT-Drucks. VI/2303, S. 9.

466 In § 1 AÜG 1972 wurde die Erlaubnispflicht geregelt, spricht, wann eine erlaubnispflichtige Arbeitnehmerüberlassung im Sinne des AÜG vorliegt.

467 BT-Drucks. VI/2303, S. 10.

der Geprägetheorie bis heute.[468] Diese „Ausnahme" wurde aber weder in der ursprünglichen Fassung noch in den Änderungen des AÜG aufgenommen. Auch in den Begründungen der Entwürfe zur Änderung des AÜG wurde die „Ausnahme" nicht mehr aufgegriffen. Es ist also sehr fraglich, ob hier weiterhin eine entsprechende gesetzgeberische Intention unterstellt werden kann.

#### b) Umsetzung europarechtlicher Vorgaben

Das erste AÜGÄndG diente explizit der Umsetzung der Leiharbeitsrichtlinie und wurde am 28. April 2011 verabschiedet.[469] Mit diesem ersten AÜGÄndG wollte der Gesetzgeber die notwendigen Umsetzungsvorgaben, die sich aus der Richtlinie der Europäischen Union über Leiharbeit ergeben, vornehmen, um damit den Missbrauch von Leiharbeit zu verhindern.[470] Mit dem zweiten AÜGÄndG[471] wurden weitere Änderungen vorgenommen, insbesondere wurde § 1 AÜG geändert und enthält nunmehr eine Legaldefinition der Leiharbeit.[472]

#### c) Rückschlüsse

Vor dem Hintergrund der historischen Entwicklung des AÜG, zeichnet sich ein gesetzgeberischer Wille ab, die Leiharbeit zu regulieren und den Missbrauch von Leiharbeit zu verhindern. Mit dem ersten und zweiten AÜGÄndG[473] sollten zudem die Vorgaben der Leiharbeitsrichtlinie umgesetzt werden.[474] Die in der Begründung des Gesetzesentwurfs vom 15. Oktober 1971 erwähnte Ausnahmen für Personalgestellungen i.R.v. Maschinenüberlassungsverträgen wurde nie gesetzlich normiert.[475] Das bedeutet für die Beurteilung einer Perso-

468 Vgl. BAG, Urt. v. 17.02.1993 – 7 AZR 167/92 – juris, Rn. 44 ff.

469 Erstes Gesetz zur Änderung des Arbeitnehmerüberlassungsgesetzes – Verhinderung von Missbrauch der Arbeitnehmerüberlassung vom 28.04.2011, BGBl. I, 2011, S. 642.

470 *Waas* in: Thüsing AÜG, § 1 Rn. 20.

471 Gesetz zur Änderung des Arbeitnehmerüberlassungsgesetzes und anderer Gesetze vom 21. Februar 2017, BGBl. I, 2017, S. 258.

472 BT-Drucks. 18/9232, S. 19.

473 BGBl. I, 2011, S. 642; BGBl. I, 2017, S. 258.

474 Hierzu: BAG, Beschl. v. 21.02.2017 – 1 ABR 62/12 – juris, Rn. 34.

475 BT-Drucks. VI/2303, S. 10.

nalgestellung i.R. eines Mischvertrags nach dem AÜG, dass kein gesetzgeberischer Wille erkennbar ist, einen Ausnahmetatbestand für diese rechtliche Konstellation des Fremdpersonaleinsatzes zu schaffen. Vielmehr wurde trotz mehrfacher Anpassung und Änderung seit der Verabschiedung des AÜG eine solche Ausnahme nicht normiert. Der Hinweis in der Begründung zum Gesetzesentwurf, wonach der Anwendungsbereich diesen Fall der Personalgestellung nicht erfassen soll,[476] ist kein hinreichender Grund, diese Personengruppe vom Anwendungsbereich auszunehmen. Die Thematik wurde vom Gesetzgeber danach nicht mehr aufgegriffen. Zuletzt wäre eine solche Ausnahme jedoch nach Umsetzung der Leiharbeitsrichtlinie ohnehin europarechtswidrig. Denn aus der Auslegung der Leiharbeitsrichtlinie ergibt sich, dass eine Ausnahme vom Anwendungsbereich für Personengruppen, die sich nicht wesentlich von den erfassten Gruppen unterscheiden, richtlinienwidrig ist. Daher ist die Geprägetheorie mit Blick auf die Entwicklung des AÜG bis hin zum Umsetzungsgesetz der Leiharbeitsrichtlinie nicht mit den Vorgaben des AÜG – im Einklang mit der Leiharbeitsrichtlinie – vereinbar.[477]

### 2. Beurteilung nach dem Wortlaut des AÜG

Nach der Legaldefinition der Leiharbeit in § 1 Abs. 1 Satz 1 und 2 AÜG werden Arbeitnehmer zur Arbeitsleistung überlassen, wenn sie in die Arbeitsorganisation des Entleihers eingegliedert sind und dessen Weisungen unterliegen.[478]

#### a) Vertragsbeziehungen bei Arbeitnehmerüberlassung

Dem Wortlaut nach zu urteilen, decken sich AÜG und Leiharbeitsrichtlinie hinsichtlich der zugrundeliegenden vertraglichen Konstellation. Das AÜG geht dabei – wie auch die Leiharbeitsrichtlinie[479] – von einem Dreiecksverhältnis aus: Zwischen Verleiher und Leiharbeitneh-

476 BT-Drucks. VI/2303, S. 10.

477 So auch: *Lembke*, NZA 2018, 393, 402.

478 BT-Drucks. 18/9232, S. 19: Daraus ergibt sich, dass der Gesetzgeber explizit auch eine Legaldefinition schaffen wollte.

479 Siehe Zweites Kapitel B. IV. 2. a).

mer besteht ein Arbeits- bzw. Beschäftigungsverhältnis, Verleiher und Entleiher schließen einen Arbeitnehmerüberlassungsvertrag i.S.d. § 12 Abs. 1 AÜG über die Überlassung von Leiharbeitnehmern. Zwischen Entleiher und Leiharbeitnehmer wird hingegen keine Vertragsbeziehung begründet. Entsprechend den Voraussetzungen der Weisungsgebundenheit in § 1 Abs. 1 Satz 2 AÜG ist dem Entleiher aufgrund des Arbeitnehmerüberlassungsvertrags das arbeitsvertragliche Weisungsrecht i.S.d. § 106 GewO für die Zeit der Überlassung zu übertragen.

#### b) Vertragsinhalt

Hinsichtlich des erforderlichen Inhalts sowie der maßgeblichen Form der Vereinbarung zwischen Entleiher und Verleiher, trifft § 1 Abs. 1 Satz 5 und § 12 Abs. 1 AÜG abschließende Regelungen.[480] Bei diesen Vorschriften handelt es sich jedoch nicht um Voraussetzungen für das Vorliegen einer Arbeitnehmerüberlassung, sondern vielmehr um formale Vorgaben, die einzuhalten sind, wenn eine Arbeitnehmerüberlassung i.S.d. § 1 Abs. 1 AÜG vorliegt. Eine bestimmte vertragliche Einkleidung der Personalgestellung als Voraussetzung für die Anwendbarkeit des AÜG ist dem Wortlaut nicht zu entnehmen. D.h. das AÜG enthält keine Voraussetzung für seine Anwendung, wonach die Überlassung von Leiharbeitnehmern wesentlicher oder ausschließlicher Bestandteil der vertraglichen Vereinbarung sein muss und/oder nicht mit personalfremden Leistungen kombiniert werden kann. Damit ist es dem Wortlaut nach nicht zu entnehmen, die Anwendbarkeit des AÜG von einer bestimmten Gewichtung der Personalgestellung innerhalb eines Mischvertrags oder vom Vorliegen einer „einzelnen" Arbeitnehmerüberlassung abhängig zu machen.

Die fehlende Differenzierung im AÜG nach der zugrundeliegenden Vertragskonstellation spiegelt die Leiharbeitsrichtlinie wider. Auch der Leiharbeitsrichtlinie sind keine Differenzierungen hinsichtlich der Vereinbarung zwischen Leiharbeitsunternehmen und verwendenden Unternehmen zu entnehmen.[481] Ob neben der Arbeitnehmerüberlas-

480 Siehe hierzu Erstes Kapitel D. I. 1. a).

481 Siehe hierzu Drittes Kapitel A. III.

sung weitere Leistungen vereinbart werden, spielt für die Anwendbarkeit des AÜG mithin also keine Rolle.

### c) Merkmale der Eingliederung und Weisungsgebundenheit

Im Hinblick auf die in § 1 Abs. 1 Satz 2 AÜG enthaltene Definition, sind die Eingliederung und Weisungsgebundenheit des Leiharbeitnehmers maßgeblich für das Vorliegen einer Arbeitnehmerüberlassung. Nach der Richtlinie muss der Leiharbeitnehmer unter der Aufsicht und Leitung des entleihenden Unternehmens tätig werden.[482] Wie dargelegt, ist die Aufsicht und Leitung zusammenfassend als Kontrolle über den Leiharbeitnehmer und dessen Arbeitsleistung („Aufsicht") während der Überlassungsdauer sowie als Weisungsbefugnis gegenüber dem Leiharbeitnehmer („Leitung") zu verstehen.[483] Dies entspricht dem Verständnis einer Arbeitnehmerüberlassung i.S.d. AÜG.[484] Die Weisungsgebundenheit gemäß § 1 Abs. 1 Satz 2 AÜG bezieht sich auf Inhalt, Durchführung, Zeit und Ort der Tätigkeit, was begrifflich gleichzusetzen ist mit „Kontrolle".

Auch hinsichtlich des in § 1 Abs. 1 Satz 2 AÜG enthaltenen Erfordernisses der Eingliederung in den Entleiherbetrieb, ist zumindest kein Widerspruch zwischen Leiharbeitsrichtlinie und AÜG auszumachen. Zwar enthält der Wortlaut der Leiharbeitsrichtlinie nicht explizit die Voraussetzung der Eingliederung. Lediglich das in Art. 3 Abs. 1 lit. c) der Leiharbeitsrichtlinie enthaltene Wort *„dort"*, welches sich auf den Betrieb des Entleihers beziehen dürfte, legt die Vermutung nahe, dass zumindest ein gewisses Maß an Eingliederung erforderlich ist.[485] Allerdings soll es auch im nationalen Recht primär auf die Weisungsgebundenheit des Leiharbeitnehmers ankommen.[486] Diese Auslegung des AÜG wird somit durch die Leiharbeitsrichtlinie gestützt.

482 Art. 1 Abs. 1 der Leiharbeitsrichtlinie.
483 Siehe hierzu Zweites Kapitel B. I., III. 1. a), 2., IV. 2. a), Drittes Kapitel A. I.
484 Ausführlich hierzu Erstes Kapitel D. I. 2. a).
485 Siehe hierzu Zweites Kapitel B. I., IV. 2. b) bb).
486 Siehe Ausführungen zur Voraussetzung der Eingliederung: Erstes Kapitel D. I. 2. b)

### d) Ergebnis

Die Wortlautauslegung legt nahe, dass kein Grund ersichtlich ist, eine Personalgestellung i.R. eines Mischvertrags aus dem Anwendungsbereich des AÜG herauszunehmen. Insbesondere ergibt sich aus dem Wortlaut des AÜG keine Differenzierung nach einer möglichen atypischen Personalgestellungssituation. Dieses Verständnis wird gestützt durch das Auslegungsergebnis der Leiharbeitsrichtlinie. Damit unterfällt die Personalgestellung i.R. eines Mischvertrags dem Wortlaut des AÜG nach dessen Anwendungsbereich. Weiterhin ist bei der Beurteilung im Einzelfall insbesondere auf die Weisungsgebundenheit des Fremdpersonals abzustellen.

## 3. Systematische Betrachtung

Bei der systematischen Auslegung des AÜG ist der Fokus zunächst auf die Definition der Leiharbeit in § 1 Abs. 1 AÜG zu legen.

### a) Voraussetzungen der Arbeitnehmerüberlassung

Die Legaldefinition der Arbeitnehmerüberlassung in § 1 Abs. 1 Satz 1 AÜG wird durch § 1 Abs. 1 Satz 2 AÜG konkretisiert. Danach muss der Leiharbeitnehmer in den Entleiherbetrieb eingegliedert sein und den Weisungen des Entleihers unterliegen. Diese Definition gibt eine spezifische Ausgestaltung der Vertragsbeziehungen vor.[487] Der zwischen Arbeitgeber und Entleiher abgeschlossene Arbeitnehmerüberlassungsvertag ist seinem Inhalt nach darauf gerichtet, dem Entleiher zur Förderung von dessen Betriebszweck, Arbeitnehmer zur Verfügung zu stellen.[488] Die Voraussetzungen der Eingliederung und Weisungsgebundenheit für das Vorliegen einer Arbeitnehmerüberlassung i.S.d. § 1 Abs. 1 Satz 1 AÜG sind aber rein tatsächliche zu betrachtende Umstände. Daher sind Inhalt bzw. Bezeichnung der Vereinbarung nicht allein ausschlaggebend. Vielmehr kommt es auf die tatsächliche Durchführung an, wenn sich tatsächliche Durchführung und Vertragsbezeichnung widersprechen. Das folgt zwingend aus § 12

487 *Thüsing* in: Thüsing AÜG, Einführung Rn. 2.
488 *Thüsing* in: Thüsing AÜG, Einführung Rn. 2.

Abs. 1 Satz 2 AÜG. Damit muss jeder Vertrag, der eine Personalgestellung zum Gegenstand hat, unabhängig davon, welche vertragliche Konstellation zugrunde liegt oder wie er bezeichnet wird, aufgrund seiner tatsächlichen Durchführung auf das Vorliegen der Voraussetzungen einer Arbeitnehmerüberlassung überprüft werden.

So ist auch ein Mischvertrag mit Personalgestellung – unabhängig von einer Aufteilung in Haupt- und Nebenleistung – auf die Voraussetzungen der Arbeitnehmerüberlassung gemäß § 1 Abs. 1 Satz 1 und 2 AÜG hin zu überprüfen.[489] Dem AÜG ist nicht zu entnehmen und es kann auch nicht mit der systematischen Betrachtung begründet werden, dass die tatsächliche Durchführung dann nicht von Relevanz sein soll, wenn eine Personalgestellung i.R. eines Mischvertrags stattfindet. Dieses Verständnis, dass auch Mischverträge mit Personalgestellung unabhängig von einer Gewichtung der Vertragsteile nach den Regelungen des AÜG zu überprüfen sind, wird durch die Leiharbeitsrichtlinie bestätigt.

### b) Ausnahmen

Systematisch ist im Zusammenhang mit der Beurteilung von Personalgestellungen i.R.v. Mischverträgen die Ausnahmeregelung des § 1 Abs. 3 Nr. 2a AÜG zu beachten.[490] Hiernach soll eine gelegentlich stattfindende Überlassung weitgehend vom Anwendungsbereich des AÜG ausgenommen sein. Bei dieser Ausnahmevorschrift ist aber schon fraglich, ob diese überhaupt mit der Leiharbeitsrichtlinie vereinbar ist.[491] Denn wie sich anhand obiger Ausführungen aus der Leiharbeitsrichtlinie ergibt, sind Ausnahmen nur in sehr beschränktem Umfang zulässig.[492] An das Vorliegen einer gelegentlichen Überlassung sind zudem strenge Anforderungen zu stellen.[493] „Gelegentlich" i.S.d. Vorschrift bedeutet, dass sie weder häufig noch regelmäßig noch dau-

489 Im Ergebnis auch: *Ulber* in: Ulber AÜG, Einleitung, Rn. 116.

490 Hierzu siehe auch Erstes Kapitel D. I. 4.

491 Die Vorschrift als richtlinienwidrig sehen an: *Hamann* in: Schüren/Hamann AÜG, § 1 Rn. 655 f.; *Lembke* in: Boemke/Lembke AÜG, § 1 Rn. 237; *Lembke*, DB 2011, 414, 416.

492 Siehe Ausführungen Zweites Kapitel B. III. 1. b), IV. 3.

493 Vgl. BAG, Urt. v. 20.01.2016 – 7 AZR 535/13 – juris, Rn. 33.

erhaft erfolgen darf, sondern allein aus besonderem Anlass.[494] Das ist bei einem Mischvertrag mit Personalgestellung im jeweiligen Einzelfall zu prüfen. Jedenfalls aber müsste das erkennende Gericht die Vorschrift richtlinienkonform auslegen bzw. die Frage dem EuGH im Wege des Vorabentscheidungsverfahrens[495] vorlegen.

### 4. Teleologische Auslegung

Bei der teleologischen Auslegung des AÜG sind die Schutzziele des Gesetzes sowie der Umsetzungswille des Gesetzgebers zu berücksichtigen.

Der gesetzgeberische Wille zur Verabschiedung des AÜG und dessen Änderungen war die Schaffung eines praxistauglichen Rechtsinstruments, um auf die Dynamik des Arbeitsmarkts zu reagieren. Dabei standen einerseits die Möglichkeit eines flexiblen Einsatzes der Leiharbeit und andererseits der Schutz der Leiharbeitnehmer im Vordergrund.[496] Primär erfüllt das AÜG den Zweck der Schaffung von Rahmenbedingungen für erlaubnispflichtige Arbeitnehmerüberlassung, um illegale Arbeitnehmerüberlassung zu bekämpfen.[497] Arbeitnehmer sollen dabei vor „Verleihern" geschützt werden, welche die vom AÜG aufgestellten Voraussetzungen nicht erfüllen und damit keine ausreichende Zuverlässigkeit vorweisen können (§ 3 Abs. 1 AÜG). Wird ein Arbeitnehmer zur Verleihung angestellt, spricht man von einem „prekären Arbeitsverhältnis".[498] Daher gilt es als besonders schutzbedürftig. Der Schutz wird u.a. mit dem Gleichstellungsgrundsatz in § 8 AÜG und der Fiktion des Arbeitsverhältnisses in § 9 AÜG gewährleistet.

494 *Lembke* in Boemke/Lembke AÜG, § 1 Rn. 241.

495 Nach Art. 267 AEUV.

496 Siehe Ausführungen Zweites Kapitel B. IV. 1.

497 *Boemke* in: Boemke/Lembke AÜG, Einleitung Rn. 1.

498 *Thüsing* in: Thüsing AÜG, Einführung Rn. 5 f., d.h. es wird ein hohes Maß an Flexibilität vom Leiharbeitnehmer verlangt, es bestehen kaum Karrierechancen und statistisch gesehen werden Leiharbeitsverhältnisse schon nach kurzer Zeit wieder beendet.

### 5. Beurteilung von Mischverträgen mit Personalgestellung

Nach alledem lässt sich abschließend feststellen, dass der mit dem AÜG verfolgte Schutz dann erforderlich ist, wenn der überlassene Arbeitnehmer den Weisungen des Entleihers unterliegt und in dessen Betrieb eingegliedert ist. Um diesen Schutz gewährleisten zu können, muss jede Personalgestellung grundsätzlich auf das Vorliegen dieser Voraussetzungen hin überprüft werden. Das AÜG gibt die Kriterien „Eingliederung" und „Weisungsgebundenheit" in § 1 Abs. 1 Satz 2 AÜG als maßgebliche Merkmale für eine Arbeitnehmerüberlassung vor. Entscheidend ist nach dem Wortlaut des Gesetzes, dass es allein auf die tatsächliche Eingliederung der Leiharbeitnehmer in den Entleiherbetrieb sowie deren Weisungsgebundenheit ankommt.

Eine Ausnahme für eine Personalgestellung i.R.v. Mischverträgen ist im AÜG nicht vorgesehen und lässt sich daraus auch nicht ableiten. Die im AÜG benannten Voraussetzungen beziehen sich nicht auf das zugrunde liegende Vertragskonstrukt. Auch im Übrigen enthält das AÜG keine Voraussetzung, wonach eine Arbeitnehmerüberlassung nicht vorliegen soll, wenn sie mit personalfernen Leistungen kombiniert wird. Dieses Verständnis wird durch die Auslegung der Leiharbeitsrichtlinie bestätigt. Auch danach ist eine derartige Ausnahme nicht vorgesehen. Die in § 1 Abs. 3 AÜG vorgesehenen Ausnahmen beziehen sich nicht – unabhängig von der Frage der Europarechtskonformität[499] – auf das Vorliegen eines Mischvertrags. Eine Ausnahme vom AÜG nur aufgrund des Vorliegens einer Personalgestellung i.R. eines Mischvertrags ist vom Gesetzgeber weder gewollt, noch ist diese Praxis im Hinblick auf die Leiharbeitsrichtlinie vertretbar.

Bei einer Personalgestellung i.R. eines Mischvertrags bleibt das Beschäftigungsverhältnis mit dem entleihenden Unternehmer bestehen, mit dem verwendenden Unternehmen gehen die Arbeitnehmer hingegen keine vertragliche Beziehung ein. Zwischen dem verleihenden und dem verwendenden Unternehmen wird eine vertragliche Vereinbarung über die Überlassung des benötigten Personals getroffen. Das Personal wird i.d.R. auch entgeltlich, mithin i.R. einer wirtschaftlichen

499 Vgl. hierzu Ausführungen etwa: *Hamann* in: Schüren/Hamann AÜG, § 1 Rn. 592 ff., 634 ff., 655 f., 670, 680, 696 f.

Tätigkeit einem Dritten überlassen, damit dieser sie zur Erreichung seiner betrieblichen Zwecke einsetzen kann. Das entspricht insgesamt der für eine Arbeitnehmerüberlassung typischen Vertragskonstellation, sowohl i.S.d. Leiharbeitsrichtlinie als auch i.S.d. AÜG.

Damit lässt sich abschließend sagen, dass eine Personalgestellung i.R. eines Mischvertrags dem Anwendungsbereich des AÜG unterfällt. Weder das nationale noch das Unionsrecht lassen eine Ausnahme zu. Einzig entscheidend ist, dass die Voraussetzungen nach § 1 Abs. 1 Satz 1 und 2 AÜG erfüllt sind. Ist dies nicht der Fall, liegt keine Arbeitnehmerüberlassung i.S.d. AÜG vor. Insofern besteht also kein Unterschied zu anderen Personalgestellungen.

## III. Abschließende Beurteilung der Geprägetheorie

Damit lässt sich die Geprägetheorie des BAG abschließend wie folgt beurteilen: Nach der Geprägetheorie ist bei einem Mischvertrag mit Personalgestellung die Vertragsabrede hinsichtlich des Personals stets als Nebenleistung anzusehen und deshalb für den Mischvertrag insgesamt nicht prägend. Als Nebenleistung soll sie hinter der allein prägenden Hauptleistung (z.B. die Gebrauchsüberlassung der Maschine) zurücktreten. Somit wird der Vertragsteil über die Personalgestellung nicht daraufhin untersucht, ob die Voraussetzungen erlaubnispflichtiger Arbeitnehmerüberlassung vorliegen, d.h. ob das Personal den Weisungen des Empfängers unterliegt und ob sie in dessen Betrieb eingegliedert sind. Diese Beurteilungsweise verstößt schon gegen die Vorgaben des AÜG. Bestätigt wird dies durch die Auslegung des europäischen Sekundärrechts – namentlich der Leiharbeitsrichtlinie – mit der eine solche Ausnahme ebenfalls nicht vereinbar ist. Daher ist die Geprägetheorie auch als europarechtswidrig abzulehnen. Einzelne Personengruppen aus dem Anwendungsbereich einer Richtlinie herauszunehmen, verstößt gegen europäisches Sekundärrecht, wenn sie sich nicht wesentlich von den erfassten Personen unterscheiden. Personal, das i.R. eines Mischvertrags an einen anderen Unternehmer überlassen wird, unterscheidet sich dem Wesen nach nicht von einer „einzelnen" Arbeitnehmerüberlassung i.S.d. AÜG bzw. der Leiharbeitsrichtlinie.

Dem AÜG ist keine Differenzierungen nach der konkreten Vertragskonstellation zu entnehmen, insbesondere enthält § 1 Abs. 3 AÜG hierzu keine Regelung. Somit ist die Rechtsprechung schon allein mit Blick auf das AÜG systemwidrig.[500] Der Leiharbeitsrichtlinie ist ebenfalls keine Differenzierung nach Arbeitnehmerüberlassungsverträgen mit oder ohne typenfremder Zusatzvereinbarung zu entnehmen. Vielmehr sind Ausnahmemöglichkeiten nur restriktiv vorgesehen. Fehl geht das Argument, auch im Zivilrecht würde bei Mischverträgen auf den Schwerpunkt des Vertrags und folglich das entsprechende Normenregime abgestellt werden.[501] Dadurch wird der Schutzgedanke des AÜG und des Unionsrechts missachtet. Leiharbeitnehmer sollen davor geschützt werden, durch Umgehung der Regelungen des AÜG schlechteren Arbeitsbedingungen ausgesetzt zu sein. Solche Mischverträge bieten ein Missbrauchspotential. Ginge man nämlich davon aus, dass der verwendende Unternehmer im Fall eines Maschinenüberlassungsvertrags allein den Mietgegenstand überlassen bekommen würde, dann fehlt ihm immer noch das erforderliche Personal, um den Mietgegenstand in Gebrauch zu nehmen. Wenn ihm das vermietende Unternehmen das Personal zusätzlich zur Maschine nicht bereitstellen würde, wäre das Unternehmen darauf angewiesen, sich das Personal von einem anderen Unternehmen auszuleihen. Dieser Vertrag würde dann zweifellos auf die Voraussetzungen erlaubnispflichtiger Arbeitnehmerüberlassung hin überprüft werden. Gleiches würde bei einem Maschinenüberlassungsvertrag gelten, wenn der „Vermieter" die Erbringung der Leistung mit der Maschine schulden und dafür seine Arbeitnehmer einsetzen würde. In einem solchen Fall wäre unstreitig eine Abgrenzung zwischen Werk-/Dienstleistungsvertrag und Arbeitnehmerüberlassung vorzunehmen. Diese Diskrepanz ist mit dem AÜG und der Leiharbeitsrichtlinie nicht vereinbar. Insbesondere wird durch eine solche Ausnahme, der Grundsatz der praktischen Wirksamkeit des Unionsrechts verletzt. Die Geprägetheorie ist somit insgesamt und abschließend abzulehnen.

500 So auch *Ulber* in: Ulber AÜG, Einleitung Rn. 116.
501 So etwa: Sandmann/Marschall AÜG, Art. 1 § 1 Rn. 31.

## IV. Zusammenfassung

Die Auslegung des AÜG lässt allein den Schluss zu, dass eine Personalgestellung i.R.v. Mischverträgen jedenfalls nicht pauschal aus dem Anwendungsbereich des AÜG ausgeklammert werden darf. Diese Auslegung ist auch europarechtskonform, da sich dasselbe Ergebnis auch aus der Auslegung der Leiharbeitsrichtlinie ergibt. Vielmehr erscheint es nach den tatsächlichen Umständen und dem Schutzzweck des AÜG und der Leiharbeitsrichtlinie als konsequent und notwendig, auch eine Personalgestellung i.R. dieser Vertragskonstellation in den Anwendungsbereich des AÜG einzuordnen.

Die Rechtsprechung hat mit der Geprägetheorie einen Ausnahmetatbestand geschaffen, der keine Grundlage im Gesetz findet und zudem gegen die Vorgaben der Leiharbeitsrichtlinie verstößt. Das AÜG sowie die Leiharbeitsrichtlinie enthalten jeweils klare Regeln zu möglichen Ausnahmen vom und Einschränkungen des Anwendungsbereichs, die eine Personalgestellung i.R. eines Mischvertrags jedenfalls nicht erfasst. Daher ist eine Ausnahme für bestimmte Vertragskonstruktionen und damit Personengruppen ohne wesentliches Unterscheidungsmerkmal zu den geschützten Leiharbeitnehmergruppen mit dem AÜG unvereinbar. Aus der Leiharbeitsrichtlinie folgt nichts anderes. Der Hinweis in der Begründung zum Gesetzesentwurf zur ersten Fassung des AÜG, wonach das AÜG nicht gelten soll, wenn die Personalgestellung lediglich eine Nebenleistung darstelle, wovon auszugehen sei, wenn es sich um Bedienpersonal für zum Gebrauch überlassene Maschinen handele,[502] vermag spätestens nach Erlass der Leiharbeitsrichtlinie keine Bedeutung mehr zu haben. Die Leiharbeitsrichtlinie sieht keine Ausnahmemöglichkeit für diese Konstellation vor. Auch kennt die Leiharbeitsrichtlinie keine Differenzierung nach Haupt- und Nebenleistung, sondern nur danach, ob die Voraussetzungen der Leiharbeit vorliegen oder eben nicht. Im Übrigen wurde diese Ausnahme aber weder in das AÜG aufgenommen, noch hat sich der Gesetzgeber in dieser Form noch einmal geäußert, weshalb davon auszugehen ist, dass diese Rechtsfolge vom AÜG auch nicht mehr gewollt ist.

502 BT-Drucks. VI/2303, S. 10.

Im Einklang mit den Vorgaben des Unionsrechts darf es keinen Unterschied machen, welches vertragliche Konstrukt der Arbeitnehmerüberlassung zugrunde liegt. Es darf also nicht deshalb eine Personalgestellung zur Bedienung vermieteter Maschinen aus dem Anwendungsbereich des AÜG herausgenommen werden, weil sie mit einer weiteren typenfremden Vertragsabrede (Mietvertrag über die Maschine) kombiniert wird. Angenommen, es würde neben der Mietabrede keine Personalgestellung vereinbart werden, müsste der Mieter bei fehlenden eigenen Arbeitskräften mit einem Leiharbeitsunternehmen einen Arbeitnehmerüberlassungsvertrag schließen. Damit unterscheidet sich die Überlassung des Personals zur Bedienung der zum Gebrauch überlassenen Maschine nicht wesentlich von einem „klassischen" Leiharbeitsverhältnis. Im Ergebnis muss eine Personalgestellung i.R. eines Mischvertrags wie jeder andere Fremdpersonaleinsatz auch anhand der Voraussetzungen des AÜG für eine Arbeitnehmerüberlassung im jeweiligen Einzelfall überprüft werden, insbesondere dahingehend, ob das Personal den Weisungen des verwendenden Unternehmens unterliegt.

Dieser Grundgedanke findet sich bereits in anderen Beurteilungsansätzen, wie der Beurteilung nach der Übertragung des arbeitsvertraglichen Weisungsrechts.[503] Nach dieser Ansicht finden die Voraussetzungen des AÜG für eine Arbeitnehmerüberlassung grundsätzlich auf eine Personalgestellung Anwendung, unabhängig von der zugrundeliegenden Vertragskonstellation. Hierdurch könnte die Einhaltung der Vorgaben der Leiharbeitsrichtlinie und des AÜG sichergestellt werden. Daher soll der Gedanke der getrennten Beurteilung der Vertragsteile eines Mischvertrags auch in die nachfolgende Entwicklung des europarechtskonformen Beurteilungsansatzes einfließen.

## C. Europarechtskonformer Beurteilungsansatz

Ziel der vorstehenden Gesamtanalyse ist die Entwicklung einer Methode zur europarechtskonformen und rechtssicheren Beurteilung von Mischverträgen mit Personalgestellung. Mit dieser Beurteilungs- und

503 Siehe hierzu Erstes Kapitel C. II. 2.

Betrachtungsweise soll im Hinblick auf Mischverträge mit Personalgestellung eine europarechtskonforme rechtliche Beurteilung ermöglicht werden. Das vom AÜG und von der Leiharbeitsrichtlinie verfolgte Ziel der Missbrauchsverhinderung soll mithilfe des europarechtskonformen Beurteilungsansatzes verwirklicht werden. Es ist aber auch – aber nicht allein – aufgrund der praktischen Wirksamkeit des Unionsrechts (*effet utile*-Grundsatz) erforderlich, bei einer dem Wesen nach gleichen Personengruppe, die grundsätzliche Anwendbarkeit des Arbeitnehmerüberlassungsrechts zu gewährleisten.[504]

Aus den Vorgaben des AÜG und des Unionsrechts ergeben sich folgende Anforderungen an die rechtliche Beurteilung: (i) Die rechtliche Beurteilung einer Personalgestellung hat unabhängig von einer vertraglichen Bezeichnung anhand der tatsächlichen Umstände zu erfolgen[505], (ii) Beschäftigtengruppen sind rechtlich gleich zu behandeln, wenn sie sich nicht wesentlich voneinander unterscheiden[506] und (iii) maßgeblich ist die Inhaberschaft der Kontrolle über den Leiharbeitnehmer durch Ausübung des arbeitsvertraglichen Weisungsrechts[507].

## I. Prüfungsreihenfolge

Vor dem Hintergrund der obenstehenden Erörterungen, ergibt sich die folgende Prüfungsreihenfolge für die rechtliche Beurteilung von Mischverträgen mit Personalgestellung nach dem europarechtskonformen Beurteilungsansatz:

| | | |
|---|---|---|
| (1) | Vorliegen eines Mischvertrags mit Personalgestellung | Sind neben der Personalgestellung weitere anderstypische Vertragsabreden getroffen, liegt ein Mischvertrag vor. |

504 Siehe Zweites Kapitel B. V.
505 Hierzu Ausführungen Zweites Kapitel B. IV. 2., 3, V., Drittes Kapitel A. II.
506 Hierzu Ausführungen Zweites Kapitel B. V., Drittes Kapitel A. II.
507 Hierzu Ausführungen Zweites Kapitel B. I., III. 1. b), 2., IV. 2. b) aa), Drittes Kapitel A. I.

| | | |
|---|---|---|
| (2) | Vertragliche Dreieckskonstellation | Die überlassenen Arbeitnehmer sind bei dem überlassenden Unternehmen beschäftigt, zwischen Drittunternehmen und Personal wird hingegen kein Vertrag begründet. Entleiher und Verleiher vereinbaren die vorübergehende Überlassung des Fremdpersonals. |
| (3) | Weisungsgebundenheit | Der Arbeitnehmer muss gegenüber dem Entleiher weisungsgebunden sein, wobei sich die Weisungen auf die tatsächliche Ausführung der Arbeitsleistung beziehen müssen. |
| (4) | Eingliederung | Neben der Weisungsgebundenheit ist die Eingliederung des Leiharbeitnehmers in den Entleiherbetrieb erforderlich. |

## II. Erläuterung des europarechtskonformen Beurteilungsansatzes

Das oben dargestellte Beurteilungsschema basiert auf den folgenden Erwägungen:

### (1) Vorliegen eines Mischvertrags mit Personalgestellung

Zunächst muss das zugrundeliegende Rechtsverhältnis (zumindest auch) eine Personalgestellung zum Gegenstand haben, da jeder Arbeitnehmerüberlassung i.S.d. AÜG die Überlassung von Beschäftigten an ein anderes Unternehmen zugrunde liegt. Von einer Personalgestellung ist auszugehen, wenn ein Arbeitgeber seine eigene Mitarbeiter im Betrieb eines Dritten einsetzt, damit diese bei oder für den Dritten ihre Arbeitsleistung erbringen.

Wie erörtert, existiert die in dieser Arbeit diskutierte Problematik der rechtlichen Beurteilung des Fremdpersonaleinsatzes deshalb, weil ihr ein typengemischter Vertrag zugrunde liegt. Der rechtliche Umgang mit einem solchen Mischvertrag ist europarechtskonform zu gestalten. Aus den nationalen sowie europarechtlichen Vorgaben ergibt sich, dass die Bezeichnung eines Rechtsverhältnisses oder deren Beurteilung durch einen Mitgliedstaat keinen Unterschied machen darf. Im konkreten Fall eines Mischvertrags mit Personalgestellung ist deshalb sicherzustellen, dass die Leiharbeitsrichtlinie und damit auch die Regelungen des AÜG grundsätzlich auf den Vertragsteil über die Personalgestellung Anwendung finden. Die Personalgestellung ist damit im jeweiligen Einzelfall zu überprüfen und darf nicht durch die anderen Vertragsteile „verdrängt“ werden, sie ist quasi von den übrigen Vertragsteilen getrennt zu betrachten. Somit wird sichergestellt, dass die Personalgestellung anhand der folgenden Prüfungsschritten beurteilt wird.

#### (2) Vertragliche Dreieckskonstellation

Während der Dauer der Personalgestellung, muss die nach dem AÜG für Arbeitnehmerüberlassung typische vertragliche Dreieckskonstellation bestehen. Diese liegt vor, wenn zwischen Verleiher und Arbeitnehmer ein Beschäftigungsverhältnis besteht und zwischen Verleiher und Drittunternehmen eine vertragliche Vereinbarung über die vorübergehende Überlassung von Arbeitskräften getroffen wird. Die Arbeitskräfte werden an den Drittunternehmer überlassen, ohne dass zwischen diesem und den Arbeitnehmern eine Vertragsbeziehung begründet wird.[508]

#### (3) Weisungsgebundenheit

Dieser Prüfungsabschnitt dient nunmehr der Feststellung, ob das Fremdpersonals den Weisungen des entleihenden Unternehmens unterliegt und ist damit der Einstieg in die tatsächliche Prüfung des Vorliegens einer Arbeitnehmerüberlassung. Sowohl die Leiharbeitsrichtlinie als auch das AÜG setzen voraus, dass das Personal überlassen wird, um unter der Aufsicht und Leitung des Empfängers bzw. diesem gegenüber weisungsgebunden tätig und in dessen Betrieb eingegliedert zu werden. Nach Auslegung der Leiharbeitsrichtlinie ist dieses Begriffspaar als Form der Kontrolle über die Tätigkeit des Leiharbeitnehmers zu verstehen. Dieses Verständnis spiegelt sich in § 106 GewO bzw. § 611a Abs. 1 BGB wider. Um diese Kontrolle ausüben zu können, muss das verwendende Unternehmen in der Lage sein, Weisungen gegenüber dem Leiharbeitnehmer zu erteilen.[509] Im konkreten Einzelfall sind die von der Rechtsprechung entwickelten Kriterien und Indizien,

---

508 Siehe zu diesem Absatz die Ausführungen Erstes Kapitel D. I. 1. a).

509 Siehe hierzu Zweites Kapitel B. I., III. 1. a), 2., IV. 2. a), b), Drittes Kapitel A.

die für oder gegen eine Weisungsgebundenheit sprechen, heranzuziehen.[510]

Hinsichtlich der Weisungen ist zu beachten, in welcher Art und Form diese ausgeübt werden. Die Weisungen müssen arbeitsnotwendig und daher tätigkeitsbezogen sein, d.h. sie müssen sich auf die tatsächliche Ausführung der Arbeitsleistung beziehen.[511] Sie dürfen dabei aber nicht nur allgemeiner Natur sein, sich also nur auf ganz generelle Umstände beziehen und dabei die Ausführung der Arbeitsleistung nicht betreffen. Wird also der Tätigkeitsgegenstand maßgeblich erst durch die Erteilung von Weisungen bestimmt, spricht das für eine relevante Inhaberschaft des arbeitsvertraglichen Weisungsrechts. Unberücksichtigt bleiben dagegen leidglich Kontrollmaßnahmen wie Qualitätskontrollen und organisatorische Weisungen.[512] Weiterhin entscheidend ist die Personalhoheit hinsichtlich Zeit und Ort der Tätigkeit, was auch die Planung bezüglich Urlaub und sonstigen Abwesenheiten umfasst.

Für die Feststellung, ob das Fremdpersonal den Weisungen des Entleihers unterliegt und dort in den Betrieb eingegliedert ist, sind mehrere Indizien zu berücksichtigen. Dazu gehört etwa die Berechnung der Vergütung. Bezieht sich die Vergütung auf die Personalgestellung und stellt einen eigenständigen Berechnungsfaktor dar, spricht das für eine Arbeitnehmerüberlassung.[513] Die Haftungsverteilung innerhalb des Vertragsverhältnisses kann ebenfalls wichtige Rückschlüsse liefern.[514] Bei Arbeitnehmerüberlassung haftet der Verleiher nämlich nur für die ordnungsgemäße Auswahl der Arbeitnehmer, der Entleiher trägt hingegen das wirtschaftliche Risiko, d.h. auch das Risiko einer etwaigen Schlechtleistung durch das Fremdpersonal.[515]

---

510 Siehe Erstes Kapitel D. I. 2. a)

511 Siehe hierzu Erstes Kapitel D. I. 2. a) bb), cc), Zweites Kapitel B. IV. 2. b) aa).

512 Siehe hierzu Zweites Kapitel B. IV. 2. b) bb).

513 Siehe hierzu Zweites Kapitel B. III. 2. b) bb).

514 Siehe hierzu Zweites Kapitel B. III. 2., IV. 2. b) aa).

515 Das LAG Düsseldorf hat in zwei seiner Entscheidungen darauf abgestellt, dass die Pflicht der Leasinggeberin nicht daraus bestand, „*lediglich Personal zur Verfügung zu stellen und die vertragliche Verpflichtung der Schuldnerin mit der Auswahl und Zurverfügungstellung des Personals endete*“. LAG Düsseldorf, Urt. v. 07.07.2021 – 12 Sa 155/21 – juris, Rn. 290; LAG Düsseldorf, Urt. v. 15.09.2021 – 12 Sa 354/21 – juris, Rn. 324.

#### (4) Eingliederung

Nach § 1 Abs. 1 Satz 2 AÜG ist neben der Weisungsgebundenheit auch die betriebliche Eingliederung Voraussetzung für eine Arbeitnehmerüberlassung. Nach dem Wortlaut ist das Kriterium der Eingliederung gleichwertig gegenüber der Weisungsgebundenheit. Die Auslegung der Leiharbeitsrichtlinie führt dagegen zu keinem eindeutigen Ergebnis, ob die Eingliederung neben der Aufsicht und Leitung eine Voraussetzung für Arbeitnehmerüberlassung darstellt.[516]

Damit ist davon auszugehen, dass die Eingliederung kein bedeutendes Kriterium bei der Überprüfung einer Personalgestellung darstellt. Liegt eine Weisungsgebundenheit des Fremdpersonals im Entleiherbetrieb vor, bedingt das in der Regel auch die Eingliederung. Auch im Hinblick auf das Kriterium der Eingliederung ist auf die von der Rechtsprechung entwickelten Kriterien bzw. Indizien zurückzugreifen, die für oder gegen eine Eingliederung sprechen.

## III. Fazit

Diese Prüfungsreihenfolge stellt einen rechtssicheren und europarechtskonformen Beurteilungsmaßstab dar, um Mischverträge mit Personalgestellung auf das Vorliegen einer erlaubnispflichtigen Arbeitnehmerüberlassung hin zu überprüfen. Der europarechtskonforme Beurteilungsansatz ebnet den Weg dafür, dass in diesen Fällen überhaupt die Voraussetzungen für das Vorliegen einer Arbeitnehmerüberlassung i.S.d. AÜG geprüft werden. Entscheidend ist schließlich, dass das Vorliegen eines Mischvertrags nicht zu einer pauschalen Ablehnung der Anwendbarkeit des AÜG führt. Im Hinblick auf das konkrete Vorliegen der Merkmale „Weisungsgebundenheit“ und „Eingliederung“ wird auf die in ständiger Rechtsprechung dafür entwickelten Kriterien zurückgegriffen.

516 Siehe Zweites Kapitel B. III. 3. a.E.

# D. Europarechtskonformer Beurteilungsansatz bei Mischverträgen mit Personalgestellung

Der oben abstrakt erläuterte europarechtskonforme Beurteilungsansatz wird nachfolgend auf Mischverträge mit Personalgestellung übertragen. Dabei wird auf das konkrete Beispiel des Maschinenüberlassungsvertrags mit Bedienpersonal sowie auf den speziellen Unterfall des Wet-Lease-Vertrags eingegangen.

## I. Vorliegen eines Mischvertrags mit Personalgestellung

Im Fall von Maschinenüberlassungsverträgen liegt ein Mischvertrag vor, wenn neben der Gebrauchsüberlassung der Maschine auch das erforderliche Bedienpersonal überlassen wird. Bei Wet-Lease-Verträgen ist das Vorliegen eines Mischvertrags der Definition des Vertrags bereits immanent.[517] Diese Verträge werden sich regelmäßig aus einem Mietvertrag hinsichtlich der Maschine und einem Dienstverschaffungsvertrag hinsichtlich des überlassenen Personals zur Bedienung der Maschine zusammensetzen. Liegt ein Mischvertrag mit Personalgestellung vor, ist sicherzustellen, dass alle Vertragsteile, also auch der Personalteil, rechtlich berücksichtigt werden. Somit ist auch der Personalteil der nachfolgenden Prüfung zu unterziehen.

## II. Vertragliche Dreieckskonstellation

Auch liegt bei Maschinenüberlassungsverträgen sowie Wet-Lease-Verträgen i.d.R. einer für Arbeitnehmerüberlassung typischen Dreieckskonstellation vor. Das Bedienpersonal ist beim Vermieter angestellt und bleibt es auch während des Arbeitseinsatzes. Mit dem verwendenden Unternehmen wird das Fremdpersonal hingegen regelmäßig keine vertragliche Beziehung eingehen. Weiterhin schließen Vermieter und das verwendende Unternehmen einen entsprechenden Vertrag,

517 Art. 2 Nr. 25 der VO (EG) 1008/2008, siehe hierzu Ausführungen Erstes Kapitel B. II. 2.

der den Einsatz des Fremdpersonals regelt. Auch bei einem Wet-Lease-Vertrag liegt die für Arbeitnehmerüberlassung übliche und erforderliche Dreieckskonstellation vor.

## III. Weisungsgebundenheit

Zur Feststellung, ob es sich bei der Personalgestellung um eine erlaubnispflichtige Arbeitnehmerüberlassung handelt, ist sie auf das Vorliegen der Voraussetzungen des AÜG hin zu überprüfen. Es gilt der Grundsatz, dass nicht jede Personalgestellung eine erlaubnispflichtige Arbeitnehmerüberlassung i.S.d. AÜG darstellt. Nach § 1 Abs. 1 Satz 2 AÜG muss das überlassene Bedienpersonal den Weisungen des verwendenden Unternehmens unterliegen. Anknüpfungspunkt sind dabei einerseits die vertraglichen Vereinbarungen zwischen Leasinggeber und Leasingnehmer und andererseits die tatsächliche Durchführung des Vertrags. Bei Wet-Lease-Verträgen spricht für eine Weisungsgebundenheit regelmäßig der Umstand, dass die mietende Fluggesellschaft die Flugrouten und damit Zeit und Ort der Tätigkeit festlegt.[518] Bei der Bestimmung der Erbringung der Arbeitsleistung hinsichtlich Zeit und Ort handelt es sich um wesentliche Kriterien des arbeitsvertraglichen Weisungsrechts gemäß § 106 GewO. Die Vorgabe von Zeit und Ort der Erbringung der vertraglichen Leistung kann zudem eine Einbeziehung in die Umlaufplanung der empfangenden Fluggesellschaft bedingen, was wiederum ein starkes Indiz für eine Weisungsgebundenheit darstellt.

Während der Durchführung von Flügen besteht die Besonderheit, dass von der Fluggesellschaft wohl nur wenige (An-)Weisungen erteilt werden können. Das erschwert die Prüfung der Weisungsgebundenheit bei Wet-Lease. Zu berücksichtigen ist hier, dass die Luftverkehrsbranche extrem reguliert ist. Die Verordnung VO (EU) 965/2012 enthält eine Vielzahl an Vorschriften für den Flugverkehr, die primär die Gewährleistung der Sicherheit des Flugbetriebs zum Ziel haben. Für diverse Situationen enthält entweder die VO (EU) 965/2012 selbst oder das nach der VO (EU) 965/2012 vorgeschriebene Betriebshandbuch

518 Siehe hierzu Erstes Kapitel B. III. 1., 3.

Regelungen und Verfahren.[519] Während des Flugs trifft der Kapitän die Entscheidungen nach den Vorgaben des Betriebshandbuchs. Das jeweilige Betriebshandbuch wiederum ist bei Wet-Lease-Verträgen von der vermietenden Fluggesellschaft vorgegeben. Damit setzt die jeweilige Fluggesellschaft wiederum auch nur die gesetzlichen Vorgaben um. Jedoch reicht es für die Inhaberschaft der Weisungsbefugnis nicht aus, allein auf den „Autor" des Betriebshandbuchs abzustellen. Denn hierbei handelt es sich um die Umsetzung gesetzlicher Sicherheitsvorschriften, welche der Betreiber eines Flugzeugs erfüllen muss. Da bei Wet-Lease das Flugzeug unter dem AOC der Leasinggeberin betrieben wird, hat diese nach den gesetzlichen Vorgaben auch das Betriebshandbuch zu stellen. Dieser Umstand eignet sich also nicht dazu, die Inhaberschaft der arbeitsvertraglichen Weisungsbefugnis festzustellen.

Gleiches gilt im Hinblick auf den Betriebsleiter bzw. die Nominated Person.[520] Bei dieser Person handelt es sich um eine gesetzlich zu benennende Zuständigkeitsperson, die u.a. für die Einhaltung der Vorgaben im Bereich Sicherheit und Technik verantwortlich ist (vgl. ORO.GEN.210 lit. b) i.V.m. ORO.AOC.135 der VO (EU) 965/2012). Die Zuordnung des Betriebsleiters zu der leasinggebenden Fluggesellschaft lässt ebenfalls keine abschließende Entscheidung über die Inhaberschaft des arbeitsvertraglichen Weisungsrechts zu.

Maßgeblich kann bei Wet-Lease auch die Personalhoheit sein, d.h. welches der vertragsschließenden Unternehmen für die Einsatzplanung und inwiefern die Flugzeuge mitsamt Besatzung innerhalb des Flugplans der mietenden Fluggesellschaft verteilt werden. Festzustellen ist also, wer die Kontrolle über das Personal bei der Durchführung von Wet-Lease-Flügen innehat. Dafür muss geprüft werden, ob und wenn ja von wem (An-)Weisungen an das Personal erteilt werden bzw. wer Inhaber der personalorganisatorischen Entscheidungsbefugnis ist. Verbleibt die Kontrolle über das Personal – zumindest ausweislich des zugrundeliegenden Vertrags – bei der vermietenden Fluggesellschaft, ist demnach relevant, inwiefern die leasingnehmende Fluggesellschaft auf die Personalplanung Einfluss nimmt bzw. schlussendlich die tatsächliche Weisungsbefugnis inne hat.

---

519 Siehe hierzu Ausführungen Erstes Kapitel B. III. 2.

520 Siehe hierzu Ausführungen Erstes Kapitel B. III. 2.

Eine Weisungsgebundenheit kann auch durch Vorgaben begründet werden, wie sich das Bordpersonal vor oder während des Flugs zu verhalten hat. Zu beachten ist in diesem Zusammenhang, dass der Wet-Lease-Flug nach außen hin als ein Flug der Leasingnehmerin durchgeführt wird. Dementsprechend sind die Flugzeuge wie die der Leasingnehmerin lackiert und das Bordpersonal tritt in deren Uniform auf. Da die Kunden der Leasingnehmerin einen Flug dieser Fluggesellschaft gebucht haben, muss das Flugpersonal auch alle übrigen äußeren Umstände in einer Art und Weise erfüllen, dass sie den Anforderungen der empfangenden Fluggesellschaft entsprechen. Daher gibt die Leasingnehmerin dem Fremdpersonal Serviceanforderungen und Borddurchsagen vor.[521] Andernfalls könnte ein gleiches Serviceniveau nicht hergestellt werden. Solche Vorgaben beziehen sich auf die Ausführung der Tätigkeit, denn die Durchführung von Borddurchsagen und Serviceleistungen während des Flugs, sind Teil der Flugtätigkeit.

Trägt der Leasinggeber bei einem Wet-Lease-Vertrag die Verantwortung für die ordnungsgemäße Durchführung des Flugs, beispielsweise die Sicherstellung der Pünktlichkeit, und trägt er das wirtschaftliche Risiko einer etwaigen Verletzung dieser Pflichten, spricht das für die Inhaberschaft der Kontrolle über das Flugpersonal. Allerdings kann es aufgrund der komplexen Zusammenhänge bei der Durchführung eines Flugs herausfordernd sein, die Verantwortung klar zu beurteilen, insbesondere weil die Verantwortungsbereiche bei der Durchführung von Flügen nicht trennscharf aufgeteilt werden können. In den Entscheidungen des BGH und EuGH zur Haftung einer Fluggesellschaft gegenüber den Passagieren nach der Fluggastrechte-VO sind beide Gerichte davon ausgegangen, dass die mietende Fluggesellschaft i.R.d. Durchführung eines Wet-Lease-Flugs die maßgebliche Kontrollmacht über die Ausführung des Flugs zustand.[522] Nach den beiden Entschei-

521 A.A. LAG Düsseldorf, Urt. v. 07.07.2021 – 12 Sa 155/21 – juris, Rn. 65, 291; LAG Düsseldorf, Urt. v. 11.08.2021 – 4 Sa 106/21 – juris, Rn. 60, 193; LAG Düsseldorf, Urt. v. 11.08.2021 – 4 Sa 107/21 – juris, Rn. 72, 227; LAG Düsseldorf, Urt. v. 15.09.2021 – 12 Sa 354/21 – juris, Rn. 219, 325; Das Gericht hat die Vorgaben von Lautsprecherdurchsagen als bloße „Kundenanforderung“ angesehen, welche an das Personal weitergegeben wird.

522 EuGH, Urt. v. 04.07.2018 – C-532/17 – ECLI:EU:C:2018:527; BGH, Versäumnisurt. v. 12.09.2017 – X ZR 102/16 – juris, siehe hierzu Erstes Kapitel B. III. 4.

dungen bleibt nämlich jedenfalls für die Abfertigung am Flughafen regelmäßig die mietende Fluggesellschaft verantwortlich. Dementsprechend werden Wet-Lease-Vereinbarungen diesen Zuständigkeitsbereich der mietenden Fluggesellschaft zuweisen.[523] Auch wenn es in den beiden Entscheidungen um ein anderes Vertragsverhältnis geht, nämlich zwischen Fluggesellschaft und Kunden, so legen die beiden Gerichte dennoch ein bestimmtes Verständnis bezüglich der Durchführung und Verantwortung bei einem Wet-Lease-Vertrag zugrunde. Die Inhaberschaft des AOC und das Betreiben des Wet-Lease-Flugs haben dagegen keinen Einfluss auf die Beurteilung der Haftungsverteilung. Bei einem AOC handelt es sich um eine behördliche Bescheinigung über die luftverkehrsrechtliche Zuverlässigkeit eines Luftverkehrsunternehmens, ohne die ein Flug nicht durchgeführt werden darf. Dies trifft aber keine abschließende Aussage über die Haftung, insbesondere hinsichtlich einer etwaigen Schlechtleistung des Flugpersonals.

Für die Annahme einer Arbeitnehmerüberlassung i.S.d. AÜG spricht es, dass die mietende Fluggesellschaft Vorgaben zur Sprach-Qualifikation des Personals macht.[524] Die Festlegung von bestimmten Fähigkeiten/Qualifikationen der Leiharbeitnehmer im Arbeitnehmerüberlassungsvertrag ist typisch für eine Arbeitnehmerüberlassung. Läge nur ein Dienstleistungsvertrag vor, stünde es im Ermessen des Dienstleisters entsprechend qualifizierte Arbeitnehmer als Erfüllungsgehilfen einzusetzen.

## IV. Eingliederung

Hinsichtlich der Eingliederung ist zu beachten, dass diesem Kriterium nach richtlinienkonformer Auslegung des AÜG gegenüber der Weisungsgebundenheit nur eine geringere Bedeutung beizumessen ist. Gleichwohl sollte es beachtet werden. Meist ist ohnehin davon auszugehen, dass eine Weisungsgebundenheit des Personals im Verhältnis zu

523 So in den Verfahren vor dem LAG Düsseldorf: LAG Düsseldorf, Urt. v. 07.07.2021 – 12 Sa 155/21 – juris, Rn. 58 ff. LAG Düsseldorf, Urt. v. 11.08.2021 – 4 Sa 106/21 – juris, Rn. 43 ff. LAG Düsseldorf, Urt. v. 11.08.2021 – 4 Sa 107/21 – juris, Rn. 54 ff. LAG Düsseldorf, Urt. v. 15.09.2021 – 12 Sa 354/21 – juris, Rn. 42 ff.

524 Siehe hierzu Erstes Kapitel B. III.3.

dem entleihenden Unternehmen auch eine Eingliederung in den Entleiherbetrieb bedingt. Dementsprechend ist anhand der Kriterien der Rechtsprechung die Eingliederung des Fremdpersonals zu untersuchen.

Bei Wet-Lease-Verträgen spricht für das Vorliegen einer Eingliederung, dass das Bordpersonal während des Flugs Teil des Umlaufplans der empfangenden Fluggesellschaft wird und das Bordpersonal auf den Wet-Lease-Flügen die Uniformen der leasenden Fluggesellschaft trägt, sodass sie nicht von dem eigenen Bordpersonal des Entleihers zu unterscheiden sind. Zudem kann auch für eine Eingliederung sprechen, dass die Flugzeuge regelmäßig die Lackierung der leasenden Fluggesellschaft aufweisen und damit insgesamt nach Außen wahrnehmbar als Teil der Fluggesellschaft in Erscheinung treten.[525] Auch Mitarbeiterausweise und Zutrittskarten bzw. Zugang zu Personalbereichen der Leasingnehmerin an den Flughäfen sind ein Indiz für eine Eingliederung des Personals. Es spielt dabei keine Rolle, ob die Mitarbeiterausweise nur in der Zeit während des Einsatzes für die Leasingnehmerin benutzt werden. Einer Arbeitnehmerüberlassung steht es nicht im Weg, wenn diese nur wenige Stunden oder Tage dauert und sinnvollerweise auch nur in dieser Zeit Mitarbeiterkarten genutzt werden.

## V. Zusammenfassung

Die Etablierung des europarechtskonformen Beurteilungsansatzes für Mischverträge mit Personalgestellung und insbesondere Maschinenüberlassungsverträge mit Personalgestellung bedeutet eine Abkehr von der bis dato herrschenden Geprägetheorie. Diese Methode ermöglicht die erforderliche europarechtskonforme Beurteilung dieser Verträge. Daraus ergibt sich der entscheidende Grundsatz, dass eine Personalgestellung rechtlich genauso zu beurteilen ist, wenn sie im Rahmen eines Mischvertrags vereinbart wird. Um eine europarechtskonforme Beurteilung des Fremdpersonaleinsatzes sicherzustellen, sind die Regelungen des AÜG unter Beachtung der europarechtlichen Vorgaben, insbesondere der Leiharbeitsrichtlinie, zu prüfen. Abschließend lässt sich die Beurteilung von Mischverträgen mit Personalgestellung dahinge-

525 Siehe hierzu Erstes Kapitel B. III.1.

hend zusammenfassen, dass stets die Möglichkeit gegeben ist, dass ein Fall einer Arbeitnehmerüberlassung vorliegt. Weder aus dem nationalen Recht noch aus dem Unionsrecht lässt sich ein Grund oder eine Rechtfertigung ableiten, eine Personalgestellung anders zu behandeln, wenn sie innerhalb eines Mischvertrags vereinbart bzw. durchgeführt wird. Die Rechtsprechung des BAG geht von der Fehlvorstellung aus, dass sich Wet-Lease-Verträge pauschal beurteilen ließen. Letztlich ist es aber auch bei Wet-Lease nicht ausgeschlossen, dass die Voraussetzungen der Arbeitnehmerüberlassung i.S.d. AÜG erfüllt sind. Eine pauschale Aussage, dass bei Wet-Lease (generell) Arbeitnehmerüberlassung vorliegt, wäre aber freilich genauso verfehlt, wie die pauschale Anwendung der Geprägetheorie. Das AÜG selbst gibt den Grundsatz vor: Es kommt auf die tatsächliche Durchführung an.

## E. Abschließende Bewertung

Nach den vorgehenden Erörterungen soll abschließend als aktuelles Praxisbeispiel die den LAG Düsseldorf Urteilen[526] zugrundeliegende Wet-Lease Konstellation dahingehend überprüft werden, ob die Voraussetzungen einer erlaubnispflichtigen Arbeitnehmerüberlassung i.S.d. § 1 Abs. 1 AÜG vorliegen.

### I. Allgemeine Beurteilung der LAG Düsseldorf Entscheidungen

Die mit den Wet-Lease-Verfahren befassten Kammern des LAG Düsseldorf sind in allen Verfahren zu dem Ergebnis gelangt, dass bei den jeweiligen Wet-Lease-Verträgen keine erlaubnispflichtige Arbeitnehmerüberlassung i.S.d. AÜG vorlag und dementsprechend nicht – wie von den Klägern geltend gemacht – ein Arbeitsverhältnis mit

526 LAG Düsseldorf, Urt. v. 07.07.2021 – 12 Sa 155/21 – juris; LAG Düsseldorf, Urt. v. 11.08.2021 – 4 Sa 106/21 – juris; LAG Düsseldorf, Urt. v. 11.08.2021 – 4 Sa 107/21 – juris; LAG Düsseldorf, Urt. v. 15.09.2021 – 12 Sa 354/21 – juris.

der leasingnehmenden Fluggesellschaft nach § 10 Abs. 1 Satz 1 AÜG zustande gekommen ist.[527]

Zunächst erklärte das Gericht in zwei Entscheidungen, dass es der Geprägetheorie des BAG in der Form von 1993 nicht folgen werde.[528] Gleichwohl greift das LAG Düsseldorf auf die EuGH Entscheidung in der Rs. *Martin Meat* zurück, geht dann aber davon aus, dass der Vertragsgegenstand allein auf die Arbeitnehmerüberlassung gerichtet sein muss.[529] Dabei verkennt es allerdings, dass es in dem Urteil des EuGH nicht um einen Mischvertrag ging, sondern um die Abgrenzung zwischen grenzüberschreitender Arbeitnehmerüberlassung und Dienstleistung i.S.d. Entsenderichtlinie.[530] Im Ergebnis begründet das LAG Düsseldorf seine Einschätzung, wonach keine Arbeitnehmerüberlassung vorliege, u.a. damit, dass nach dem zugrundliegenden Wet-Lease-Vertrag die Pflicht der Leasinggeberin nicht – wie bei Arbeitnehmerüberlassung üblich – mit der Auswahl und der Bereitstellung des Personals ende, sondern weitere Verpflichtungen der Leasinggeberin aus dem Wet-Lease-Vertrag folgen würden.[531] Somit stelle nach Ansicht des LAG Düsseldorf die Personalgestellung nicht den wesentlichen Gegenstand des Vertrages dar.[532]

Ein Mischvertrag besteht aus mehreren unterschiedlichen Leistungen bzw. Pflichten, die unterschiedlichen Vertragstypen zuzuordnen sind. Selbst wenn man davon ausgehen würde, dass der Mischvertrag auch eine Arbeitnehmerüberlassung i.S.d. AÜG beinhaltet, kann die Pflicht des Leasinggebers aus dem Vertrag nicht damit enden, das Fremdper-

527 LAG Düsseldorf, Urt. v. 07.07.2021 – 12 Sa 155/21 – juris; LAG Düsseldorf, Urt. v. 11.08.2021 – 4 Sa 106/21 – juris; LAG Düsseldorf, Urt. v. 11.08.2021 – 4 Sa 107/21 – juris; LAG Düsseldorf, Urt. v. 15.09.2021 – 12 Sa 354/21 – juris.

528 LAG Düsseldorf, Urt. v. 07.07.2021 – 12 Sa 155/21 – juris, Rn. 278; LAG Düsseldorf, Urt. v. 15.09.2021 – 12 Sa 354/21 – juris, Rn. 312.

529 LAG Düsseldorf, Urt. v. 07.07.2021 – 12 Sa 155/21 – juris, Rn. 286 f. LAG Düsseldorf, Urt. v. 11.08.2021 – 4 Sa 106/21 – juris, Rn. 183; LAG Düsseldorf, Urt. v. 11.08.2021 – 4 Sa 107/21 – juris, Rn. 217; LAG Düsseldorf, Urt. v. 15.09.2021 – 12 Sa 354/21 – juris, Rn. 320 f.

530 Siehe hierzu: Zweites Kapitel B III. 2. b).

531 LAG Düsseldorf, Urt. v. 07.07.2021 – 12 Sa 155/21 – juris, Rn. 290; LAG Düsseldorf, Urt. v. 15.09.2021 – 12 Sa 354/21 – juris, Rn. 324.

532 LAG Düsseldorf, Urt. v. 07.07.2021 – 12 Sa 155/21 – juris, 290; LAG Düsseldorf, Urt. v. 15.09.2021 – 12 Sa 354/21 – juris, 324.

sonal auszuwählen und zu überlassen. Vielmehr folgen weitere Pflichten aus anderen Teilen des Mischvertrags. Das Argument, wonach die einzige Pflicht i.R. eines Wet-Lease-Vertrags die Auswahl und Bereitstellung der Leiharbeitnehmer sein müsse, überzeugt hingegen nicht.

Im Übrigen geht das LAG Düsseldorf auch davon aus, dass das Flugpersonal nicht den Weisungen der leasenden Fluggesellschaft unterlag und in deren Betrieb eingegliedert war. Nachfolgend soll daher die Weisungsgebundenheit und Eingliederung des Flugpersonals in diesem konkreten Praxisfall erörtert werden.

## II. Beurteilung der Weisungsgebundenheit und Eingliederung

Sowohl aus dem AÜG als auch der Leiharbeitsrichtlinie ergibt sich, dass jede Personalgestellung und sei sie auch nur nebenbei, auf das Vorliegen der Voraussetzungen einer Arbeitnehmerüberlassung hin zu überprüfen ist.[533] Nach § 1 Abs. 1 Satz 2 AÜG wird ein Arbeitnehmer zur Erbringung von Arbeitsleistung überlassen, wenn er den Weisungen des Entleihers unterliegt und in dessen Betrieb eingegliedert ist. Das Weisungsrecht bezieht sich dabei gemäß § 106 GewO, § 611a Abs. 1 Satz 2 BGB auf den Inhalt der Tätigkeit, den Arbeitsort und die Arbeitszeit der Arbeitsleistung, d.h. das „was", „wie", „wo", „wann" und „wie lange" der Arbeitsleistung.[534] Der Inhalt der Tätigkeit bezieht sich einerseits auf die Art der Tätigkeit und andererseits auf die konkrete Ausübung der Tätigkeit. Anhand dieser Voraussetzungen ist damit auch die Personalgestellung in den vorliegenden Gerichtsentscheidungen zu überprüfen. Entscheidend ist eine Gesamtbetrachtung aller Umstände. Dafür wird nachfolgend festgestellt, welche Umstände eine Weisungsgebundenheit nahelegen und welche Indizien für eine Eingliederung im Entleiherunternehmen sprechen.

533 Siehe hierzu: Drittes Kapitel E. und D.

534 Hierzu umfassend: *Lembke* Henssler/Willemsen/Kalb, Arbeitsrecht Kommentar, 10. Aufl. 2022, GewO, § 106 Rn. 15 ff. 24 ff., 32 ff.

### 1. Weisungsgebundenheit

Im Hinblick auf das Vorliegen einer Weisungsgebundenheit des Flugpersonals im Fall der den Entscheidungen des LAG Düsseldorf zugrundeliegenden Wet-Lease-Konstellation sprechen im Ergebnis mehr Umstände dafür, dass die Leasingnehmerin den Inhalt, den Arbeitsort und die Arbeitszeit der Tätigkeit maßgeblich vorgegeben hat und mithin das Kriterium der Weisungsgebundenheit i.S.d. § 1 Abs. 1 Satz 2 AÜG erfüllt ist.

#### a) Weisung bezüglich Art der Tätigkeit

Die Art der Tätigkeit, also das „was" der Arbeitsleistung wird von beiden Gesellschaften gleichermaßen vorgegeben. Denn die Art der Tätigkeit ergibt sich zwangsläufig aus der Profession der jeweiligen Mitglieder der Flugzeugbesatzung selbst, nämlich entweder die Pilotentätigkeit oder die Service- und Sicherheitstätigkeit des Kabinenpersonals. Weiterhin muss das Personal von Gesetzes wegen eine entsprechende Qualifikation für den jeweiligen Flugzeugtyp vorweisen.[535] Die Qualifikations-Vorgaben bestimmt wiederum der Flugzeughersteller für den jeweiligen Flugzeugtyp. Aufgrund der jeweiligen Qualifikation ist das Personal grundsätzlich befähigt, die Tätigkeit auszuführen, d.h. das Flugzeug zu fliegen bzw. den Flug zu betreuen. Die Existenz dieser Vorgaben schränkt wiederum eine Weisungsmöglichkeit hinsichtlich der Art der Tätigkeit sowohl durch die Leasinggeberin als auch die Leasingnehmerin ein. Lediglich eine mittelbare Beeinflussung der Art der Tätigkeit kann möglicherweise dadurch angenommen werden, dass die Leasinggeberin den Flugzeugtyp für die jeweilige Flugstrecke vorgibt und somit mittelbar die erforderliche Qualifikation des Flugpersonals vorgibt.

#### b) Weisung bezüglich Ausübung der Tätigkeit

Wie bei der Art der Tätigkeit ist vorliegend auch bei der konkreten Ausübung der Tätigkeit eine eingeschränkte Weisungsmöglichkeit an-

---

535 Vgl. Anhang III (TEIL-ORO), ORO.FC.100 lit. c), ORO.CC.210 lit. b) der Verordnung (EG) 965/2012.

zunehmen, d.h. dass das „wie“ der Arbeitsleistung im Flugverkehr ebenfalls eingeschränkt ist. Denn wie ein Flugzeug zu fliegen ist, entzieht sich faktisch der Einflussmöglichkeit durch Ausübung des Weisungsrechts. Hintergrund ist ebenfalls, dass jeder Flugzeugtyp entsprechend den Vorgaben des Herstellers zu bedienen ist. Dadurch bleibt quasi kein Raum für Weisungen, die sich auf das „wie“ der Tätigkeit beziehen. Dementsprechend handelt es sich bei der Weisungsbefugnis in Bezug auf die konkrete Ausübung der Tätigkeit quasi um ein „neutrales“ Kriterium i.R. der Gesamtbetrachtung.

Hinzu kommt, dass während des Flugs der Kapitän die Entscheidungsbefugnis hinsichtlich des gesamten Personals an Bord hat. Seine Entscheidungen hat er während dieser Zeit nach dem Betriebshandbuch der Leasinggeberin zu treffen.[536] Das spricht zunächst eher gegen eine Weisungsgebundenheit beim entleihenden Unternehmen. Das Betriebshandbuch enthält entsprechend den gesetzlichen Vorgaben u.a. Verhaltensregeln etwa in Notfallsituationen.[537] Allerdings weist allein die Entscheidungsbefugnis des Kapitäns während des Flugs die Weisungsbefugnis noch nicht der Leasinggeberin zu, da es sich hierbei primär um einen gesetzlich zu erfüllenden Leitfaden handelt, der nicht die Arbeitsleistung an sich vorgibt, sondern die Sicherheit des Flugverkehrs gewährleisten soll.

Anders ist hingegen der Umstand zu bewerten, dass die Leasingnehmerin hier maßgeblich die Ausübung der Tätigkeit während der Durchführung des Flugs beeinflusst hat, namentlich durch konkrete Vorgaben an die Serviceleistung des Kabinenpersonals. Die in den Verfahren vor dem LAG Düsseldorf gegenständliche ACMIO-Vereinbarung sah vor, dass die Leasingnehmerin die Durchsagen an Bord des Flugzeugs vorgibt.[538] Entgegen der Ansicht des LAG Düsseldorf

536 Vgl. hierzu auch: LAG Düsseldorf, Urt. v. 07.07.2021 – 12 Sa 155/21 – juris, Rn. 27; LAG Düsseldorf, Urt. v. 11.08.2021 – 4 Sa 106/21 – juris, Rn. 21; LAG Düsseldorf, Urt. v. 11.08.2021 – 4 Sa 107/21 – juris, Rn. 23; LAG Düsseldorf, Urt. v. 15.09.2021 – 12 Sa 354/21 – juris, Rn. 178.

537 Vgl. Anhang III (Teil-ORO), ORO.GEN.110 lit. b) i.V.m. lit. h) der VO (EU) 965/2012.

538 LAG Düsseldorf, Urt. v. 07.07.2021 – 12 Sa 155/21 – juris, Rn. 65; LAG Düsseldorf, Urt. v. 11.08.2021 – 4 Sa 106/21 – juris, Rn. 60; LAG Düsseldorf, Urt. v. 11.08.2021 – 4 Sa 107/21 – juris, Rn. 72; LAG Düsseldorf, Urt. v. 15.09.2021 – 12 Sa 354/21 – juris, Rn. 291.

kann diese Vorgabe der Leasingnehmerin nicht mit der Begründung unberücksichtigt gelassen werden, es handele sich dabei nur um „Kundenanforderungen".[539] Unklar ist bereits, was das LAG Düsseldorf unter „Kundenanforderungen" versteht. Vorgaben, die von der Leasingnehmerin gemacht werden, um für die Kunden den Service wie auf „eigenen" Flügen sicherzustellen, sind gerade Wesen einer tätigkeitsbezogenen Weisung. Durch klare Vorgaben hinsichtlich der Borddurchsagen, wurde die Arbeitsleistung diesbezüglich von der Leasingnehmerin gesteuert.

### c) Weisungen hinsichtlich Ort und Dauer der Tätigkeit

Weiterer Bestandteil des arbeitsvertraglichen Weisungsrechts ist die Festlegung des Ortes und der Zeit bzw. Dauer der Arbeitsleistung.

In den vorliegenden Fällen bestimmte die Leasingnehmerin den Ort der Arbeitsleistung aufgrund der Festlegung des Flugplans,[540] und aufgrund der Festlegung, welche Flugstrecke mit Wet-Lease-Flügen zu bedienen waren. Dementsprechend gab die Leasingnehmerin auch Zeit und Dauer der Arbeitsleistung des Fremdpersonals vor. Denn die Dauer der Tätigkeit hängt dann von der jeweiligen Flugstrecke ab, der sich wiederum aus dem Flugplan ergibt, den die Leasingnehmerin ebenfalls bestimmt. Daran ändert auch die Regelung in der den Verfahren zugrundeliegenden ACMIO-Vereinbarung, wonach der Flugplan durch die Leasingnehmerin in Abstimmung mit der Leasinggeberin erfolgen könne,[541] dem Grunde nach nichts. Allein die Möglichkeit der Einflussnahme ist nicht entscheidend, sondern ob tatsäch-

539 LAG Düsseldorf, Urt. v. 07.07.2021 – 12 Sa 155/21 – juris, Rn. 291; LAG Düsseldorf, Urt. v. 11.08.2021 – 4 Sa 106/21 – juris, Rn. 193; LAG Düsseldorf, Urt. v. 11.08.2021 – 4 Sa 107/21 – juris, Rn. 227; LAG Düsseldorf, Urt. v. 15.09.2021 – 12 Sa 354/21 – juris, Rn. 325.

540 LAG Düsseldorf, Urt. v. 07.07.2021 – 12 Sa 155/21 – juris, Rn. 22; LAG Düsseldorf, Urt. v. 11.08.2021 – 4 Sa 106/21 – juris, Rn. 16; LAG Düsseldorf, Urt. v. 11.08.2021 – 4 Sa 107/21 – juris, Rn. 17; LAG Düsseldorf, Urt. v. 15.09.2021 – 12 Sa 354/21 – juris, Rn. 173.

541 Vgl. LAG Düsseldorf, Urt. v. 07.07.2021 – 12 Sa 155/21 – juris, Rn. 31 ff. LAG Düsseldorf, Urt. v. 11.08.2021 – 4 Sa 106/21 – juris, Rn. 26 ff. LAG Düsseldorf, Urt. v. 11.08.2021 – 4 Sa 107/21 – juris, Rn. 31 ff. LAG Düsseldorf, Urt. v. 15.09.2021 – 12 Sa 354/21 – juris, Rn. 183 ff.

lich eine Absprache stattgefunden hat. Anhand der Ausführungen in den Entscheidungen des LAG Düsseldorf ist jedoch nicht anzunehmen, dass tatsächlich die Leasinggeberin den Flugplan der Leasingnehmerin mitbestimmt hat.[542]

Somit lässt sich abschließend festhalten, dass die Weisungen hinsichtlich Zeit, Ort und Dauer der Arbeitsleistung allein von der Leasingnehmerin vorgegeben wurden und damit insgesamt auch diese Umstände für das Vorliegen einer Weisungsgebundenheit i.S.d. § 1 Abs. 1 Satz 2 AÜG sprechen.

## 2. Eingliederung

§ 1 Abs. 1 Satz 2 AÜG setzt neben der Weisungsgebundenheit die Eingliederung als Kriterium für das Vorliegen einer Arbeitnehmerüberlassung voraus. Die Prüfung der Eingliederung findet anhand der Bewertung verschiedener Indizien statt, die in einem nächsten Schritt abzuwägen sind.[543]

In den LAG Düsseldorf Entscheidungen sprechen die Indizien überwiegend für eine Eingliederung in den Betrieb der Leasingnehmerin. Die Merkmale der Weisungsgebundenheit und Eingliederung hängen eng miteinander zusammen. Unterliegt das Fremdpersonal den Weisungen des Entleihers hinsichtlich Zeit, Ort und Art der Arbeitsleistung, führt dies unweigerlich auch zu einer Eingliederung des Personals in die Betriebsorganisation des Entleihers. Handelt es sich bei der Tätigkeit des Fremdpersonals um Dienste höherer Art, auf die nicht maßgeblich durch Weisungen Einfluss genommen werden kann, kommt dem Merkmal der Eingliederung insofern eine gewichtigere Bedeutung zu. Wenn nämlich die Indizien überwiegend für eine Eingliederung und somit für das Vorliegen einer Arbeitnehmerüberlassung sprechen, dann ist auch bei nur eingeschränkter Weisungsbefugnis des Entleihers von einer Arbeitnehmerüberlassung auszugehen.[544]

---

542 LAG Düsseldorf, Urt. v. 07.07.2021 – 12 Sa 155/21 – juris, Rn. 290; LAG Düsseldorf, Urt. v. 15.09.2021 – 12 Sa 354/21 – juris, Rn. 324.

543 So im Ergebnis: *Wank/Roloff* ErfK, AÜG, § 1 Rn. 25; *Waas* Thüsing AÜG, § 1 Rn. 83.

544 Siehe hierzu Erstes Kapitel D. I. 2. b).

Ein Indiz für die Eingliederung ist zunächst die (Arbeits-)Kleidung des eingesetzten Flugpersonals. Das Personal musste für den Flug Uniformen tragen, die mit denen des eigenen Flugpersonals der Leasingnehmerin identisch waren.[545] Hinzu kam, dass auch die Flugzeuge der Schuldnerin wie die der Leasingnehmerin lackiert waren,[546] sodass nach außen hin nicht erkennbar war, ob es sich um Flugzeuge bzw. um Personal der Leasingnehmerin oder eines Dritten handelte.

Weiterhin erhielten die Mitarbeiter der Schuldnerin auch sog. Crew-Baggage-Labels der Leasingnehmerin, wie sie auch deren eigene Mitarbeiter erhielten, um ihr Gepäck auf den eingesetzten Flügen einzuchecken.[547] Auch dahingehend waren die Mitarbeiter der Leasinggeberin nicht von denen der Leasinggeberin zu unterscheiden.

Das Fremdpersonal erhielt zudem auch einen Mitarbeiterausweis, der sie – wenn auch nur für den jeweiligen Flug – ebenfalls als Mitarbeiter der Leasingnehmerin identifizierte.[548] Aus den Entscheidungen des LAG Düsseldorf ging nicht hervor, dass sich die Mitarbeiterausweise von denen der Stammmitarbeiter der Leasingnehmerin unterschieden. Die Argumentation des LAG Düsseldorf, wonach diese Umstände keine Berücksichtigung finden sollen, da sie dem typischen Erscheinungsbild von Wet-Lease zuzuordnen seien,[549] kommt letztlich einem Zirkelschluss gleich und überzeugt daher nicht. Denn nur weil etwas ein typisches Erscheinungsbild eines Vertrages ist, hat dies keinen Einfluss auf die Beurteilung, ob eine Arbeitnehmerüberlassung vorliegt oder nicht. Vielmehr sind diese Umstände als Indizien für das Vorliegen einer Eingliederung in den Betrieb des Leasingnehmers zu qualifizieren.

---

545 LAG Düsseldorf, Urt. v. 07.07.2021 – 12 Sa 155/21 – juris, Rn. 3, 293; LAG Düsseldorf, Urt. v. 15.09.2021 – 12 Sa 354/21 – juris, Rn. 3, 327.

546 Vgl. LAG Düsseldorf, Urt. v. 07.07.2021 – 12 Sa 155/21 – juris, Rn. 3; LAG Düsseldorf, Urt. v. 15.09.2021 – 12 Sa 354/21 – juris, Rn. 3.

547 LAG Düsseldorf, Urt. v. 07.07.2021 – 12 Sa 155/21 – juris, Rn. 204, 293; LAG Düsseldorf, Urt. v. 11.08.2021 – 4 Sa 106/21 – juris, Rn. 99, 199; LAG Düsseldorf, Urt. v. 11.08.2021 – 4 Sa 107/21 – juris, Rn. 124, 233; LAG Düsseldorf, Urt. v. 15.09.2021 – 12 Sa 354/21 – juris, Rn. 153, 327.

548 Vgl. LAG Düsseldorf, Urt. v. 07.07.2021 – 12 Sa 155/21 – juris, Rn. 293; LAG Düsseldorf, Urt. v. 15.09.2021 – 12 Sa 354/21 – juris Rn. 327.

549 LAG Düsseldorf, Urt. v. 07.07.2021 – 12 Sa 155/21 – juris, Rn. 293; LAG Düsseldorf, Urt. v. 15.09.2021 – 12 Sa 354/21 – juris, Rn. 327.

Aus den Entscheidungen des LAG Düsseldorf ergibt sich zudem, dass die Leasinggeberin selbst über keinerlei Einrichtungen für die Mitarbeiter an den jeweiligen Flughäfen verfügte.[550] Vielmehr ist wohl davon auszugehen, dass das Flugpersonal der Schuldnerin solche Einrichtungen der Leasingnehmerin nutzen konnte.[551] Dies unterstellt, würde die Nutzung solcher Mitarbeitereinrichtungen durch das Fremdpersonal ebenfalls für eine Eingliederung in den Betrieb der Leasingnehmerin sprechen.

Auch nutzte das Cockpitpersonal sowie das Kabinenpersonal Betriebsmittel der Leasingnehmerin zur Durchführung des Flugs. Die Leasingnehmerin mietete die Flugzeuge von der Schuldnerin, um sie innerhalb ihres Flugplans einzusetzen und stellte damit zumindest mittelbar die Betriebsmittel für die Durchführung des Fluges zur Verfügung. Gleiches gilt auch für das Kabinenpersonal. Die während eines Fluges angebotenen Services, wie etwa Speisen und Getränke, wurden in den vorliegenden Fällen von der Leasingnehmerin bereitgestellt. Die Leasingnehmerin war also für den Service an Bord zuständig. Das Kabinenpersonal der Schuldnerin nutzte für die Umsetzungen dieses Services das von der Leasingnehmerin hierzu bereitgestellte Equipment.

Sowohl relevant für die Begründung der Weisungsgebundenheit als auch ein Indiz für die Eingliederung, ist die Einbindung des Flugpersonals der Leasinggeberin in den Flugplan der Leasingnehmerin.[552] Die Einbindung in den Flugplan stellt ein deutliches Indiz für eine Eingliederung i.S.d. § 1 Abs. 1 Satz 2 AÜG dar. Denn ein Dienstplan stellt die Basis der Erbringung der Arbeitsleistung der Arbeitnehmer im Betrieb dar. Diese Eingliederung ist gerade auch das Wesen der Durchführung von Wet-Lease-Verträgen.

550 LAG Düsseldorf, Urt. v. 07.07.2021 – 12 Sa 155/21 – juris, Rn. 103; LAG Düsseldorf, Urt. v. 11.08.2021 – 4 Sa 106/21 – juris, Rn. 80; LAG Düsseldorf, Urt. v. 11.08.2021 – 4 Sa 107/21 – juris, Rn. 101; LAG Düsseldorf, Urt. v. 15.09.2021 – 12 Sa 354/21 – juris, Rn. 52.

551 Vgl. LAG Düsseldorf, Urt. v. 07.07.2021 – 12 Sa 155/21 – juris, Rn. 204; LAG Düsseldorf, Urt. v. 15.09.2021 – 12 Sa 354/21 – juris, Rn. 153.

552 LAG Düsseldorf, Urt. v. 07.07.2021 – 12 Sa 155/21 – juris, Rn. 22; LAG Düsseldorf, Urt. v. 11.08.2021 – 4 Sa 106/21 – juris, Rn. 16; LAG Düsseldorf, Urt. v. 11.08.2021 – 4 Sa 107/21 – juris, Rn. 17; LAG Düsseldorf, Urt. v. 15.09.2021 – 12 Sa 354/21 – juris, Rn. 173.

Nach alledem lässt sich zusammenfassend feststellen, dass in den Verfahren vor dem LAG Düsseldorf eine Vielzahl von Indizien für eine Eingliederung des Fremdpersonals in den Betrieb der Leasingnehmerin sprechen und somit das Kriterium des § 1 Abs. 1 Satz 2 AÜG erfüllt ist.

### 3. Beurteilung der Personalplanungshoheit

An der Feststellung, dass die o.g. Umstände für das Vorliegen einer Arbeitnehmerüberlassung sprechen, da das Fremdpersonal i.R. der Durchführung der Wet-Lease-Vereinbarung den Weisungen der Leasingnehmerin unterliegt und in deren Betrieb eingegliedert ist, ändert auch der Umstand nichts, dass Personalplanungsaufgaben bei der Leasinggeberin bzw. bei dem von dieser beauftragten Drittunternehmen verblieben. Hierzu gehörte die Erstellung von Dienstplänen, Urlaubs- und Abwesenheitsplanung sowie Schulungen des Personals. Diese Aufgaben wurden überwiegend durch die von der Leasinggeberin hierzu beauftragte Gesellschaft ausgeführt. Der Verbleib der Personalplanung bei der Leasinggeberin war für das LAG Düsseldorf eine maßgebliche Erwägung, das Vorliegen einer Arbeitnehmerüberlassung zu verneinen.[553] Die Argumentation des LAG Düsseldorf überzeugt jedoch nicht.

Das LAG Düsseldorf hat das arbeitsvertragliche Weisungsrecht primär auf die vorgenannten Umstände beschränkt. Zu berücksichtigen ist aber, dass bei einer Arbeitnehmerüberlassung schon von Gesetzes wegen das Arbeitsverhältnis zwischen Leiharbeitnehmer und Arbeitgeber – abgesehen natürlich von der Fiktion des § 10 Abs. 1 Satz 1 AÜG – fortbesteht. Die arbeitsvertraglichen Pflichten bestehen somit fort. Dementsprechend liegt im Falle einer Arbeitnehmerüberlassung eine gespaltene Arbeitgeberstellung[554] vor. Der Einsatz des Flugpersonals auf einzelnen Flügen befreit die Leasinggeberin nicht von ihren arbeitsvertraglichen Pflichten, zu denen auch Personalplanungsaufgaben gehören, wie etwa Einsatzplanung, Urlaubs-, Krankheits- und Abwe-

553 Im Ergebnis so: LAG Düsseldorf, Urt. v. 07.07.2021 – 12 Sa 155/21 – juris, Rn. 293; LAG Düsseldorf, Urt. v. 15.09.2021 – 12 Sa 354/21 – juris, Rn. 327.

554 Vgl. Fn. 395.

senheitsplanung. Es handelt sich hierbei um Aufgaben, die Arbeitgeber typischerweise vornehmen und deren Zuständigkeit sie auch i.R. einer Arbeitnehmerüberlassung nicht vollständig abgeben können. Der Verleiher wählt i.R. einer Arbeitnehmerüberlassung die zu überlassenden Arbeitnehmer aus und muss hierbei innerbetrieblich entsprechende Einsatzpläne berücksichtigen. Dies gilt umso mehr, wenn der Verleiher seine Arbeitnehmer ausschließlich an Entleiher überlässt. Bei einer längerfristigen Überlassung von Leiharbeitnehmern kommt die Aufgabe der Erstellung von Dienst- und Arbeitsplänen möglicherweise dem Entleiher zu. Insbesondere da im Fall von Wet-Lease die Mitarbeiter der Leasinggeberin dem Entleiher lediglich kurzzeitig für ihren Einsatz auf den einzelnen Flügen zur Verfügung gestellt werden, ist davon auszugehen, dass die Personalplanung dem Grunde nach beim Verleiher verbleibt. Dieser Umstand kann also zumindest nicht als Kriterium gegen das Vorliegen einer Arbeitnehmerüberlassung herangezogen werden.[555]

Gleiches gilt hinsichtlich der Durchführung von Schulungen und Fortbildungen durch die Leasinggeberin bzw. die von ihr beauftragte Drittgesellschaft.[556] Denn auch hierbei handelt es sich um eine originäre Aufgabe des Arbeitgebers i.R. eines Arbeitsverhältnisses. Der jeweilige Einsatz des Flugpersonals der Leasinggeberin bei der Leasingnehmerin bezog sich auf einzelne Flüge, d.h. insgesamt für einen jeweils kurzen Zeitraum. Es folgt schon aus der Sache selbst, dass die Schuldnerin für etwaige Fortbildungen des Flugpersonals weiterhin verantwortlich blieb und diese nicht auf die Leasingnehmerin übertragen hat. Vielmehr könnte man sogar sagen, dass sich die Leasingnehmerin hier die fachliche Ausbildung/Fortbildung des Flugpersonals durch die Schuldnerin für ihre eigenen Betriebszwecke zu eigen machte, indem sie das entsprechend ausgebildete/fortgebildete Personal zur Verwirk-

555 a.A. im Ergebnis: LAG Düsseldorf, Urt. v. 07.07.2021 – 12 Sa 155/21 – juris, Rn. 292; LAG Düsseldorf, Urt. v. 11.08.2021 – 4 Sa 106/21 – juris, Rn. 188; LAG Düsseldorf, Urt. v. 11.08.2021 – 4 Sa 107/21 – juris, Rn. 230; LAG Düsseldorf, Urt. v. 15.09.2021 – 12 Sa 354/21 – juris, Rn. 326.

556 LAG Düsseldorf, Urt. v. 07.07.2021 – 12 Sa 155/21 – juris, Rn. 122; LAG Düsseldorf, Urt. v. 11.08.2021 – 4 Sa 106/21 – juris, Rn. 97; LAG Düsseldorf, Urt. v. 11.08.2021 – 4 Sa 107/21 – juris, Rn. 122; LAG Düsseldorf, Urt. v. 15.09.2021 – 12 Sa 354/21 – juris, Rn. 72.

lichung ihrer eigenen Betriebszwecke einsetzte, da sie selbst nicht über entsprechend qualifiziertes Personal verfügte, welches den von der Leasingnehmerin gemieteten Flugzeugtyp hätten fliegen können bzw. dürfen.[557]

### 4. Gesamtbetrachtung

Abgesehen von der Beurteilung der Kriterien des § 1 Abs. 1 Satz 2 AÜG spricht die Vertragskonstellation des Wet-Lease-Vertrags in den vorliegenden Fällen insgesamt für die Annahme einer Arbeitnehmerüberlassung i.S.d. AÜG.

Zwar stellen einige Umstände Indizien für das Vorliegen eines Werk-/Dienstvertrags und damit gegen eine Arbeitnehmerüberlassung dar. Hierzu gehört etwa die Haftungsverteilungsregelung der gegenständlichen ACMIO-Vereinbarung, die in ihrer Ausprägung ein Indiz für das Vorliegen eines Werkvertrags darstellt.[558] Nach der in der ACMIO-Vereinbarung enthaltenen Haftungsregelung trägt die Leasinggeberin überwiegend die Risiken im Zusammenhang mit der Durchführung des Flugs, etwa bei einer Verspätung desselben.[559] Dieses Kriterium allein kann aber nicht die oben erläuterten Umstände überwiegen, die für das Vorliegen einer Arbeitnehmerüberlassung sprechen. Allein eine vertragliche Haftungsverteilung, welche an sich der Haftungs-/Risikoverteilung bei Werkverträgen entspricht, ändert vorliegend nichts daran, dass aufgrund der Durchführung des Wet-Lease-Vertrags die Voraussetzungen des § 1 Abs. 1 Satz 2 AÜG erfüllt sind.

Insgesamt ist festzustellen, dass neben der Beurteilung einzelner Umstände des konkreten Einzelfalles, der Gesamteindruck des den Ent-

557 LAG Düsseldorf, Urt. v. 07.07.2021 – 12 Sa 155/21 – juris, Rn. 102; LAG Düsseldorf, Urt. v. 11.08.2021 – 4 Sa 106/21 – juris, Rn. 97; LAG Düsseldorf, Urt. v. 11.08.2021 – 4 Sa 107/21 – juris, Rn. 122; LAG Düsseldorf, Urt. v. 15.03.2019 – 6 Sa 753/18 – juris, Rn. 51.

558 Siehe hierzu Erstes Kapitel D. II. 4.

559 LAG Düsseldorf, Urt. v. 07.07.2021 – 12 Sa 155/21 – juris, Rn. 72 ff. LAG Düsseldorf, Urt. v. 11.08.2021 – 4 Sa 106/21 – juris, Rn. 66 ff. LAG Düsseldorf, Urt. v. 11.08.2021 – 4 Sa 107/21 – juris, Rn. 82 ff. LAG Düsseldorf, Urt. v. 15.09.2021 – 12 Sa 354/21 – juris, Rn. 41 ff.

scheidungen des LAG Düsseldorf zugrundeliegenden Wet-Lease-Falles für eine Arbeitnehmerüberlassung spricht. Der Wet-Lease-Flug ist ein von der Leasingnehmerin angebotener Flug. Aufgrund der äußeren Umstände stellt sich dieser Flug auch ausschließlich als ein Flug der Leasingnehmerin dar. Das liegt nicht zuletzt an der Lackierung des Flugzeugs. Dadurch tritt allein die Leasingnehmerin am Markt als Anbieterin des Flugs auf.

Gleiches gilt auch in Bezug auf das Flugpersonal der Leasinggeberin. Dieses tritt in der gleichen Uniformierung wie die eigenen Mitarbeiter der Leasingnehmerin auf. Sie sind damit von einem Außenstehenden nicht von Stammmitarbeitern der Leasingnehmerin zu unterscheiden. Dies wird auch dadurch verstärkt, dass das Fremdpersonal neben Mitarbeiterausweisen der Leasinggeberin auch die entsprechenden Baggage-Labels für Mitarbeiter erhielt. Soweit aus den Urteilsgründen ersichtlich, konnte anhand der dem Fremdpersonal ausgehändigten Mitarbeiterausweisen nicht zwischen Mitarbeitern der Leasinggeberin und Stammmitarbeitern der Leasingnehmerin unterschieden werden.

Auch trat die Leasinggeberin nicht nach außen erkennbar als Dienstleisterin auf. Sie trat schon gar nicht selbst am Markt als Anbieter von Flügen auf.[560] Ihr Geschäftsmodell bestand ausschließlich darin, ihre Flugzeuge und ihr Personal im Wet-Lease für andere Fluggesellschaften einzusetzen. Hinzu kommt, dass in dem vorliegenden Fall die Leasingnehmerin Hauptkunde der Leasinggeberin war und mit dem Wegfall ihres Auftrags die Leasinggeberin Insolvenz anmelden musste.[561] Überspitzt könnte man sagen, dass die Leasinggeberin im vorliegenden Fall fast schon ein Teil der Leasingnehmerin war.

Zusammenfassend ist festzuhalten, dass die gesamte Durchführung des Wet-Lease-Vertrags von außen allein als Leistung der Leasingnehmerin wahrnehmbar war. Damit konnte die Leasingnehmerin sich die

560 LAG Düsseldorf, Urt. v. 07.07.2021 – 12 Sa 155/21 – juris, Rn. 3; LAG Düsseldorf, Urt. v. 11.08.2021 – 4 Sa 106/21 – juris, Rn. 4; LAG Düsseldorf, Urt. v. 11.08.2021 – 4 Sa 107/21 – juris, Rn. 4; LAG Düsseldorf, Urt. v. 15.09.2021 – 12 Sa 354/21 – juris, Rn. 3.

561 Vgl. LAG Düsseldorf, Urt. v. 07.07.2021 – 12 Sa 155/21 – juris, Rn. 220 ff. LAG Düsseldorf, Urt. v. 11.08.2021 – 4 Sa 106/21 – juris, Rn. 107 ff. LAG Düsseldorf, Urt. v. 11.08.2021 – 4 Sa 107/21 – juris, Rn. 131 ff. LAG Düsseldorf, Urt. v. 15.09.2021 – 12 Sa 354/21 – juris, Rn. 247 ff.

Arbeitsleistung des Flugpersonals zu eigen machen und damit seine eigenen Betriebszwecke verfolgen und erfüllen.

Zudem stellt auch die Beauftragung der Drittgesellschaft für diese Personalangelegenheiten in der Außenwirkung ein starkes Indiz für eine Arbeitnehmerüberlassung dar. Mehr noch, die Beauftragung der Drittgesellschaft erscheint als ein Mittel zur gezielten Umgehung der Vorschriften des AÜG. Beide Gesellschaften gehören zur Lufthansa-Gruppe und hierbei jeweils zu 100% der Lufthansa AG, sind also mithin Schwestergesellschaften. Hinzu kam, dass zumindest zeitweilig im Managementbereich eine Personenidentität des Geschäftsführers der für die Personalaufgaben zuständigen Drittgesellschaft und der Leasingnehmerin bestand.[562] Schon allein aufgrund dieses Umstandes lässt sich eine organisatorische Nähe zwischen den beiden Gesellschaft nicht abstreiten. Indem die Drittgesellschaft diverse Zuständigkeiten gegenüber dem Flugpersonal der Leasinggeberin übernahm, jedoch gesellschaftsrechtlich eine enge Verbindung zur Leasingnehmerin aufwies, ist die Frage zu stellen, ob etwaige Personalverantwortung der Drittgesellschaft faktisch der Leasingnehmerin zugewiesen werden muss. Nach außen hin jedenfalls drängt sich dieser Eindruck geradezu auf.

Alles in allem dürfte in diesen Fällen – soweit sich dies anhand der Feststellungen in den LAG Düsseldorf Entscheidungen messen lässt – eine erlaubnispflichtige Arbeitnehmerüberlassung im Hinblick auf das Flugpersonal vorgelegen haben. Da wohl davon auszugehen ist, dass die Leasinggeberin nicht über eine erforderliche Arbeitnehmerüberlassungserlaubnis (§ 2 AÜG) verfügte, müssten schon allein deshalb die Folgen des § 10 Abs. 1 AÜG eintreten.

562 Besonders deutlich vgl.: LAG Düsseldorf, Urt. v. 11.08.2021 – 4 Sa 106/21 – juris, Rn. 111, 202; im Ergebnis auch: LAG Düsseldorf, Urt. v. 07.07.2021 – 12 Sa 155/21 – juris, Rn. 293; LAG Düsseldorf, Urt. v. 11.08.2021 – 4 Sa 107/21 – juris, Rn. 236; LAG Düsseldorf, Urt. v. 15.09.2021 – 12 Sa 354/21 – juris, Rn. 286.

## 5. Ergebnis und Abschluss

Über die Fälle des LAG Düsseldorf wird das BAG demnächst entscheiden.[563] Die Entscheidung kann mit Spannung erwartet werden. Hier wird sich insbesondere zeigen, wie das BAG künftig Wet-Lease-Verträge im Hinblick auf das AÜG beurteilen wird. Zudem wird das BAG auch eine Entscheidung darüber treffen müssen, ob es seiner Rechtsprechungslinie (in der Rs. *Betriebsrat der Ruhrlandklinik*, bzw. „DRK-Schwestern-Entscheidung“) treu bleibt, Fragen über die Anwendbarkeit und Auslegung des Leiharbeitsrechts stets dem EuGH zur Entscheidung vorzulegen.[564] Dieses Vorgehen würde jedenfalls rechtssicher Aufschluss darüber geben, wie Mischverträge mit Personalgestellung bzw. Wet-Lease-Verträge mit Blick auf das Unionsrecht rechtlich zu behandeln sind.

Abgesehen davon stellt sich die Frage, ob es sich bei der Gestellung von Personal i.R. typengemischter Verträge um eine Arbeitnehmerüberlassung i.S.d. AÜG handelt, immer wieder neu und je nach Vertragskonstellationen. Hierfür sollte der in dieser Arbeit vorgestellte europarechtskonforme Beurteilungsansatz berücksichtigt werden.

563 Derzeit anhängig unter den Aktenzeichen: BAG, 9 AZR 468/21, 9 AZR 469/21, 9 AZR 494/21, 9 AZR 22/22, 9 AZR 90/22.

564 BAG, Beschl. v. 21.02.2017 – 1 ABR 62/12 – juris.

# Zusammenfassung

(1) Hat ein Vertrag mehrere Leistungen zum Gegenstand, die unterschiedlichen Vertragstypen zugeordnet sind, spricht man von einem typengemischten Vertrag oder auch Mischvertrag.[565] Arbeitsrechtlich relevant werden Mischverträge, wenn etwa ein Kauf-, Dienst-, Miet- oder Werkvertrag mit einer Dienstverschaffung in Form einer Personalgestellung kombiniert wird. Dann spricht man von einem sog. Mischvertrag mit Personalgestellung.[566]

(2) Eine häufig in der Praxis auftretende Erscheinungsform sind sog. Maschinenüberlassungsverträge mit Bedienpersonal. Diese Verträge setzen sich üblicherweise aus einem Gebrauchsüberlassungsvertrag hinsichtlich einer Maschine oder eines Geräts und zusätzlich aus einem Dienstverschaffungsvertrag zur Überlassung des zur Bedienung bzw. zum Gebrauch der Maschine erforderlichen Personals zusammen.[567]

(3) Eine weitere, für die Luftfahrtbranche typische Vertragskonstruktion sind sog. Wet-Lease-Verträge. Während bei einem Dry-Lease-Vertrag ein Luftverkehrsunternehmen Flugzeuge ohne Besatzung vermietet, stellt eine Fluggesellschaft bei Wet-Lease anderen Unternehmen Flugzeuge nebst Besatzung, Wartung und Versicherung für den Flugbetrieb zur Verfügung.[568] Mit diesen Flugzeugen bedient die mietende Fluggesellschaft ihren Flugplan. Die den Air Berlin Fällen sowie den LAG Düsseldorf Entscheidungen zugrundeliegenden Wet-Lease-Verträge waren dahingehend ausgestaltet, dass die Wet-Lease-Flüge unter den Start- und Landerechten der empfangenden Fluggesellschaft betrieben wurden und das einge-

565 Erstes Kapitel A. I.
566 Erstes Kapitel B. II.
567 Erstes Kapitel B.
568 Erstes Kapitel B. III.

setzte Flugpersonal aufgrund der Uniform sowie der Flugzeuglackierung nach außen hin wahrnehmbar dem Auftraggeber, d.h. der leasenden Fluggesellschaft, zugeordnet werden konnten.[569] Die Personalplanung verblieb überwiegend bei der vermietenden Fluggesellschaft, wobei der Auftraggeber bestimmte Anforderungen an das Personal stellte, wie etwa Sprachqualifikationen. Route, Abflugzeiten und Flugzeugtyp bestimmte dagegen die leasende Fluggesellschaft. Generell verfügt der Kapitän während des Flugs über die Entscheidungsbefugnis hinsichtlich des Bordpersonals und hat dabei das nach gesetzlichen Vorgaben von jeder Fluggesellschaft bereitzustellende Betriebshandbuch der vermietenden Fluggesellschaft zu befolgen.[570]

(4) Das BAG stützt sich für die rechtliche Beurteilung von Mischverträgen mit Personalgestellung auf die sog. Geprägetheorie. Danach kommt es darauf an, ob der Personaleinsatz für den Mischvertrag insgesamt prägend ist oder lediglich als Nebenleistung zu den nicht personalbezogenen Leistungen anzusehen ist. Ist von einer Nebenleistung auszugehen, schließt das BAG die Anwendbarkeit des AÜG generell aus. Nach Ansicht des BAG kann also niemals eine Arbeitnehmerüberlassung vorliegen, wenn die Personalgestellung als nicht prägend für den gesamten Mischvertrag angesehen wird. Gleichzeitig geht das BAG in seinen Entscheidungen zu Wet-Lease-Verträgen davon aus, dass in diesen Fällen die Gestellung des Bordpersonals als Nebenleistung neben der Vermietung des Flugzeugs anzusehen ist und schließt somit bei diesen Verträgen die Anwendbarkeit des AÜG generell aus.[571] Lediglich in einem Einzelfall, der einen Krangestellungsvertrag mit Personalgestellung zum Gegenstand hatte, wich das BAG von diesem Ansatz ab. In diesen Fällen ging es um die Frage, ob eine Arbeitnehmerüberlassung vorliege und deshalb der Kranmieter das (wirtschaftliche) Risiko einer etwaigen Schlechtleistung des Kranführers trage. Eine Abkehr von der Geprägetheorie ist darin aber nicht zu sehen. Plausibel für die Abweichung erscheint vielmehr, dass der Fall

569 Erstes Kapitel B. III. 1.

570 Erstes Kapitel B. III. 2, 3.

571 Zu Vorstehendem siehe Erstes Kapitel C. I. 1.

nicht aus der Rechtsfolgenperspektive des AÜG (z.B. Fiktion eines Arbeitsverhältnisses mit dem Entleiher) beurteilt wurde, sondern vielmehr in haftungsrechtlicher Hinsicht im Schuldverhältnis.[572]

(5) Die Prägetheorie ist schon mit Blick auf das AÜG abzulehnen.[573] Setzt ein Unternehmer eigene Arbeitnehmer bei einem Drittunternehmen ein, liegt ein Fremdpersonaleinsatz vor, der stets daraufhin zu überprüfen ist, ob er als Arbeitnehmerüberlassung zu qualifizieren ist. Das AÜG differenziert gemäß § 1 Abs. 1 Satz 1 und 2 AÜG allein danach, ob die eingesetzten Arbeitnehmer in den Betrieb des Entleihers eingegliedert sind und dessen Weisungen unterliegen.[574] Eine Differenzierung nach der zugrundeliegenden Vertragskonstellation oder nach Haupt- und Nebenleistung lässt das AÜG nicht zu.[575] Daher spielt es keine Rolle, ob eine Personalgestellung i.R. von Werk-, Dienst-, Miet- oder Kaufverträgen stattfindet. Vielmehr gelten die Grundsätze des AÜG genauso, wie wenn die Arbeitnehmer isoliert und ohne sonstige Leistung zur Verfügung gestellt werden würden.[576] Mag die Prägetheorie vor dem historischen Hintergrund noch gerechtfertigt sein, dass die Begründung zum Gesetzesentwurf für das AÜG in seiner ersten Fassung erklärte, dass bei Maschinenüberlassungsverträgen mit Personalgestellung keine Arbeitnehmerüberlassung vorliege, da letzteres als Nebenleistung anzusehen sei, wird sie jedenfalls der heutigen Fassung des AÜG nicht mehr gerecht.[577]

(6) Bei der Beurteilung einer Personalgestellung i.R eines typengemischten Vertrags ist zudem das Unionsrecht von großer Bedeutung. Aus der Sicht des Unionsrechts, respektive der Leiharbeitsrichtlinie, liegt Leiharbeit immer dann vor, wenn ein Leiharbeitnehmer unter der Kontrolle des entleihenden Unternehmens tätig wird. Das entleihende Unternehmen muss in der Lage sein, die Tätigkeit des Leiharbeitnehmers durch arbeitsrechtstypische

572 Zu diesen Entscheidungen siehe Erstes Kapitel C. I. 3.
573 Erstes Kapitel C. I. 4., III.
574 Erstes Kapitel D. I. 2.-4, IV.
575 Erstes Kapitel C. III., E., Drittes Kapitel B. III., IV.
576 Erstes Kapitel D. IV., E.
577 Erstes Kapitel C. I. 1., Drittes Kapitel B. II. 1. c), III., IV.

Weisungen zu steuern.[578] Die Leiharbeitsrichtlinie definiert dabei den Begriff der Leiharbeit autonom, räumt den Mitgliedstaaten also keine eigene Definitionsmacht ein. Somit darf das nationale Recht keine Ausnahmen vom Arbeitnehmerüberlassungsrecht bestimmen, die nicht nach der Leiharbeitsrichtlinie zulässig sind.[579] Die Leiharbeitsrichtlinie differenziert – wie auch das AÜG – nicht nach der der Personalgestellung zugrundeliegenden Vertragskonstellation. Die rechtliche Beurteilung einer Personalgestellung muss demnach – auch aus unionsrechtlicher Sicht – zwingend unabhängig von einer vertraglichen Bezeichnung allein anhand der tatsächlichen Umstände erfolgen.[580] Ein Ausschluss von Mischverträgen mit Personalgestellung aus dem Anwendungsbereich des nationalen Rechts widerspräche zudem dem im Unionsrecht geltenden *effet utile*-Grundsatz, da sich eine Personalgestellung i.R. eines Mischvertrags nicht wesentlich von jeder sonstigen Personalgestellung unterscheidet und das Vorliegen eines Mischvertrags jedenfalls keinen objektiven Grund für eine Ausnahme darstellt.[581]

(7) Sowohl nach dem AÜG als auch nach der Leiharbeitsrichtlinie liegt eine Arbeitnehmerüberlassung dann vor, wenn das Fremdpersonal unter der Kontrolle des entleihenden Unternehmens tätig wird. Diese Kontrolle findet im AÜG Ausdruck in den Voraussetzungen der Weisungsgebundenheit und Eingliederung. Sind diese Voraussetzungen nicht erfüllt, könnte der Fremdpersonaleinsatz vielmehr als Einsatz von Erfüllungsgehilfen etwa i.R.v. Werk- und Dienstverträgen qualifiziert werden. Letztlich dürfte es sich aber bei solchen Verträgen regelmäßig schon nicht um Mischverträge mit Personalgestellung handeln.[582] Daher ist die Beurteilung einer Personalgestellung wertfrei und losgelöst vom vertraglichen Kontext – und somit auch grundsätzlich bei Vorliegen eines Mischvertrags mit Personalgestellung – daraufhin zu überprüfen, ob das Fremdpersonal in die Arbeitsorganisation des entleihenden

578 Zweites Kapitel B. I., II., III. 1. a), III. 3., IV. 2. b), C.

579 Zweites Kapitel A. II.

580 Zweites Kapitel B. III. 1. b), 3., C.

581 Zweites Kapitel B. V., C.

582 Zu Vorstehendem zusammenfassend Drittes Kapitel B. IV.

Unternehmens eingegliedert ist und dessen Weisungen unterliegt (Europarechtskonformer Beurteilungsansatz).[583] Demnach ist die Geprägetheorie insgesamt abzulehnen.

(8) Dementsprechend unterliegen auch Wet-Lease-Verträge grundsätzlich einer Prüfung der Voraussetzungen des AÜG. Danach ist es grundsätzlich möglich, dass die Überlassung des Flugpersonals eine Arbeitnehmerüberlassung darstellt, nämlich dann, wenn es bei der mietenden Fluggesellschaft eingegliedert ist und dessen Weisungen unterliegt.

583 Hierzu insgesamt Drittes Kapitel C.

# Literaturverzeichnis


*Albers, Eva*, Die Regulierung der Arbeitnehmerüberlassung in Frankreich: mit Bezug auf das deutsche Recht und die europäische Richtlinie, Baden-Baden 2017.

*Bamberger, Heinz Georg/ Roth, Herbert/ Hau, Wolfgang/ Poseck, Roman (Hrsg.)*, Beck'scher Online-Kommentar BGB, 60. Ed. 2021 (zit.: *Bearbeiter*, in: BeckOK BGB).

*Becker, Friedrich/ Wulfgramm, Jörg*, Kommentar zum Arbeitnehmerüberlassungsgesetz, 3. Aufl., Neuwied [u.a] 1985 (zit.: Becker/Wulfgramm AÜG).

*Boemke, Burkhard/ Lembke, Mark (Hrsg.)*, Boemke/Lembke AÜG Kommentar, 3. Aufl., Frankfurt am Main 2013 (zit.: *Bearbeiter*, in: Boemke/Lembke AÜG).

*Brauneisen, Kai Thomas/ Ibes, Julius W.*, Der Tatbestand der Arbeitnehmerüberlassung – Zur Abgrenzung verschiedener Formen des Fremdpersonaleinsatzes in Unternehmen, RdA 2014, 213–222.

*Däubler, Wolfgang/ Klebe, Thomas/ Wedde, Peter/ Wolmerath, Martin (Hrsg.)*, Recht und soziale Arbeitswelt: Festschrift für Wolfgang Däubler zum 60. Geburtstag, Frankfurt am Main 1999 (zit.: *Bearbeiter*, in: FS Däubler).

*Deinert, Olaf*, Neuregelung des Fremdpersonaleinsatzes im Betrieb, RdA 2017, 65–82.

*Franzen, Martin*, Neuausrichtung des Drittpersonaleinsatzes – Überlegungen zu den Vorhaben des Koalitionsvertrags, RdA 2015, 141–152.

*Franzen, Martin/ Gallner, Inken/ Oetker, Hartmut (Hrsg.)*, Kommentar zum europäischen Arbeitsrecht, 3. Aufl., München 2020 (zit.: *Bearbeiter*, in: Franzen/Gallner/Oetker EuArbR).

*Greiner, Stefan*, Werkvertrag und Arbeitnehmerüberlassung – Abgrenzungsfragen und aktuelle Rechtspolitik, NZA 2013, 697–703.

*Greiner, Stefan*, „Personalhoheit" als Schlüsselbegriff der Abgrenzung von echtem Fremdpersonaleinsatz und verdeckter Arbeitnehmerüberlassung, RdA 2014, 262–271.

*Grimm, Detlef/ Linden, Frederike*, Die Überlassung von Maschinen mit Bedienpersonal – Mietvertrag oder Arbeitnehmerüberlassung, ArbRB 2014, 115–118.

*Gsell, Beate/ Krüger, Wolfgang/ Lorenz, Stefan/ Reymann, Christoph (Hrsg.)*, beck-online.GROSSKOMMENTAR BGB, 2021 (zit.: *Bearbeiter*, in: BeckOGK BGB).

*Grüneberg, Christian (ehem. Palandt, Otto)*, Bürgerliches Gesetzbuch, 80. Aufl., München 2021 (zit.: *Bearbeiter*, in: Palandt BGB).

*Hamann, Wolfgang*, Die Richtlinie Leiharbeit und ihre Auswirkungen auf das nationale Recht der Arbeitnehmerüberlassung, EuZA 2009, 287–331.

*Hamann, Wolfgang*, Die Reform des AÜG im Jahr 2011, RdA 2011, 321–341.

*Hamann, Wolfgang*, Die Vereinbarkeit der privilegierten Arbeitnehmerüberlassung, ZESAR 2012, 103–111.

*Hamann, Wolfgang*, Fremdpersonal im Unternehmen – Industriedienstleistung statt Leiharbeit?, NZA-Beilage 2014, 3–9.

*Hamann, Wolfgang*, Fremdpersonal im Unternehmen, 5. Aufl., Stuttgart 2017.

*Henssler, Martin/ Grau, Timon (Hrsg.)*, Arbeitnehmerüberlassung, Solo-Selbstständige und Werkverträge, 2. Aufl., Bonn 2020 (zit.: *Bearbeiter*, in: Henssler/Grau, Arbeitnehmerüberlassung und Werkverträge).

*Henssler, Martin/ Willemsen, Heinz Josef/ Kalb, Heinz-Jürgen*, Arbeitsrecht Kommentar, 10. Aufl., Köln, 2022 (zit.: *Bearbeiter*, in: Henssler/Willemsen/Kalb, Arbeitsrecht).

*Hobe, Stephan/ Fremuth, Michael Lysander*, Europarecht, 10. Aufl., München 2020.

*Jauernig, Othmar/ Stürner, Rolf (Hrsg.)*, Bürgerliches Gesetzbuch: mit Rom-I-, Rom-II-VO, EuUnthVO/HuntProt und EuErbVO: Kommentar, 18. Aufl., München 2021 (zit.: *Bearbeiter*, in: Jauernig BGB).

*Junker, Abbo*, Zeitarbeit und Werkverträge im europäischen Kontext, ZfA 2016, 197–214.

*Junker, Abbo*, Grundkurs Arbeitsrecht, 20. Aufl., München 2021.

*Kania, Thomas*, Überlassung von Maschinen mit Bedienungspersonal, NZA 1994, 871–876.

*Leinemann, Wolfgang (Hrsg.)*, Kasseler Handbuch zum Arbeitsrecht. Band 2, 2. Aufl., Neuwied [u.a] 2000 (zit.: *Bearbeiter*, in: KassArbR Bd. 2).

*Lembke, Mark*, Die geplanten Änderungen im Recht der Arbeitnehmerüberlassung, DB 2011, 414–420.

*Ders.*, Arbeitnehmerüberlassung im Konzern, BB 2012, 2497.

*Ders.*, Fremdpersonaleinsatz vor neuen Herausforderungen, NZA 2018, 393–403.

*Martens, Sebastian A. E.*, Methodenlehre des Unionsrechts, Tübingen 2014.

*Maschmann, Frank*, Fremdpersonaleinsatz im Unternehmen und die Flucht in den Werkvertrag, NZA 2013, 1305–1312.

*Moll, Wilhelm (Hrsg.)*, Münchener Anwaltshandbuch Arbeitsrecht, 5. Aufl., München 2021 (zit.: *Bearbeiter*, in: MHA ArbR).

*Müller-Glöge, Rudi/ Preis, Ulrich/ Schmidt, Ingrid (Hrsg.)*, Erfurter Kommentar zum Arbeitsrecht, 22. Aufl., München 2022 (zit.: *Bearbeiter*, in: ErfK).

*Niklas, Thomas/ Schauß, Lena-Marie*, Die Arbeitnehmerüberlassung ist endlich – was kommt dann?, BB 2014, 2805–2810.

*Preis, Ulrich/ Morgenbrodt, Kai*, Die Rotkreuzschwester zwischen Arbeitnehmerbegriff und Beschäftigungsverhältnis, EuZA 2017, 418–430.

*Preis, Ulrich/ Sagan, Adam (Hrsg.)*, Europäisches Arbeitsrecht: Grundlagen, Richtlinien, Folgen für das deutsche Recht, 2. Aufl., Köln 2019 (zit.: *Bearbeiter*, in: Preis/Sagan EuArbR).

*Rieble, Volker/ Junker, Abbo/ Giesen, Richard (Hrsg.)*, Freie Industriedienstleistung als Alternative zur regulierten Zeitarbeit: Düsseldorf, 9. September 2011, München 2012 (zit: *Bearbeiter*, in: Freie Industriedienstleistung als Alternative zur regulierten Zeitarbeit).

*Rieble, Volker/ Vielmeier, Stephan*, Umsetzungsdefizite der Leiharbeitsrichtlinie 2011, 474, EuZA 2011, 474.

*Riesenhuber, Karl (Hrsg.)*, Europäische Methodenlehre, 4. Aufl., Berlin 2021.

*Riesenhuber, Karl*, Europäisches Arbeitsrecht, 2. Aufl., Berlin 2021.

*Rolfs, Christian/ Giesen, Richard/ Kreikebohm, Ralf/ Udsching, Peter (Hrsg.)*, BeckOK Arbeitsrecht, 59. Ed. 2021 (zit.: *Bearbeiter*, in: BeckOK ArbR).

*Rühl, Gisela*, Die rechtsaktübergreifende Auslegung im europäischen Internationalen Privatrecht: Art. 6 der Rom I-VO und die Rechtsprechung des EuGH zu Art. 15 Brüssel I-VO, GPR 2013, 122–133.

*Säcker, Franz-Jürgen/ Rixecker, Roland/ Limperg, Bettina (Hrsg.)*, Münchener Kommentar zum Bürgerlichen Gesetzbuch, 8. Aufl., München 2020 (zit.: *Bearbeiter*, in: MüKo BGB).

*Sagan, Adam*, Der Begriff des Arbeitnehmers im Unionsrecht – Entwicklungslinien, Tendenzen und Umbrüche, ZESAR 2020, 3–9.

*Sandmann, Georg/ Marschall, Dieter (Hrsg.)*, Arbeitnehmerüberlassungsgesetz: AÜG; Kommentar 1995, Erg.Lfg. 81, Oktober 2019 Neuwied [u.a] (zit.: Sandmann/Marschall AÜG).

*Sansone, Piero*, Gleichstellung von Leiharbeitnehmern nach deutschem und Unionsrecht, Baden-Baden 2011.

*Schaub, Günter/ Ahrendt, Martina/ Koch, Ulrich/ Linck, Rüdiger/ Treber, Jürgen/ Vogelsang, Hinrich/ Verlag C.H. Beck*, Arbeitsrechts-Handbuch: systematische Darstellung und Nachschlagewerk für die Praxis, 18. Aufl., München 2019 (zit.: *Bearbeiter*, in: Schaub ArbR-HdB).

*Schmidt, Karsten (Hrsg.)*, Münchener Kommentar zum Handelsgesetzbuch – Band 7, 4. Aufl., München 2020 (zit.: *Bearbeiter*, in: MüKo HGB)

*Schüren, Peter (Hrsg.)*, Arbeitnehmerüberlassungsgesetz: Kommentar, 6. Aufl., München 2022 (zit.: *Bearbeiter*, in: Schüren/Hamann AÜG).

*Schüren, Peter/ Fasholz, Sabrina*, Inhouse-Outsourcing und der Diskussionsentwurf zum AÜG – Ein Diskussionsbeitrag, NZA 2015, 1473–1478.

*Schweitzer, Michael/ Dederer, Hans-Georg*, Staatsrecht III: Staatsrecht, Völkerrecht, Europarecht, 12. Aufl., Heidelberg 2020.

*Seyr, Sibylle*, Der effet utile in der Rechtsprechung des Europäischen Gerichtshofs, Berlin 2017.

*Staudinger, Julius von*, J. von Staudingers Kommentar zum Bürgerlichen Gesetzbuch: mit Einführungsgesetz und Nebengesetzen. Buch 2 [...]: Recht der Schuldverhältnisse §§ 311, 311a-c (Vertragsschluss), 17. Aufl., Berlin 2018 (zit.: *Bearbeiter*, in: Staudinger BGB).

*Streinz, Rudolf (Hrsg.)*, EUV/AEUV: Vertrag über die Europäische Union, Vertrag über die Arbeitsweise der Europäischen Union, Charta der Grundrechte der Europäischen Union, 3. Aufl., München 2018 (zit.: *Bearbeiter*, in: EUV/AEUV).

*Ders.*, Europarecht, 11. Aufl., Heidelberg 2019.

*Thüsing, Gregor (Hrsg.)*, Thüsing Arbeitnehmerüberlassungsgesetz: Kommentar, 4. Aufl., München 2018 (zit.: *Bearbeiter*, in: Thüsing AÜG).

*Ulber, Jürgen (Hrsg.)*, Arbeitnehmerüberlassungsgesetz, 5. Aufl., Frankfurt am Main 2017 (zit.: *Bearbeiter*, in: Ulber AÜG).

*Waas, Bernd*, Die Richtlinie des Europäischen Parlaments und des Rates über Leiharbeit, ZESAR 2009, 207–213.

*Wank, Rolf*, Zur Arbeitnehmereigenschaft eines Mitglieds der Unternehmensleitung einer Kapitalgesellschaft („Danosa"), EWiR 2011, 27–28.

*Ders.*, Änderungen im Leiharbeitsrecht, RdA 2017, 100–115.

*Ders.*, Der Arbeitnehmer-Begriff im neuen § 611a BGB, AuR 2017, 140–153.

*Ders.*, Genügt das reformierte AÜG dem Unionsrecht?, BB 2018, 1909–1916.

*Ders.*, Neues zum Arbeitnehmerbegriff des EuGH, EuZA 2018, 21–30.

*Willemsen, Heinz Josef/ Mehrens, Christian*, Arbeitnehmerüberlassung versus Dienstleistung Plädoyer für eine wertschöpfungsorientierte Abgrenzungsmethodik, NZA 2019, 1473–1481.

# Rechtsprechungsverzeichnis

**EuGH**

| | | |
|---|---|---|
| 25.10.2001 | C-493/99<br>[Kommission / Deutschland] | ECLI:EU:C:2001:578 |
| 10.01.2007 | C-307/05<br>Schlussanträge: Generalanwalt beim EuGH (Maduro) | ECLI:EU:C:2007:3 |
| 19.01.2010 | C-555/07<br>[Kücükdeveci] | ECLI:EU:C:2010:21 |
| 10.02.2011 | C-307/09 bis C-309/09<br>[Vicoplus]<br>Schlussanträge: Generalanwalt beim EuGH (Bot), | ECLI:EU:C:2011:64<br>ECLI:EU:C:2010:510 |
| 10.03.2011 | C-109/09<br>[Deutsche Lufthansa] | ECLI:EU:C:2011:129 |
| 01.03.2012 | C-393/10<br>[O'Brien]<br>Schlussanträge, Generalanwältin beim EuGH (Kokott) | ECLI:EU:C:2012:110<br>ECLI:EU:C:2011:746 |
| 17.03.2015 | C-533/13<br>Schlussanträge, Generalanwalt beim EuGH (Szpunar) | ECLI:EU:C:2015:173<br>ECLI:EU:C:2014:2392 |
| 18.06.2015 | C-586/13<br>[Martin Meat]<br>Schlussanträge, Generalanwältin beim EuGH (Sharpston) | ECLI:EU:C:2015:405<br>ECLI:EU:C:2015:15 |
| 17.11.2016 | C-216/15<br>[Betriebsrat der Ruhrlandklinik]<br>Schlussanträge: Generalanwalt beim EuGH (Saugmandgaard Øe) | ECLI:EU:C:2016:883<br>ECLI:EU:C:2016:518 |
| 04.07.2018 | C-532/17 | ECLI:EU:C:2018:527 |

**BAG**

| | | |
|---|---|---|
| 16.06.1982 | 4 AZR 862/79 | juris; BAGE 39, 146 = BB 1983, 1343–1344 |
| 15.06.1983 | 5 AZR 111/81 | juris; BAGE 43, 102 = NJW 1984, 2912–2912 |
| 28.11.1989 | 1 ABR 90/88 | juris = NZA 1990, 364–366 |
| 17.02.1993 | 7 AZR 167/92 | juris; BAGE 72, 255–268 = NZA 1993, 1125–1127 |
| 22.02.1994 | 7 AZR 77/93 | juris |

| | | |
|---|---|---|
| 30.11.1994 | 5 AZR 704/93 | juris<br>BAGE 78, 343–356 =<br>NZA 1995, 622–625 |
| 25.10.2000 | 7 AZR 487/99 | juris; BAGE 96, 150–155=<br>NZA 2001, 259–261 |
| 06.08.2003 | 7 AZR 180/03 | juris =<br>BB 2004, 669–672 |
| 02.08.2006 | 10 AZR 756/05 | juris |
| 18.01.2012 | 7 AZR 723/10 | juris =<br>NZA-RR 2012, 455–459 |
| 25.09.2013 | 10 AZR 282/12 | juris; BAGE 146, 97–108 =<br>NZA 2013, 1348–1352 |
| 15.04.2014 | 3 AZR 395/11 | juris |
| 17.03.2015 | 1 ABR 62/12 (A) | juris; BAGE 151, 131–138 =<br>ZTR 2015, 400–402 |
| 20.01.2016 | 7 AZR 535/13 | juris =<br>BB 2016, 1850–1855 |
| 15.09.2016 | 8 AZR 187/15 | juris =<br>ZTR 2017, 249 |
| 20.09.2016 | 9 AZR 735/15 | juris =<br>NZA 2017, 49–55 |
| 21.02.2017 | 1 ABR 62/12 | juris; BAGE 158, 121–141 =<br>NZA 2017, 662–669 |
| 13.02.2020 | 6 AZR 146/19 | juris; BAGE 169, 362–403 =<br>NZA 2020, 1006–1022 |
| 27.02.2020 | 8 AZR 215/19 | juris =<br>NZA 2020, 1303–1324 |
| 14.05.2020 | 6 AZR 235/19 | juris =<br>NZA 2020, 1092–1108 |

**BGH**

| | | |
|---|---|---|
| 21.04.2005 | III ZR 293/04 | juris =<br>NJW 2005, 2008–2010 |
| 13.09.2007 | I ZR 207/04 | juris; BGHZ 173, 344–355 =<br>NJW 2008, 1072–1075 |
| 28.01.2016 | I ZR 60/14 | juris<br>NJW-RR 2016, 498–503 |
| 12.01.2017 | III ZR 4/16 | juris<br>NJW-RR 2017, 622–624 |
| 12.09.2017 | X ZR 102/16 | juris<br>NJW 2018, 1251–1253 |
| 02.10.2019 | XII ZR 8/19 | juris; BGHZ 223, 225–234<br>NJW 2020, 328–331 |

**BSG**

| | | |
|---|---|---|
| 23.06.1982 | 7 RAr 98/80 | juris |

**Weitere Entscheidungen**

| | | |
|---|---|---|
| LAG Berlin-Brandenburg | 12.12.2012 – 15 Sa 1217/12 | juris =<br>BB 2013, 1020–1023 |
| | 05.03.2013 – 12 Sa 1624/12 | juris =<br>NZA-RR 2013, 466–470 |

| | | |
|---|---|---|
| | 12.04.2019 – 6 Sa 1641/18 | |
| | 25.04.2019 – 21 Sa 1534/18 | juris |
| LAG Düsseldorf | 04.12.2018 – 8 Sa 379/18 | juris |
| | 04.12.2018 – 8 Sa 380/18 | juris |
| | 15.03.2019 – 6 Sa 753/18 | juris |
| | 07.07.2021 – 12 Sa 155/21 | juris |
| | 11.08.2021 – 4 Sa 106/21 | juris |
| | 11.08.2021- 4 Sa 107/21 | juris |
| | 15.09.2021- 12 Sa 354/21 | juris |
| LAG Hessen | 17.01.1992 – 6 Sa 1006/91 | juris |
| LAG Hamm | 26.11.2010 – 10 TaBV 67/10 | juris |
| LAG Baden-Württemberg | 01.08.2013 – 2 Sa 6/13 | juris = NZA 2013, 1017–1024 |
| LAG Köln | 10.05.2017 – 11 Sa 72/16 | juris |
| OLG Düsseldorf | 29.10.1993 – 22 U 83/93 | juris = NJW-RR 1995, 160–161 |
| | 23.12.1994 – 22 U 127/94 | juris = NJW-RR 1995, 1430–1431 |
| | 30.04.2002 – 24 U 109/01 | juris BB 2002, 2339–2340 |
| OLG München | 01.08.1997 – 23 U 2895/97 | juris BB 1997, 1918–1919 |
| OLG Stuttgart | 08.09.2010 – 3 U 51/10 | juris |
| ArbG Berlin | 05.07.2018 – 41 Ca 15846/17 | juris |
| | 19.07.2018 – 41 Ca 15666/17 | juris |
| KG Berlin | 13.09.1995 – 2 Ss 112/93 – 5 Ws (B) 216/93, 2 Ss 112/93, 5 Ws (B) 216/93 | juris |